KB133661

THE LITTLE BOOK of
COMMON
SENSE
INVESTING
모든 주식을 소유하라

모든 주식을
소유하라

존 보글 지음 | 이은주 옮김

THE LITTLE BOOK of
COMMON
SENSE
INVESTING

비즈니스맵

노벨상 수상자이며 MIT 경제학 교수였던
투자의 현인 고(故) 폴 새뮤얼슨을 기리며

프린스턴 대학에 재학중이던 1948년에 새뮤얼슨의 책이 나를 경제학의 세계로 인도했다. 또 1974년에는 새뮤얼슨의 글을 읽고 인덱스 투자전략에 관심을 갖게 됐다. 1976년, 그는 황송하게도 〈뉴스위크〉 칼럼을 통해 내가 만든 세계 최초의 인덱스뮤추얼펀드를 지지해줬다. 1993년에는 내 첫 번째 책에 서문까지 써줬고 두 번째 책을 냈던 1999년에도 아낌없는 지지를 해줬다. 아쉽게도 2009년에 유명을 달리했건만 새뮤얼슨은 항상 내게 영감을 주는 영원한 스승이자 내 영혼의 등불 같은 존재다.

차례

일러두기

*   2007년 출간된 초판본 『모든 주식을 소유하라』의 출간 10주년 기념 개정
      증보판입니다.

**   개정판에는 좀더 새로운 정보와 자료가 추가, 업데이트 되었습니다. 투자
      자에게 더 개선된 정보를 제공하려는 목적으로 자산배분과 은퇴 후 노후대
      비용 투자 등을 다룬 챕터가 추가 되었습니다.

이기는 게임을
지는 게임으로 만들지 마라

성 공투자의 열쇠는 다름 아닌 '상식'에서 찾아야 한다. '오마하의 현인'이라 추앙받는 워런 버핏이 언급했듯이 '상식에 기반을 둔 투자'를 하는 것이 가장 좋은 방법이다. 이 말만 생각하면 단순하지만 생각만큼 그리 쉬운 일은 아니다. 단순 셈법으로도 확인할 수 있고, 과거 자료로도 검증이 된 아주 확실한 성공투자 전략이 있다. 그것은 바로 저렴한 비용으로 국내 상장기업의 주식 전부를 고루 보유하는 것이다. 이렇게 하면 이들 기업이 만들어낸 수익 거의 전부를 배당금과 기업의 실적 증가라는 형태로 투자자가 오롯이 취할 수 있다.

이 전략을 실행하는 가장 좋은 방법은 의외로 정말 간단하다. 시장 포트폴리오(market portfolio, 시장에서 거래되는 전 종목의 증권을 각각의 시가총액비율로 조합한 포트폴리오)로 구성된 펀드를 산 다음에 이것을 되도록 오래 보유하는 것이다. 이러한 유형의 펀드를 인덱스펀드(index fund)라고 한다. 인덱스펀드는 간단히 말해 미국 주식시장(혹은 금융시장이나 특정 부문)의 전체적인 성과를 반영할 수 있도록, 가능한 한 많은 달걀(주식)을 끌어 모아 담아 놓은 바구니(포트폴리오)라고 보면 된다.[1] 전통적 인덱스펀드(traditional index fund : TIF)는 여기저기서 띄엄띄엄 고른 달걀(주식) 몇 개가 담긴 바구니가 아니라 주식시

---

1. 인덱스 포트폴리오는 채권시장을 대상으로 구성하는 것도 가능하고, 더 나아가 상품이나 부동산처럼 덜 '대중화된' 자산군(資産群, asset class)으로도 구성할 수 있다는 점을 기억하라. 사실 요즘은 자신이 원하기만 하면 미국 내 시장이나 전 세계 모든 시장, 모든 자산 군을 대상으로 저비용 전통적 인덱스펀드 중심의 다각화된 투자 포트폴리오를 구성할 수 있다.

장 전체(전 종목)가 통째로 담긴 '바구니'에 해당한다. 이렇게 전 종목을 다 담아 놓으면 개별 주식 종목을 고르는 데 따르는 위험, 특정 부문을 표적으로 삼는 데 따른 위험, 펀드매니저 선택에 따른 위험 등 투자와 관련한 다양한 위험에서 벗어날 수 있다. 이러한 위험이 제거되고 나면 관리해야 할 위험이 이제 '시장 위험' 하나만 남게 된다. (물론 시장 위험이 절대로 만만히 볼 만큼 작은 위험이 아니기는 하지만!) 인덱스펀드에 투자하면 단기적 투자성과에서 오는 짜릿한 흥분감은 없지만, 대신에 장기적이고 안정적인 투자수익이 이 아쉬움을 충분히 메워주고도 남는다. TIF는 단기 보유가 아니라 평생 보유를 전제로 구성된 포트폴리오다.

인덱스펀드는 개별 주식 종목, 특정 시장 부문,
펀드매니저 등의 선택에 따른 위험을 제거해준다.
따라서 주식시장 위험 하나만 남게 된다

이 책은 인덱스펀드만 열심히 설명하는 그런 책은 아니다. 투자에 관한 생각에 변화가 필요하다는 점을 강조하는 책이기도 하다. 구체적으로 말하자면 이 책은 장기적 '투자'가 단기적 '투기'보다 훨씬 나은 성과를 올리는 이유, 다각화의 가치, 투자비용의 중요성, 투자에서 평균으로의 회귀(reversion to the mean : RTM) 원칙을 무시한 채 펀드의 과거 성과에만 매달리는 접근법의 위험성, 금융시장의 작동 기제 등을 다룬다.

금융시장이 실제로 어떻게 움직이는지를 알면, 기업이 벌어들이는 수익에서 투자자의 정당한 몫을 투자자가 확실히 챙길 수 있게 해주는 투자방식은 인덱스펀드밖에 없다는 사실을 알게 될 것이다. 이러한 수익(투자자의 정당한 몫)이 '복리(複利)의 기적'과 만난 덕분에 투자자는 장기간에 걸쳐 엄청난 자산을 축적할 수 있다.

전통적 인덱스펀드(TIF)

여기서 말하는 것은 전통적 인덱스펀드(TIF)다. TIF는 2017년 초 현재 시가총액 26조 달러에 달하는 미국 주식시장의 전 종목(혹은 거의 전 종목)을 포괄하는 고도로 다각화된 펀드다. 그리고 최소한의 비용으로 운용되고, 투자 자문 보수가 없으며, 포트폴리오 회전율(Portfolio Turnover, 간단히 말해 포트폴리오의 매매 횟수를 의미함)이 낮고, 세금 효율성이 높다는 특징이 있다. TIF는 스탠더드앤드푸어스500(S&P500) 지수를 따라가는 최초의 펀드로서 간단히 말해 '미국'이라는 '주식회사'를 보유하는 것이라 할 수 있다. 즉 미국 주식시장에 상장된 모든 주식을 시가총액 비율에 따라 매수한 다음에 이를 영원히 보유하는 전략을 핵심으로 한다.

복리수익의 기적
복리비용의 횡포

기업이 벌어들이는 막대한 수익이 복리로 불어날 때의 위력을 절대로 과소평가하지 마라. 우리가 투자한(보유한) 기업의 주식이 연 7%의 수익을 낸다고 가정하자. 10년이면 1달러가 2달러로 불어난다. 20년이면 4달러가 되고 30년이면 7.5달러가 된다. 또 40년이면 15달러로 불어나고 50년이면 무려 30달러가 된다.[2]

---

2. 지난 한 세기 동안 미국 주식의 명목수익률은 연평균 10.1%였다. 물가상승률 3.4%를 감안하면 실질수익률은 연평균 6.7%가 된다. 다음 10년 동안은 명목수익률과 실질수익률 모두 상당히 낮아질 것이다(제9장 참고).

복리의 마법은 가히 기적에 가깝다. 간단히 말해 자본주의가 기업의 성장과 생산성, 풍부한 자원, 혁신 등을 통해 부를 창출하면, 기업의 소유자(주식을 매수한 투자자)는 모두가 이득을 보는 이른바 포지티브-섬 게임(positive-sum game)에 참여하는 구조다. 요컨대 장기적 주식투자야말로 이기는 게임이다.

기업이 올린 수익은 결국 주식시장의 수익이 된다. 과거이 시장수익 가운데 투자자의 몫은 얼마나 됐는지는 정확히 잘 모른다. 그러나 연구결과를 보면 개별 주식에 투자하는 일반 투자자의 연평균수익률은 시장수익률을 약 2%p(퍼센트포인트) 밑도는 것으로 나타났다.

지난 25년 동안 S&P500 지수가 올린 연평균수익률이 9.1%였으므로 개별 주식투자자의 연간 수익률은 7%대라는 의미가 된다. 결론적으로 말해 전체 투자자 집단은 시장수익의 약 4분의 3(75%)밖에 취하지 못했다. 즉 전체 시장 파이 가운데 전체 투자자의 몫은 4분의 3에 불과했다. 제7장에서 다시 설명하겠지만, 그래도 뮤추얼펀드 투자자에 비하면 이 정도는 양반이었다.

제로-섬 게임?

투자자의 몫이 이것 밖에 안 되는 상황이 선뜻 납득이 가지 않는다면 '단순 산수의 철칙'(제4장 참고)을 생각해보라. 이 철칙이 투자자들이 참여하는 이 거대한 '시장 게임'을 지배한다. 주식시장의 수익은 한 집단으로서의 전체 투자자가 벌어들이는 수익이라 할 수 있다. 한 집단으로서의 투자자 전체가 주식시장의 수익을 만들어낸다. 요컨대 투자자 집단 전체가 이른바 '평균'수익을 창출하는 것이다. 따라서 투자자 가운데 평균 이상의 수익을 올리면 다른 투자자는 딱 그만큼 손실을 보게 된다. 투자에 따른 비용을 공제하지 않은 채로 시장을 이겨보겠다고 나서는 것은 한마디로 제로-섬 게임(zero-sum game)에 참여하겠다는 것이나 마찬가지다.

지는 게임

다른 투자자보다 나은 수익을 올리려고 하는 상황에서는 누군가 수익을 올리면 다른 누군가는 손실을 보게 돼 있다. 다들 남보다 더 많은 수익을 올리려고 치열한 경쟁을 벌이는 이 살벌한 게임에서 확실하게 승자가 될 수 있는 쪽은, 매매에 열을 올리는 금융계 사람들뿐이다. 최근에 워런 버핏이 이런 말을 했다.

"월가(Wallstreet)는 투자금 수조 달러를 운용하면서 엄청난 보수를 받아 챙긴다. 이러한 상황에서 고수익을 올리며 배를 두둑이 불리는 쪽은 고객이 아니라 이들 월가 사람들일 것이다."

카지노에서 항상 이기는 쪽은 손님이 아니라 카지노 주인이다. 경마에서도 항상 이기는 것은 경마장 측이다. 파워볼(Powerball, 미국의 유명 복권 가운데 하나)도 마찬가지로 항상 이기는 쪽은 해당 복권을 발행하고 관리하는 주(州) 당국이다. 그리고 투자 게임에서는 금융계의 '딜러'가 항상 승자가 된다. 투자와 관련한 비용을 공제한 후, 시장을 이기겠다고 덤비는 투자 게임은 한마디로 지는 게임(loser's game)이다.

월가 사람들이 덜 가져가는 만큼 일반 투자자가 가져가는 몫이 늘어난다

성공투자란 기업이 벌어들이는 수익 가운데 월가가 가져가는 수익을 최소화하고 일반 투자자가 가져가는 몫을 극대화하는 것을 의미한다. (일반 투자자는 다름 아닌 이 책을 읽는 바로 당신이다!)

주식 매매를 최소화할수록 시장수익 가운데 정당한 자신

의 몫을 챙길 가능성이 더 커진다. 한 연구결과에 따르면 초강세장이었던 1990년부터 1996년까지 전체 투자자의 5분의 1이 매매 활동에 적극적으로 참여했으며 이들의 월간 포트폴리오 회전율이 21%를 넘었다고 한다. 강세장일 때 이들은 연 17.9%의 수익률을 기록했으나 여기서 매매비용이 차지하는 비율이 6.5%였다. 따라서 순수익률은 연간 11.4%였고 이는 전체 시장수익의 3분의 2에 불과한 수준이었다.

자신들의 능력을 과신하기는 일반 주식투자자나 뮤추얼 펀드 투자자나 매한가지였다. 이들은 펀드매니저가 최근에 올린 뛰어난 성과를 기준으로 펀드를 선택한다. 또 좋은 펀드를 고르겠다며 자문가를 고용하기도 한다. (다음 장에서 설명할 워런 버핏의 '헬퍼' 개념을 참고하라.) 그러나 자문가 고용은 그다지 만족스러운 결과를 내지 못한다(제12장 참고).

수많은 펀드투자자가 비용의 '무게'를 간과하고 비용이 결과적으로 얼마나 큰 손실을 초래하는지 알지 못한 채 비싼 판매수수료와 과도한 펀드 보수를 지급한다. 또 높은 포트폴리오 회전율에서 발생하는 막대한 비용까지 떠안는 투자자가 많다. 펀드투자자는 항상 자신들이 우수한 펀드매니저를 선택할 수 있다고 확신한다. 그러나 그것은 오산이다.

펀드투자자는 자신들이 우수한 펀드매니저를
쉽게 선택할 수 있다고 확신한다.
그러나 미안하지만 그것은 잘못된 생각이다

———　———

　반대로, 일단 투자를 해놓고는 바로 '게임장'에서 나와 불
필요한 비용은 단 한 푼도 쓰지 않는 투자자는 성공 확률이
어마어마하게 높아진다. 왜일까? 그 이유는 아주 간단하다.
투자자가 주식을 사서 보유하고 있으면, 해당 기업들이 알아
서 엄청난 수익을 창출한 다음에 그 수익을 배당금 형태로
투자자에게 돌려주고 나머지는 재투자를 통해 또 미래 성장을
도모하기 때문이다. 투자자는 이들 기업이 지속적으로 수익을
올리는 모습을 느긋이 기다리며 지켜보기만 하면 된다.

　물론 망하는 기업도 무수히 많다. 결함이 있는 아이디어,
융통성이 결여된 전략, 부실한 경영 등의 문제를 안고 있는
기업은, 경쟁적 자본주의의 기본 특성이라 할 창조적 파괴의
희생양이 돼 결국 다른 기업의 먹잇감이 되고야 만다.[3] 전체

———————

3. '창조적 파괴'는 조지프 슘페터(Joseph E. Schumpeter)가 1942년에 발표
　한 저서 『자본주의, 사회주의, 민주주의*Capitalism, Socialism, and Democracy*』
　에서 소개하면서 널리 알려진 개념이다.

적으로 볼 때 기업은 장기적인 경제성장 기조 속에 더불어 성장해왔다. 예를 들어 1929년 이후 미국의 명목 국내총생산(GDP) 성장률은 연 6.2%였고 기업의 세전 이익 성장률은 연 6.3%였다. GDP 성장률과 기업 이익 성장률 간의 상관도는 0.98(최대치=1.0)이다. 개인적으로 이러한 상관성이 앞으로도 유지되리라고 본다.

카지노에서 나와 계속 밖에 있어라!

이 책에서 나는 금융시장 '딜러'의 배만 불려주는 일을 이제라도 그만둬야 하는 이유를 설명할 것이다. 대체 그 이유가 무엇인가? 지난 10년 동안 이 사람들은 투자자로부터 매년 5,650억 달러나 되는 돈을 긁어모았기 때문이다. 그리고 이들을 피하는 아주 간단한 방법도 알려줄 것이다. S&P500 인덱스펀드 혹은 전체 주식시장 인덱스펀드에 투자하면 된다. 펀드는 샀으면 계속 얼쩡대며 머물러 있지 말고 그 즉시 '카지노(시장)'에서 나와라. 그리고 그 시장 포트폴리오를 영원히 보유하기만 하면 된다. 이것이 바로 전통적 인덱스펀드의 작동 기제다.

단순하지만 쉽지는 않다

이 투자 원칙은 단순할 뿐만 아니라 고상하기까지 하다. 게다가 이 원칙의 기반이 되는 셈법은 반박의 여지없이 명백하다. 그러나 실천하기가 그리 쉽지는 않다. 투자자가 기존의 금융시장 체계를 아무 고민 없이 수용하는 한, 비용 부분은 고려하지 않은 채 주식을 사고파는 데서 오는 짜릿한 흥분을 즐기는 한, 더 나은 방법이 있다는 사실을 깨닫지 못하는 한, 이러한 투자 원칙은 우리의 직관에 반하는 것처럼 느껴질 것이다. 그러나 이 작은 책자가 전하는 간절한 메시지를 허투루 흘려버리지 말고 진지하게 받아들이기 바란다. 그렇게 한다면 여러분도 아마 이 인덱스펀드 '혁명' 대열에 합류해 '더 경제적이고, 더 효율적이고, 더 정직한' 방법[4]에, 그리고 자신의 이익을 최우선시하는 더 생산적인 이 새로운 방식에 눈을 돌리고 싶어질 것이다.

---

4. '경제적인', '효율적인', '정직한' 등은 저자 본인이 1951년에 발표한 "투자회사의 경제적 역할(The Economic Role of the Investment Company)"이라는 제목의 프린스턴 대학 졸업 논문에서 사용한 바 있다. 세상에는 영원한 원칙이란 것이 존재하는 법이다.

토머스 페인(Thomas Paine)과 상식

책 한 권으로 투자 혁명의 불꽃을 피워 올릴 수 있으리라 기대하는 것은 너무 과한 욕심일지 모르겠다. 당시의 일반 통념과는 다른 새로운 생각은 늘 세간의 의심과 경멸, 더 나아가 두려움과 맞닥뜨려야 하는 운명을 맞는다. 240년 전인 1776년에 토머스 페인이 『상식Common Sense』이라는 제목의 소책자를 발표하면서 미국 독립혁명을 촉발하는 데 한몫을 했던 때가 그 좋은 예다. 여기에 그 내용 일부를 소개한다.

아래 내용은 기존의 생각과는 사뭇 다른 것이라, 일반의 지지와 인정을 받아 보편적인 통념으로 자리하기를 기대하는 것은 무리일 것이다. 뭔가 잘못된 것에 대해 진지하게 생각하지 않고 그냥 외면해버리는 습관이 오래 지속되면 이것이 타성으로 굳어지고 이 타성은 잘못된 것마저 표면상 옳은 것처럼 보이게 한다. 또 그러한 오랜 습관에 반하는 행위에 대해서는 거센 반발과 강한 저항이 뒤따른다. 그러나 그러한 저항과 소동은 곧 진정된다. 인간의 사고를 변화시키는 힘으로 치자면 '이성'보다 '시간'이 한 수 위라 하겠다. 나는 여기서 '단순한 사실과 분명한 논거 그리고 상식'만을 말할 생각이다.

다들 알다시피 토머스 페인의 이 강력하고 분명한 주장이 결국은 승리한 셈이다. 독립혁명은 미국 헌법으로 구체화됐고 이 헌법이 지금까지 정부와 시민의 책임을 규정하면서 전체 사회의 근간을 이루고 있다.

이와 비슷한 맥락에서 나는 내가 주장하는 이 '단순한 사실과 분명한 논거 그리고 상식'이 앞으로 투자자들 사이에서 보편적 상식으로 자리매김하리라 믿는다. '인덱스 혁명'은 투자자의 이익을 최우선시하는 더 효율적이고 더 새로운 투자 시스템을 구축하는 데 도움이 될 것이다.

구조와 전략

혹자는 내가 1974년에 뱅가드(Vangard)를 창업했고 1975년에는 세계 최초로 인덱스뮤추얼펀드를 고안한 사람이니까 사람들에게 내 주장을 설파하는 것이 내게 이득이 되지 않겠느냐고 말하기도 한다. 금전적 이득에 국한하지 않는다면 내가 이득을 본다는 말이 뭐, 크게 틀린 것도 아니다! 그러나 특별히 '내가' 금전적 이득을 보기 때문에 이러는 것이 아니다. 실제로 이것으로 나는 땡전 한 푼 벌지 못한다. 그보다는 뮤추얼펀드의 소유 구조와 인덱스펀드 전략 등 수십 년 전 뱅가드 설립의 초석이 된 이 두 가지 요소가 장기적으로 '여러분에게' 금전적 이득을 보장해주리라 믿기 때문에 여러분에게 내 생각을 들려주고 싶은 것이다.

내 말 말고 다른 사람의 입을 통해 나온 내 주장을 믿어라!

초창기에는 인덱스펀드 개념을 주장하는 사람이 나 혼자뿐이었다. 그러나 내 말을 귀담아 들어주고 내 의견을 지지해준 몇몇 업계 전문가들이 있어, 용기를 내서 내게 주어진 '사명'을 완수하는 일에 묵묵히 매진할 수 있었다. 대다수가 외면하는 주장에 귀기울여준 이들의 현명함과 사려 깊음에 나 또한 깊은 존경을 표하고 싶을 정도다. 그런데 요즘은 가장 현명한 투자자 그리고 가장 성공적인 투자자 가운데 인덱스펀드 개념을 지지하는 사람이 상당히 많다. 그리고 학계에서도 이것이 거의 보편적 개념으로 자리 잡은 상태다. 홀로 외로이 목소리를 높이던 때를 생각하면 격세지감이 느껴지지 않을 수 없다. 그러나 무조건 내 말만 믿지는 마라! 그보다는 투자에 관한 진실을 추구하는 일 외에 다른 속셈이 없는, 그러면서 기본적으로 내 생각과 다르지 않은 다른 전문가의 말에 귀 기울여라. 각 장이 끝날 때마다 이러한 전문가들의 고견을 확인할 수 있을 것이다.

일례로 노벨 경제학상 수상자이자 MIT 경제학과 교수였으며, 이 책에 올린 추모 글의 주인공이기도 한 고(故) 폴 새뮤얼슨(Paul A. Samuelson)의 말에 귀 기울여라.

"보글이 제시하는 이 합리적인 투자 원칙을 따른다면, 20년쯤 후에는 우리 같은 느긋한 투자자 수백만 명이 한가로운 교외에서 이웃의 부러움을 사면서 여유로운 삶을 누릴 수 있을 것이다. 더불어 온갖 일이 다 벌어지는 이 격동의 시기에도 마음 편히 단잠을 잘 수 있을 것이다."

기존의 금융 시스템이 하루아침에 개선되지는 않을 것이다. 그러나 이처럼 더딘 변화 속도 때문에 투자자 개인의 이익을 추구하는 일에 제동이 걸려서는 안 된다. 비싼 대가를 치러가며 바보 놀음에 동참할 필요는 없다. 시장을 이기려고 괜한 헛힘을 쓰는 일은 이제 그만하라. 그런 '지는 게임'은 삼가고 대신에 모든 기업의 주식을 골고루 소유하는 이른바 '이기는 게임'을 선택하라. 그러면 그 다음 일은 그렇게 복잡하지 않다. 일단 자신의 상식을 기준으로 삼고, 시장 시스템을 이해하고, 과도한 비용을 줄여라. 이렇게 단순한 작업이 그 출발점이다.

그러면 기업이 벌어들이는 수익이 주식과 채권시장에 반영될 것이고, 주식의 형태로 기업을 '소유'한 투자자는 각 기업(인덱스펀드 투자이므로 거의 모든 기업)이 벌어들이는 수익에서 정당한 자신의 몫을 챙길 수 있을 것이다. (※주의 : 플러스 수익만이 아니라 마이너스 수익, 즉 손실도 분담해 떠안게 된다.) 이러한 현실을 이해하게 되면 이 모든 것이 상식의 범주에 속한 일이라는 사실을 알게 될 것이다.

10주년 기념 개정 증보판

10년 전에 초판을 발행할 때는 투자자가 시장에서 발생하는 수익(마이너스 수익을 포함)에서 자신들의 정당한 몫을 확보하는 데 이 책이 조금이나마 도움이 됐으면 하는 바람이었다.

2007년에 발표한 초판은 1994년에 나온 내 첫 번째 책 『보글의 뮤추얼펀드*Bogle on Mutual Funds : New Perspectives for the Intelligent Investor*』의 후속편이라 할 수 있다. 인덱스 투자 사례를 소개한 두 권 모두 뮤추얼펀드 관련 서적 가운데 베스트셀러를 기록하고 있으며 두 책을 합산해 50만 부 이상이 팔렸다.

첫 책이 출간된 이후 근 사반세기가 지나는 동안 인덱스펀드가 투자업계에서 제자리를 확고히 잡은 셈이었다. 280억 달러 정도였던 주식형 인덱스펀드의 자산은 2017년 중반이 되자 4조 6,000억 달러로 무려 168배나 증가했다. 그리고 지난 10년 동안에만 주식형 인덱스펀드 자산은 2조 1,000억 달러가 늘었는데 액티브 펀드(빈번한 매매를 중심으로 하는 적극적 운용 전략을 구사하는 펀드)에서는 9,000억 달러 이상이 빠져나갔다. 특정 투자 종목에서 다른 종목으로 무려 3조 달러 규모의 변동이 일어났다면 이것은 투자 혁명으로 불러도 무방한 하나의 '사건'이다.

돌이켜보면 내가 1975년에 최초의 인덱스뮤추얼펀드를 고안한 것이 이 인덱스 혁명의 도화선이 됐던 것만은 분명한 것 같다. 인덱스펀드가 촉발한 창조적 파괴는 대체로 투자자에게 득이 됐다고 본다. 이번에 나온 10주년 기념 개정판에서는 배당금, 자산 배분 그리고 원칙 실행에 초점을 맞춘 은퇴 계획 등을 다룬 장을 새로 추가해 이전에 낸 책에서 소개한 투자 원칙을 더 공고히 하려 했다.

배워라! 즐겨라! 행동하라!

존 보글

현명한 투자자의 조언

버크셔 헤서웨이(Berkshire Hathaway)를 운영하는 워런 버핏의 사업 파트너 찰스 멍거(Charles T. Munger)는 이렇게 말한다.

"오늘날의 자산운용 시스템에서 관리자라는 사람들은 할 수 없는 일도 하는 체 하고 좋아하지 않는 일도 좋아하는 체 한다. 자산운용업은 정말 수상쩍은 사업이다. 현재와 같은 운용 시스템 하에서 투자자가 아무런 이익도 얻지 못한다는 차원에서 보면 그렇다. 그런데 이것이 아이러니하게도 이 업계가 살아남는 방식이다. 뮤추얼펀드는 투자자에게 연간 2%의 수수료를 부과하는데 여기에 더해서 중개인(브로커)들이 이 펀드 저 펀드로 갈아타도록 투자자를 부추김으로써 추가로 3~4퍼센트포인트의 비용을 더 발생시킨다. 또 전문가라는 사람들은 불쌍한(?) 일반 투자자에게 형편없는 상품을 추천한다. 정말 역겨운 현실이라고 생각한다. 따라서 투자상품을 구매하는 사람, 즉 투자자에게 가치를 제공해주는 시스템에 합류하는 편이 백번 낫다고 주장하고 싶다."

『투자의 네 기둥 *The Four Pillars of Investing*』의 저자인 투자 자문가이자 신경학자인 윌리엄 번스타인(William Bernstein)은 이렇게 말한다.

"일반적 시장 위험에 노출되는 것도 감당하기 쉽지 않다. 그런데 여기에 더 보태 투자 다각화를 하지 못한 데서 비롯되는 손실 위험까지 더 떠안는 것은 바보짓이다. 이러한 문제를 피하려면 인덱스펀드에 투자하는 방식으로 전체 시장을 소유하는 것이 최선이다."

×××

또 〈이코노미스트〉는 아래와 같은 기사를 실었다.

"펀드매니저의 전반적 투자성과는 그다지 만족스러운 수준이 아니었다. 좋은 성과를 낸 다음에는 으레 저조한 성과를 낸다. 장기적으로 보면 시장 평균 이상의 성과를 내는 펀드매니저는 거의 없다고 봐야 한다. 게다가 투자자의 자금으로 계속 손실을 내고 있으면서도 염치없이 고액의 보수를 꼬박꼬박 받아 챙긴다. 여기서 얻을 수 있는 확실한 교훈 한 가지는 인덱스펀드에서 가능성을 찾아야 한다는 사실이다. 사실상 계속해서 시장을 이길 수 있는 펀드매니저는 거의 없다고 봐야 한다. 그러므로 확실한 시장수익을 보장하면서도 보수는 엄청나게 싼 인덱스펀드에 투자하는 것이 훨씬 낫다."

수많은 학계의 거장 그리고 시장을 이기는 투자로 유명한 세계적인 투자자들이 입을 모아 인덱스 투자의 가치를 인정하며 갈채를 보낸다는 사실이 정말 놀라울 따름이다. 내가 말하는 '상식'보다는 아무래도 이 거장들의 '상식'을 기반으로 여러분 모두 더욱 현명한 투자자로 거듭나기를 바란다.

알림 : 각 장의 말미에 소개된 "현명한 투자자의 조언"의 원래 자료와 인용문에 관심이 있는 사람은 내 웹사이트 www.johncbogle.com 에서 찾아보기 바란다. 이 책의 소중한 지면을 복잡하고 긴 참고문헌 목록으로 채울 생각은 털끝만큼도 없으니 서슴지 말고 내 웹사이트를 방문하기 바란다. 수많은 학계의 거장과 시장을 이겨 이름을 날린 세계적인 투자가들이 인덱스 투자의 장점을 인정하고 갈채를 보낸 사실은 정말로 놀랍다. 나의 원칙과 내가 믿는 상식은 차치하고라도 이들의 상식과 투자전략에 힘입어 여러분 모두 더욱더 현명한 투자자가 되길 바란다.

제 1 장

우화
고트락스 가문

가장 기본적 형태의 '인덱스펀드'는 미국 주식시장의 거의 모든 주식을 사서 영원히 보유하는 펀드다. 그러나 이러한 상품에 투자를 고려하기 전에 우선 주식시장이 어떻게 움직이는지부터 알아야 한다. '고트락스 가문'은 버크셔 헤서웨이의 회장 워런 버핏이 2005년도 연차보고서에서 했던 이야기를 내 나름대로 해석한 우화다. 이 이야기는 거대하고 복잡한 현 금융시장의 비생산적이며 부조리한 실상을 여실히 드러내고 있다.

옛날 옛적에…

──────── 고트락스라는 성(姓)을 쓰는 부유한 일가가 있었는데, 이들은 수대에 걸쳐 번창했다. 그들은 형제와 자매, 삼촌과 이모, 고모, 사촌이 수천 명이나 되는 거대한 가문을 이뤘고 미국 내 주식을 전부 소유하며 남부럽지 않은 재력을 과시했다. 고트락스 가문은 주식의 형태로 소유한 수천 개 기업이 매년 지급하는 배당금과 기업이 이뤄낸 수익과 성장을 통해 막대한 규모의 투자수익을 챙길 수 있었다.[1] 고트락스 가문 사람들은 크게 앞서거나 뒤처지는 일 없이 모두 똑같이 부자가 됐고, 화목하게 잘 지냈다. 이들이 투자한 자산은 수십 년 동안 복리로 불어나면서 일가가 엄청난 부를 축적하게 됐다. 말하자면 고트락스 가문은 이기는 게임을 하고 있었다.

그러나 얼마 후 사기꾼처럼 언변이 뛰어난 '헬퍼(Helper)' 몇 사람이 나타났다. 그러고는 가족 중에서도 '머리 좀 돌아가는' 사촌 몇 명에게 접근해 다른 친척보다 돈을 더 많이 벌

───────────

1. 상황이 약간 더 복잡해지기는 하는데 어쨌든 고트락스 가문은 매년 발행되는 신규 공모주도 꾸준히 사들였다.

게 해주겠다며 이들을 꼬드겼다. 헬퍼는 이들을 구슬려 친척에게 일부 주식을 팔고 또 일부 주식은 사들이라고 했다. 이때 헬퍼는 중개인 노릇을 하며 거래를 성사시키고 그 대가로 수수료를 받아 챙겼다. 이렇게 해서 일가의 구성원들 사이에서 주식의 소유권이 돌아가며 바뀌었다. 그런데 당황스럽게도 가문의 자산이 불어나는 속도가 점점 느려지기 시작했다. 이유가 무엇일까? 투자수익 일부를 헬퍼가 가져갔기 때문이다. 그리고 처음에는 매년 지급하는 배당금 그리고 재투자를 통한 수익 증가의 형태로 미국 기업들이 구워내는 거대한 파이를 고트락스 가문이 고스란히 가져갈 수 있었는데 이제는 이 파이마저 그 일부를 헬퍼가 먹어치우기 시작하면서 가문이 가져갈 수익이 점점 줄어들었다.

설상가상으로 전에는 배당수익에 대한 세금만 납부하면 됐었는데 이제는 매매차익에 부과되는 자본이득세까지 물게 생겼다. 가족 간에 주식을 사고파는 과정에서 발생한 자본이득에 대해 세금이 부과되면서 가문의 총 자산은 더 줄어들었다.

'머리 좀 돌아가는' 사촌들도 이제는 자신들의 전략이 실제로는 가문의 자산 증가 속도를 늦추는 역할만 했을 뿐이라는 사실을 깨달았다. 그러나 이는 주식을 잘못 골라서 벌어진 결과라고 생각했지, 문제의 이면을 들여다보지 못했다. 이번에는 주식 종목 선택 전문가를 고용해 종목을 제대로 고르기로 했다. 그래서 다른 사람보다 조금이라도 더 좋은 주식을 고르기 위해 종목 선택 전문가를 고용했다. 결과적으로 헬퍼가 더 늘어난 셈이었다. 이들(자산관리자)이 제공하는 서비스에 대해 수수료를 부과했다. 1년이 지나 가문의 자산을 평가해보니 전보다 파이가 훨씬 더 줄어 있었다.

가뜩이나 심각한 상황인데 여기에 더해 자산관리자들은 자신들의 몫을 더 챙기려는 욕심에 가족 간의 주식거래를 하나라도 더 성사시키려 혈안이 돼있었다. 결과적으로 맨 처음에 등장했던 헬퍼 군단에게 지급해야 할 중개수수료가 더욱 늘어났을 뿐 아니라 세금 부담도 늘어났다. 처음에는 배당금과 수익 성장 파이를 일가가 온전히 차지했었는데 이제는 그 몫이 더욱 줄어들었다.

상황이 이러하자 머리 좀 쓰려했던 그 사촌들이 이렇게 말했다.

"일단 우리는 주식 종목 선택에도 실패했지, 그래서 전문가를 고용했는데 이번에는 제대로 된 전문가를 선택하는 데 실패한 것 같아. 아, 이제는 뭘 어떻게 해야 하지?"

참으로 안타깝게도 이 두 번의 실패에도 아랑곳하지 않고 이들은 헬퍼를 더 고용하기로 결정하면서 또 한 번 악수(惡手)를 두고 말았다. 최고의 투자자문가와 재무설계사까지 곁에 두고 최상의 종목을 골라줄 훌륭한 자산관리자를 어떻게 하면 찾아낼 수 있는지에 관한 조언을 들으려했다. 이들 '자문단'은 당연히 자신들이 그 일을 할 수 있다고 장담했다. 새로 온 헬퍼 군단이 그 사촌들에게 말했다.

"우리한테 보수만 주면 모든 일이 다 잘 될 겁니다."

결국 비용만 더 추가됐고, 가문의 자산은 다시 줄어들었다.

헬퍼를 전부 없애라. 그러면 기업들이 구워내는 파이를 일가가 온전히 다 차지할 수 있다

정신이 번쩍 든 고트락스 가문 사람들이 한 자리에 모였다. 그리고 몇몇 사람이 다른 가족보다 돈을 더 벌겠다고 꼼수를 벌이면서 시작된 이 사태의 진상을 조사하기에 이르렀다. 사람들이 물었다.

"처음에는 배당금과 주가 수익으로 구성된 파이 전부가 우리 몫이었는데 지금은 그 몫이 어떻게 60%로 줄어들 수가 있지요?"

가문에서 가장 현명한 나이 든 삼촌이 조용히 나섰다.

"헬퍼한테 지급하는 보수 그리고 불필요하게 나가는 세금이 전부 우리 파이를 깎아먹고 있는 거라네. 그러니 원점으로 돌아가세. 그것도 지금 당장 말이야. 중개인을 모두 해고하고, 자산관리자도 전부 해고해야 하네. 또 투자자문가라는 것들도 싹 다 몰아내야지. 그러면 매년 '주식회사 미국'이 구워내는 파이를 우리 가문이 다시 통째로 차지할 수 있어."

사람들은 이 지혜로운 노인의 충고에 따라 애초에 이 가문이 취했던 다소 수동적인 그러나 매우 생산적인 전략, 즉 주식회사 미국의 주식 전부를 사서 이를 영원히 보유하는 전략으로 되돌아갔다.

이것이 바로 인덱스 전략의 핵심이기도 하다.

…그리고 그 후로 고트락스 가문은 영원히 행복하게 잘 살았다

———— 워런 버핏은 이 이야기의 교훈을 아이작 뉴턴의 운동 법칙에 빗댔다. 즉, 세 가지 운동 법칙에 한 가지를 더 보태 '제4의 운동 법칙'이라는 형태로 다음과 같이 표현했다.

"투자 세계에서는 운동이 증가할수록 수익은 감소한다."

이 우화는 투자업계에 종사하는 사람들과 주식 및 채권에 투자하는 사람들 간에 존재하는 이익 상충 관계를 극명하게 보여준다고 생각한다. 투자업계 종사자가 돈을 버는 방법은 자신의 고객인 투자자에게 이렇게 말하는 것이다.

"가만히 있지 말고 계속 뭔가를 하라."

투자자가 돈을 벌 수 있는 방법은 이와는 정반대 조언에 따르는 것이다.

"자꾸 뭔가를 하려 하지 말고 원래 자리를 지키며 가만히 있어라."

이것이 시장을 이기려고 덤비면서 '지는 게임'에 참여하는 것을 피하는 유일한 길이기 때문이다.

그런데 이렇게 고객의 이익에 정면으로 반하는 방식으로 사업을 운영하다보면 결국 고객이 현실을 깨닫게 되는 것은 시간문제다. 따라서 변화가 생기고 이러한 변화가 현 금융 시스템의 혁명적 변화를 주도하게 된다.

고트락스 가문의 우화가 우리에게 주는 교훈은 이것이다. 성공투자의 열쇠는 전국의 기업, 더 나아가 전 세계 기업의 주식을 소유하고 여기서 발생하는 배당금과 수익 성장분을 꾸준히 챙기는 것이다. 매매 빈도가 높을수록 중개 수수료와 세금의 형태로 나가는 비용이 늘어나고, 기업 소유자로서 주식투자자가 얻는 수익은 줄어든다. 투자자에게 발생하는 비용이 적을수록 거둬들이는 수익은 증가한다. 따라서 현명한 투자자라면 빈번한 매매 활동을 삼감으로써 중개 수수료 부담을 최소화해야 한다. 그래야 기업이 벌어들이는 장기적 수익을 온전히 자신의 몫으로 취할 수 있다. 이것이 바로 '상식'이 우리에게 주는 교훈이다. 그리고 이것이 바로 인덱스 투자의 본질이며 이 책에서 말하고자 하는 핵심이다.

현명한 투자자의 조언

하버드 매니지먼트 컴퍼니(Harvard Management Company)의 전 사장이자 하버드대학 기금을 80억 달러에서 270억 달러로 크게 불린 투자 귀재 잭 마이어(Jack R. Meyer)의 의견을 귀담아 들어보자. 마이어가 2004년에 〈비즈니스위크*Business Week*〉와의 인터뷰에서 밝힌 내용을 여기에 소개한다.

"투자업계는 거대한 사기꾼 집단이다. 남보다 나은 성과를 내줄 펀드매니저를 찾을 수 있다고 생각하는 사람들이 대부분이다. 그러나 그 대다수가 잘못 생각한 것이다. 내가 보기에 벤치마크(benchmark, 투자성과 평가의 기준 지표)를 밑도는 성과를 내는 관리자가 85~90%는 된다. 펀드매니저는 서비스 수수료와 매매비용을 발생시키므로 전체적으로 투자자의 자산 가치를 갉아먹는 존재다."

하버드 매니지먼트의 자산운용 방식에서 개인 투자자도 배울 수 있는 것이 있느냐고 묻자 마이어는 이렇게 답했다.

"물론 있다. 먼저 투자 다각화에 초점을 맞춰야 한다. 가능한 한 많은 자산군을 포괄하는 포트폴리오를 구성하라. 두 번째로는 보수 수준을 낮춰야 한다. 광고만 요란한 비싼 펀드는 피하고 저비용 인덱스펀드를 선택하라는 말이다. 그리고 마지막으로 장기 투자를 해야 한다. 보수 수준을 낮추고 세금을 줄이는 가장 간단한 방법은 인덱스펀드에 투자하는 것이다. 이 부분에 대해서는 내가 확실히 보장한다."

×××

논쟁의 여지가 좀 덜한, 학계의 견해를 살펴본다는 차원에서 『시장 변화를 이기는 투자*A Random Walk Down Wall Street*』의 저자인 프린스턴대학 교수 버튼 말키엘(Burton G. Malkiel)의 의견을 들어보자.

"인덱스펀드의 연간 수익률은 액티브(적극적) 펀드매니저의 수익률을 항상 2퍼센트포인트 정도 앞서는 모습이었다. 전체적으로 볼 때 액티브 펀드는 시장 평균을 웃도는 수익을 낼 수 없기 때문에 펀드 운용보수와 매매비용에 해당하는 만큼이 항상 인덱스펀드 수익을 밑돌게 된다.

내 경험에 비추어 보건대 인덱스펀드 투자자는 대체로 일반 펀드매니저의 수익률을 웃도는 성과를 낸다. 고액의 펀드

운용보수와 높은 포트폴리오 회전율이 투자수익률을 갉아 먹기 때문이다. 인덱스펀드는 최소한의 비용으로 크게 힘들이지 않고 시장수익률을 올릴 수 있는, 매우 합리적이고 유용한 투자방식이다."

제 2 장

이성적 과열

주주의 수익은 기업의 수익과 일치해야 한다

───────────

앞에서 소개한 고트락스 가문 우화를 통해 우리는 투자업계의 현실을 깨닫게 된다. 버핏의 말을 빌려 표현하자면 이렇다.

"전체로서의 주식투자자 집단이 지금부터 최후의 날(종말의 날이라는 가정 하에)까지 벌어들일 수 있는 최대 수익은 해당 기간에 기업이 벌어들이는 총수익이다."

버핏이 46년 동안 이끈 버크셔 헤서웨이에 대해 설명하면서 그가 했던 말에 귀 기울여보자.

주가가 일시적으로 기업의 수익을 웃돌거나 밑돌면 주식을 매매한 일부 주주(매수자 혹은 매도자)는 거래 상대방이 입은 손실만큼 초과 수익을 올리게 된다. 그러나 장기적으로 보면 버크셔 해서웨이의 전체 주주가 벌어들이는 총수익은 당연히 당사가 벌어들이는 수익과 일치하게 된다.

> **"시간이 흐르면 주주가 벌어들이는 수익의 총합은 필연적으로 기업이 벌어들이는 영업 수익과 일치하게 된다"**

투자자는 이 만고불변의 원칙을 망각할 때가 너무 많다! 과거 자료를 조사해보면 미국 기업들이 장기적으로 벌어들인 누적 수익(연간 배당수익률과 수익성장률을 합산)과 주식시장이 벌어들인 누적 수익 간에 분명한 상관성이 드러난다. 양자 간의 관계가 얼마나 명확한지 생각해보라. 이 두 가지가 일치한다는 점이야말로 지극히 상식적인 사실 아니던가?

아직 증거가 더 필요한가? 20세기가 시작되고 부터의 자료를 살펴보라(자료 2.1 참고). 당시 연평균 주식시장수익률은 9.5%였다. 그리고 배당수익률 4.4%와 수익성장률 4.6%를 합산한 투자수익률은 9.0%였다.

이 0.5퍼센트포인트의 차이는 투기수익(speculative return)에서

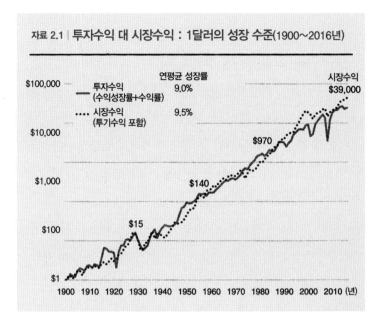

자료 2.1 | **투자수익 대 시장수익 : 1달러의 성장 수준(1900~2016년)**

비롯된 것이다. 투자자가 투자 후반기로 가면서 수익 1달러
당 얼마(더 높은 가격 혹은 더 낮은 가격)를 지급하려 하는지에 따라
투기수익이 플러스(+)가 되기도 하고 마이너스(-)가 되기도 한
다.

주가수익률(price/earnings ratio : PER)은 투자자가 수익 1달러
당 가격을 얼마까지 지급할 의향이 있는지를 나타낸다. 투자
자가 주가 상승을 확신하는 정도에 따라, 즉 투자 심리가 고조
되느냐 아니면 위축되느냐에 따라 주가수익률도 오르락내리

락 한다.[1] 투자자의 욕심이 시장을 지배하는 상황에서는 주가수익률이 고공 행진을 벌인다. 희망적 분위기가 조성되면 주가수익률은 적정선을 유지한다. 그리고 공포 심리가 시장을 주도하면 주가수익률은 매우 낮아진다. 과열과 냉각 사이를 오가는 투자 심리의 변화가 투기수익에 반영된다. 투자 심리는 일시적으로 시장 추세에 반영되면서 장기적인 상승 추세선의 위아래를 오르락내리락 한다.

자료 2.1에서 확인할 수 있듯이 장기적으로는 주식의 투자수익(배당수익률과 수익성장률의 합)이 전체 시장수익률에 가까워진다. 양자가 어긋나는 시기도 있으나 그 기간은 매우 짧다.

116년 동안 누적된 수익의 규모를 복리로 계산하면 실로 어마어마한 결과가 나온다. 1900년에 주식에 1달러를 투자했고 투자수익률이 9.5%라면 2015년에는 이 1달러가 무려 4만 3,650달러로 불어난다.[2] 물론 투자를 해놓고 116년 동안이나 기다릴 사람은 거의 없지만 말이다. 그러나 투자수익이 대물림된다면 고트락스 가문처럼 대대손손 복리의 기

---

1. 불규칙적이기는 하나 금리 또한 주가수익률에 영향을 미친다. 따라서 여기서는 이 부분을 고려하지 않고 도식을 다소 과하게 단순화한 측면이 있다.

적을 누리게 된다. 그리고 이렇게 축적되는 수익 규모는 가히 환상적인 수준이며 결국 이기는 게임이 되는 것이다.

자료 2.1에서 분명하게 드러나듯이 기업이 벌어들이는 투자수익에는 굴곡이 있고 장애물도 있다. 그리고 1930년대 초의 대공황처럼 장애물이 엄청나게 클 때도 있다. 그러나 우리는 그것을 극복했다. 그러므로 한 발짝 뒤로 물러나서 차트를 바라보면 기업의 펀더멘털(fundamental, 기업의 경제적 가치를 결정하는 기초 여건) 추세는 꾸준히 상승 추세를 나타내는 것처럼 보이고, 주기적으로 발생하는 이러한 장애물은 거의 눈에 띄지 않는다.

평균으로의 회귀

주식시장에서 나오는 수익이 기업의 펀더멘털에 앞설 때가

---

2. 공정성을 기하자는 차원에서 다시 계산해보면 이렇다. 명목수익률 9.5%가 아니라 실질수익률 6.3%(이 기간의 물가상승률 3.2%를 고려함)를 기준으로 최초 투자금 1달러를 복리로 계산하면 1,339달러가 된다. 그러나 명목수익률을 기준으로 한 복리 계산 값에 비하면 조족지혈에 불과한 수준이다. 그래도 실질 자산이 1,300배나 불어난 것은 결코 가볍게 볼 수준이 아니다.

종종 있다(1920년대 초, 1970년대 초, 1990년대 말 그리고 아마 오늘날의 상황처럼). 그러나 마치 자석에 이끌리듯 결국 장기적 표준으로 돌아가는 것은 시간문제일 뿐이다. 1940년대 중반, 1970년대 말 그리고 2003년의 하락장 때처럼 한동안 기업 펀더멘털에 한참 뒤처진 연후에야 제자리를 찾아가는 경우가 대부분이기는 하지만 말이다. 이를 '평균으로의 회귀'라고 하며 이에 관해서는 제11장에서 상세히 다룰 것이다.

그런데 대다수 투자자는 참으로 어리석게도 장기적 표준에는 관심이 없고 이탈적인 단기적 주식시장 상황에만 초점을 맞추면서 이 장구한 역사를 무시하는 경우가 대부분이다. 주식 수익이 이 장기적 표준에서 크게 빗나갈 때 그것이 이 '투자 경제학', 즉 투자를 위한 기초 여건(기업의 배당수익률과 수익 성장률)에서 비롯되는 경우는 거의 없다. 그런데도 투자자는 이러한 현실을 종종 무시한다. 연간 주식수익이 들쑥날쑥한 이유는 투자 '경제학적' 측면이 아닌 투자 '심리' 때문이며 주가수익률은 이러한 심리가 반영된 결과물이다.

귀납적 추론 방식에 따라 과거 경험을 바탕으로
미래를 예측하는 것은 매우 위험하다

자료 2.1을 보면 주가가 실제 기업 가치와 일치하지 않을 때가 가끔 있으나 장기적으로 볼 때는 결국 기업 가치에 일치되는 방향으로 주가가 움직인다는 사실을 알 수 있다. 그러므로 과거는 미래의 전주곡이라는 점을 대다수 투자자가 거의 직관적 사실로 받아들이고 있지만, 과거의 주식시장 수익에는 투기적 수익 요소가 포함돼 있기 때문에 미래를 예측하는 지침으로서는 결격 사유가 있다 하겠다. 영국의 위대한 경제학자 존 메이너드 케인스(John Maynard Keynes)의 말을 귀담아 듣기만 해도 과거 수익으로 미래 수익을 예측할 수 없다는 사실을 금방 이해할 수 있다. 아래는 케인스가 81년 전에 쓴 글에서 발췌한 내용이다.

과거 사실에 대한 이유와 배경을 분명히 이해할 수 있다면 모를까, 귀납적 추론 방식에 따라 과거 경험을 바탕으로 미래를 예측하려는 것은 매우 위험한 발상이다.

그러나 과거 사실에 대한 이유를 분명히 확인할 수 있으면 미래에 관한 합리적 예측도 가능하다. 케인스는 장기적 관점에서의 주가 전망은, 기업 가치(자산의 수익률 예측)와 투기 상황(시장 심리 예측)에 대한 예측에 바탕으로 둔다고 설명했다.

66년 전 프린스턴 대학에서 졸업 논문을 쓸 때 이 개념을 사용했기 때문에 나로서는 이 말이 전혀 낯설지 않다. 그때 쓴 논문 제목이 "투자회사의 경제적 역할"이었다. 그리고 신의 뜻인지 모르겠으나 이 논문을 계기로 이후 나는 뮤추얼펀드 업계에 몸담게 됐다.

주식시장 수익의 이중적 속성

수십 년 동안의 주식시장 수익 추이를 살펴보면 수익의 이중적 속성이 분명히 드러난다(자료 2.2 참고). 케인스의 주장을 기초로 주식시장 수익을 (1) 투자수익과 (2) 투기수익 등 두 가지로 구분했다. 투자수익(해당 기업의 사업적 성과에 기반을 둠)은 주식에 대한 초기 배당수익률과 이후의 수익성장률로 구성된다(이 두 가지가 이른바 '내재 가치'의 본질을 이룬다.). 투기수익은 주가수익률의 변화가 주가에 미치는 영향이라는 차원에서 이해할 수 있다.

자료 2.2의 맨 윗부분은 주식에 대한 연평균 투자수익률을 1900년 이후 매 10년 단위로 표시한 것이다. 먼저 10년 단위별 배당수익률은 계속해서 총수익에 정적(定的) 영향을 미쳤다는 것을 알 수 있다. 배당수익률은 3%에서 7% 사이를 오가

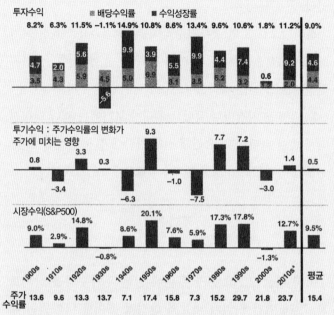

자료 2.2 | 10년 단위별 주식 수익 : 1900~2016년(연간 비율)

투자수익 ▒ 배당수익률 ■ 수익성장률

8.2% 6.3% 11.5% −1.1% 14.9% 10.8% 8.6% 13.4% 9.6% 10.6% 1.8% 11.2% | 9.0%

투기수익 : 주가수익률의 변화가
주가에 미치는 영향

시장수익(S&P500)

	1900s	1910s	1920s	1930s	1940s	1950s	1960s	1970s	1980s	1990s	2000s	2010s*	평균
주가 수익률	13.6	9.6	13.3	13.7	7.1	17.4	15.8	7.3	15.2	29.7	21.8	23.7	15.4

* 2016년까지 매 10년 단위의 주가수익률을 표기한 것임. 1990년의 주가수익률은 12.5였
다.

며 평균 4%대로 안정적 수준을 나타냈고 전체 기간 중 이 범
위를 벗어난 경우는 단 두 차례뿐이었다.

다음으로 수익성장률 또한 전 세계적인 불황기였던 1930년대
를 제외하고 매 10년 투자수익에 정적 영향을 미쳤으며 성장
률이 9%를 넘었던 적(10년 단위)도 여러 차례 있었다. 그러나

대개는 4%에서 7%선을 유지했고 연평균수익률은 4.6%였다.

결과적으로 보면 총투자수익(배당수익률과 수익성장률을 합산한 것으로 맨 윗부분에 표시)은 각 10년 단위 중 단 한 차례(1930년대)만 마이너스(-)를 기록했다. 10년 단위별 총투자수익(기업이 창출한 수익)은 기간마다 달랐으나 내가 보기에는 꽤나 안정적인 수준을 나타냈다. 요컨대 전체 기간에 걸쳐 연간 8~ 13% 수준을 유지했으며 평균 투자수익률은 9%를 기록했다.

투기수익

이제 자료 2.2의 중간 부분에 있는 투기수익을 살펴보자. 전체 기간에 걸쳐 비교적 안정적 추이를 나타냈던 배당수익률과 수익성장률과는 달리 투기수익은 상당한 변동폭을 보이며 널뛰듯 요동치는 모양새였다. 주가수익률이 큰 폭으로 오르락내리락하면서 수익에 지대한 영향을 미쳤다. 예를 들어 주가수익률이 10배에서 20배로 100% 증가하면 연간 투기수익은 7.2%가 된다.

자료에서 보는 바와 같이 10년 동안 거의 예외 없이 투기수익이 마이너스였으면 그 다음 10년의 투기수익은 영락없이 이전의 마이너스 폭만큼 플러스를 나타냈다. 예를 들어 1910년대는 마이너스였는데 그 다음 1920년대는 딱 그만큼 수익이 플러스를 기록했다. 그리고 1940년대는 마이너스였는데 1950년대는 비슷한 수준만큼 플러스 수익으로 나타났고, 1970년대는 마이너스였는데 또 1980년대는 수익이 증가하며 플러스를 기록했다.

평균으로의 회귀(RTM)가 뚜렷이 나타나는 패턴이다. 여기서 RTM은 시간이 경과함에 따라 주가수익률이 장기적 평균점으로 되돌아가는 경향이라고 볼 수 있다. 평균 이하의 수익이 난 시기 다음에는 수익이 회복되는 시기가 뒤따랐고 반대로 수익이 평균을 웃돈 시기 다음에는 다시 수익이 평균을 밑도는 시기가 이어지는 식이었다. 그런데 놀랍게도 1990년대에는 이전 10년에 이어 연속으로 수익이 증가했다. 전에는 볼 수 없던 패턴이었다.

원래 상태로 복귀

그러나 1999년 4월이 되자 전례 없이 주가수익률이 34배 수준으로 뛰어올랐다. 이제 곧 정상적 수익 패턴으로 돌아가야 할 상황이 조성된 셈이었다. 그리고 결국 주가폭

락이라는 형태로 응징(?)이 이루어졌다. 수익이 계속 증가하면서 20세기 초에 15배 수준이었던 주가수익률이 현재는 23.7배 선을 유지하고 있다. 결과적으로 투기수익은 기업이 벌어들인 장기적 투자수익을 연 0.5퍼센트포인트 끌어올리는 데 그쳤다.[3]

투자수익과 투기수익이 결합해 총시장수익을 만들어낸다

이 두 가지 주식 수익 원천을 결합하면 주식시장이 창출하는 총수익이 나온다. (자료 2.2의 아래 부분) 10년 단위별로는 투기수익이 총수익에 상당한 영향을 미치지만, 장기적으로는 별 영향을 미치지 않는다. 연평균 주식 총수익 9.5%는 거의 기업이 창출한 수익이며 투기가 창출한 수익은 0.5퍼센트포인트에 불과하다.

---

3. 2016년의 주가수익률 23.7배는 연말의 S&P500 지수 2,247과 2016년도 보고 이익(repoerted earning)인 주당 95달러를 기준으로 계산한 것이다. 그런데 월가에서는 대손상각 및 기타 비용을 공제하기 전의 이익 지표인 영업이익(operating earning)을 기준으로 다음해 수익을 예측하는 경향이 있다. 이를 기초로 계산한 주가수익률은 17.4배다.

이러한 사실이 전하는 메시지는 매우 명확하다. 장기적으로 볼 때 주식 수익은 기업이 창출하는 투자수익에 거의 전적으로 좌우되며, 투기수익에 반영되는 투자자의 심리는 크게 영향을 주지 않는다. 장기적 주식 수익을 좌우하는 것은 투자 '심리'가 아니라 투자 '경제학적 여건'이다. 따라서 단기적으로는 투자 심리가 지배적 영향력을 발휘했더라도 결국은 그 영향력이 서서히 사그라진다.

단기적 투자 심리의 변화를 정확히 예측하는 것은 불가능하다. 그러나 장기적 차원에서 투자 경제학적 여건에 대한 예측은 어느 정도 가능하다

66년 넘게 이 업계에 몸담았는데도 단기적 투자 심리의 변화, 즉 항상 변화하는 투자 심리를 어떻게 예측해야 하는지 잘 모르겠다.[4] 그러나 투자에 관한 셈법은 매우 단순하므로 투자

---

4. 나만 그런 것은 아니다. 변덕스러운 투자 심리를 일관성 있게 예측했다는 사람도 본 적이 없고 하물며 그렇게 한 사람을 안다는 사람도 없는 것 같다. 금융시장 조사에 관한 70년 역사를 돌이켜봐도 이 부분을 제대로 예측한 사람은 없다.

경제학적 여건에 대한 예측은 적중 확률이 매우 높다.

그 이유가 무엇일까? 장기적으로 주식시장이 만들어내는 수익은 전적으로 투자수익(미국 기업들이 창출하는 수익과 배당금)에 기반을 두기 때문이다. 착각(일시적 주가)이 현실(기업의 내재 가치)과 괴리를 일으키는 일이 종종 있으나 장기적으로는 결국 이 '현실'이 시장을 지배한다.

실제 시장과 기대 시장

이 부분을 이해하려면 '투자는 각기 다른 두 가지 유형의 게임으로 이루어졌다'는 전제가 필요하다. 토론토 대학 로트먼 경영대학원의 로저 마틴(Roger Martin) 학장이 설명하는 내용을 살펴보자.

두 게임 중 하나는 "거대 상장기업들이 실제(real) 시장을 무대로 경쟁을 벌이는 게임"이다. 실제 시장에서는 실제 기업들이 실제 돈을 사용해 실제 제품과 서비스를 만들어 판다. 그리고 기술을 활용해 실제 수익을 창출하고 실제 배당금을 지급한다. 이 게임에는 또 실제 전략, 결단력, 전문 기술 그리고 실제 혁신과 실제 예측 및 통찰력이 필요하다. 이 게임과 느슨하게 연계된 또 하나의 게임이 바로 기대(expectation) 시장을 무대로 하는 게임이다. 기대 시장에서는 "판매수익이나 이윤 같은 실질적인 요소에 따라 가격이 정해지는 것이 아니다. 그리고 단기적으로 매출이나 판매수익 혹은 이윤이 증가한다고 주가가 반드시 오르는 것이 아니고, 투자자의 기대감이 상승할 때만 주가가 상승"한다.

주식시장은 투자자를 미혹시킨다

이 정도로도 두 게임의 차이가 분명히 드러나지만, 나는 여기에 더해 기대 시장은 투기자가 품은 기대의 산물이라는 점을 첨가하고자 한다. 요컨대 투기자는 다른 투자자가 어떤 기대를 하는지 또 새로운 정보가 시장에 유입될 때 투자자가 어떻게 행동할지 예측하려고 한다. 기대 시장은 투기가 이루어지는 곳이고, 실제 시장은 투자가 이루어지는 곳이다. 그리고 주식시장은 투자자의 판단을 흐려 놓는다.

요컨대 주식시장은 투자자로 하여금 정말로 중요한 요소(기업이 벌어들이는 수익의 점진적 축적)보다는 일시적이고 변동성이 큰 단기적 기대에 초점을 맞추게 한다.

셰익스피어의 작품에 등장하는 대사 가운데 "바보가 떠드는 시끄러운 소음과 격분으로 가득 찬 무의미한 이야기"라는 부분이 있다. 이 대사야말로 매일, 매월 심지어 매년, 도저히 이해가 가지 않을 정도로 정신없이 변동하는 주가 상황에 대한 매우 적절한 표현이 아닐까 한다. 따라서 투자자는 금융시장에 반영된 '무의미한 소음과 분노'에 다름 아닌 단기적 투자 심리는 무시하고, 장기적 차원에서 기업의 기초 경제 여건이라는 생산적 요소에 초점을 맞춰야 한다. 기대 시장은 일시적 주가라는 착각적 사실이 지배하는 곳이고 실제 시장은 기업이 중심이 되는 곳이다. 이러한 맥락에서 성공투자 전략은 기대 시장에서 벗어나 실제 시장에 베팅하는 것이라 할 수 있다.

현명한 투자자의 조언

『현명한 투자자*The Intelligent Investor*』의 저자이며 워런 버핏의 스승이기도 했던 전설적인 투자자 벤저민 그레이엄(Benjamin Graham)의 말에 주목해 보자. 투자의 현실에 대해 논하며 피력한 그의 의견은 정확했다. "주식시장은 단기적 관점에서 투표 집계기이고 장기적 관점에서 보면 저울이다."

그레이엄은 시장(市場)을 '시장 씨(Mr. Market)'라는 사람으로 의인화해 이렇게 설명한다.

1,000달러를 주고 소기업의 지분을 샀다고 하자. 그런데 파트너 가운데 '시장 씨'가 있는데 이 사람은 지나치다 싶을 정도로 친절하다. 그래서 시장 씨는 항상 내 지분의 가치를 평가하면서 올랐느니 내렸느니 하며 매일 내게 그 결과를 알려준다. 게다가 자신이 평가한 값을 근거로 내 지분을 자신에게 팔라는 둥 혹은 지분을 더 사라는 둥 매일 와서 귀찮게 속닥거린다. 때로는 기업의 발전 상황이나 앞으로의 전망 등 나름의 근

거를 가지고 판단을 한 것 같아서 그 말이 매우 그럴듯하게 들리기도 한다. 그런가 하면 너무 열에 들뜨거나 과도한 공포심에 사로잡히는 등 감정의 기복이 너무 심하고 그렇게 감정에 치우쳐서 정말 말도 안 되는 평가액을 제시할 때도 있다.

여러분이 만약에 신중한 투자자라면 시장 씨가 매일 하는 말을 듣고 자신이 1,000달러를 주고 산 지분의 가치를 평가하겠는가? 시장 씨의 의견에 동의하거나 혹은 시장 씨와 거래할 마음이 있을 때는 그렇게 할지도 모르겠다. 그러나 좀 현명한 사람이라면 대부분은 스스로 그 가치를 평가하려 할 것이다. 진정한 투자자는 주식시장에는 아예 신경을 쓰지 않고 배당 수익과 기업의 경영 성과에만 관심을 둘 것이다.

재무 건전성이 좋은 기업의 주식으로 포트폴리오를 구성했으면 일단 주가가 오르락내리락하는 것을 당연하게 여겨야 하며 주가가 큰 폭으로 하락해도 너무 걱정하지 말아야 하고 반대로 크게 올라도 너무 흥분하지 말아야 한다. 주식 시세에 민감해하지 말고 자신의 편의에 따라 시세가 자신에게 유리할 때 이를 이용하거나 아니면 아예 무시하는 것이 상책이다.

제 3 장

투자자와 기업은 공동운명체
오컴의 면도날

기업과 어떻게 운명 공동체로 묶일 것인가? 미국 기업 전부의 주식으로 구성된 포트폴리오에 투자하고 이 포지션을 영원히 보유하라. 이 단순한 원칙을 지키면 다른 대다수 투자자가 손실을 보는 투자 게임에서도 당당히 이길 수 있다.

그러나 단순함과 어리석음을 혼동하지 마라. 1320년에 오컴(출신)의 윌리엄(William of Occam)은 다음과 같은 멋들어진 표현으로 단순성의 미덕을 설파했다. "어떤 문제에 대한 해결

책이 여럿 있을 때는 그 가운데 가장 단순한 것을 선택하라."[1]
이후 '오컴의 면도날'이라 불리는 이 명제가 과학적 탐구의 주요 원칙이 됐다. 미국 기업 전체를 소유하는 가장 단순한 방법은 주식시장을 통째로 담은 포트폴리오 혹은 이에 버금가는 포트폴리오를 보유하는 것이다.

오컴의 면도날 : 어떤 문제에 대한 해결책이 여럿 있을 때는 그 가운데 가장 단순한 것을 선택하라

지난 90년 동안 대표적인 주식시장 포트폴리오로 인정받은 지표는 스탠더드앤드푸어스500 지수(S&P500 지수)다. 1926년에 종합주가지수(Composite index)로 출발한 S&P500 지수는 그 명칭대로 500개 종목으로 구성돼 있다.[2] 이 지수는 미국 500대 기업으로 구성되며 시가총액 기준으로 가중치가 부여된다. 현재 이 500대 기업이 미국 전체 주식 가치의 약 85%를 차지한

---

1. 오컴의 윌리엄은 이를 좀더 세련되게 표현했다. "가정이나 논리를 필요 이상으로 많이 세워서는 안 된다." 그러나 표현이 어찌됐든 말하고자 하는 요지는 분명하다.
2. 1957년까지는 단 90개 기업으로 구성돼 있었다.

S&P500		전체 주식시장 지수	
순위	비중(%)	순위	비중(%)
애플	3.2	애플	2.5
마이크로소프트	2.5	마이크로소프트	2.0
알파벳	2.4	알파벳	2.0
엑손모빌	1.9	엑손모빌	1.6
존슨앤드존슨	1.6	존슨앤드존슨	1.3
버크셔헤서웨이	1.6	버크셔헤서웨이	1.3
제이피모건체이스	1.6	제이피모건체이스	1.3
아마존닷컴	1.5	아마존닷컴	1.3
제너럴일렉트로닉	1.4	제너럴일렉트로닉	1.2
페이스북	1.4	페이스북	1.1
10대 기업	19.1	10대 기업	15.6
25대 기업	33.3	25대 기업	27.3
100대 기업	63.9	100대 기업	52.9
500대 기업	100.0	500대 기업	84.1
전체 시가총액	19.3조		22.7조

다. 시가총액 가중형(market-cap-weighted) 지수의 최대 장점은
주가가 변화할 때마다 주식을 사고파는 방식으로 지수 편입
비중을 재조정할 필요가 전혀 없다는 점이다.

1950년부터 1990년까지 기업의 연기금이 엄청나게 증가

하면서 S&P 지수가 이상적인 측정 지표이자 연기금 전문 관리자의 실적을 비교하는 기준 지표가 됐다. S&P 지수는 지금도 연기금과 뮤추얼펀드 매니저의 실적을 비교하는 매우 타당한 기준으로 사용된다.

전체 주식시장지수

1970년에 훨씬 더 포괄적인 주식시장지수가 개발됐다. 처음에는 윌셔5000(Wilshire5000) 지수라고 했으나 지금은 '다우존스윌셔전체주식시장지수(Dow Jones Wilshire Total Stock Market Index)'라고 칭한다.[3] 현재 이 지수에는 S&P500을 구성하는 500개 종목을 비롯해 총 3,599개 종목이 포함돼 있다. 이 지수에 편입된 주식도 시가총액에 따라 가중치가 부여돼 있다. 앞서 500대 기업의 주식이 전체 시장 가치의 85%를 차지한다고 한 바 있다. 따라서 500대 기업에 비하면 시가총액이 미미한 수준인 나머지 3,099개 종목이 차지하는 비중은

---

3. 완전 공시 : 뱅가드는 1975년에 최초로 S&P500 지수를 따라가는 인덱스펀드를 고안했다. 그리고 1992년에는 역시 최초로 전체 주식시장 인덱스펀드도 만들었다.

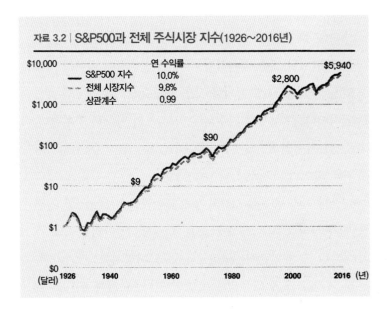

자료 3.2 | S&P500과 전체 주식시장 지수(1926~2016년)

15%에 불과하다.

　미국 주식을 가장 광범위하게 포괄하는 이 지수는 전체 주식의 총 가치를 측정하는 최상의 척도다. 따라서 전체 투자자 집단이 미국 주식에 투자해 올린 수익을 측정하는 최적의 지표라 할 수 있다. 이미 언급했듯이 이 두 지수에 편입된 종목이 상당 부분 중복된다. 자료 3.1은 각 지수에 포함된 10대 종목과 각 지수에서 차지하는 비중을 나타낸 것이다.

　양 포트폴리오가 이처럼 비슷한 점을 고려하면 두 지수의 수익이 거의 일치하는 것은 어찌 보면 당연한 일이다. 시카고

대학의 주가연구소(Center for Research in Security Prices)가 1926년으로 거슬러 올라가 미국 전체 주식이 벌어들인 수익을 계산했다. 그 결과를 보면 S&P500 지수와 다우존스 윌셔 전체 주식시장 지수의 수익이 거의 정확히 일치한다. 측정 시점인 1926년부터 2016년까지 두 지수의 수익이 거의 차이가 나지 않는다(자료 3.2 참고).

전체 기간 중 S&P500의 연평균수익률은 10.0%였고 전체 주식시장 지수의 수익률은 9.8%였다. 이러한 비교는 이른바 기간 의존적(period dependent)이라서 그 결과가 측정 기간에 크게 좌우되는 측면이 있다. 요컨대 모든 것이 측정 시작일과 종료일에 따라 달라진다. 예컨대 1926년이 아니라 1930년을 비교 시점으로 했다면 두 지수의 연평균 수익률이 9.6%로 똑같았을 것이다.

중간 중간 양 지수의 수익률에 차이가 나는 시기도 물론 있다. 1982년부터 1990년까지는 S&P500이 강세를 나타냈다. 이 기간에 S&P500의 연평균수익률은 15.6%였고 전체 주식 시장 지수는 14.0%를 기록했다. 그러나 그 이후로 중소형주가 좀 더 나은 실적을 나타냈다. 그 결과 전체 주식시장 지수의 수익률이 10.2%를 기록하면서 S&P500의 수익률 9.9%를 약간 웃돌았다. 그러나 양 지수의 장기적 수익 상관 계수가

0.99(1.00이면 완전한 상관관계 성립)라는 점을 고려하면 이 두 지수 중 어느 쪽 수익률이 더 좋다 혹은 더 나쁘다 평가하는 것은 무의미하다.[4]

주식시장에서 벌어들인 수익은
전체 주식투자자 집단이 벌어들인 총수익과 같다

——⊷—⊷——

어떤 척도를 사용하든 간에 이제 분명해진 사실은 주식시장을 구성하는 상장기업이 벌어들인 수익은 당연히 전체 주식투자자 집단이 벌어들인 총수익과 같다는 점이다. 제4장에서 다루겠지만, 또 한 가지 분명한 사실은 중개수수료 때문에 이들 투자자가 챙기는 순수익이 총수익보다 적다는 점이다. 제1장에서 배웠다시피 이 시점에서 상식적으로 알 수 있는 분명한 사실이 하나 있다. 즉 장기적으로 주식시장 '전체'를 보유하는 것은 이기는 게임이고, 무모하게 주식시장을 이기려 드는 것은 지는 게임이다.

전체 시장을 대상으로 하는 포괄적 펀드에 투자하면 장기

---

4. 워런 버핏이 아내 명의의 부동산으로 신탁기금을 설립할 때 자산의 90%를 저비용 S&P500 인덱스펀드에 투자하라고 지시했다.

적으로 전체 주식투자자 집단이 벌어들이는 것보다 더 많은 수익을 보장한다. 이러한 사실을 깨닫게 되면 인덱스펀드가 장기적으로 더 높은 수익을 보장할 뿐 아니라 매년 혹은 매월, 매주 아니 더 나아가 매순간 이기는 게임을 하게 해준다는 사실을 알 수 있을 것이다. 기간이 길고 짧고를 떠나서 전체 주식투자자 집단이 취하는 순수익은 전체 주식시장의 총수익에 항상 못 미친다. 이 총수익에는 투자자 집단이 부담해야 하는 중개 비용이 포함돼 있기 때문이다. 특정 자료로 인덱스펀드의 '승'을 증명하지 못한다? 음, 그렇다면 이러한 원칙이 잘못된 것이 아니라 그 자료가 잘못된 것이다. 이렇게 주장할 정도로 인덱스펀드에 대한 내 확신이 매우 강하다.

특정 자료로 인덱스펀드의 '우세함'을 증명하지 못한다면 이러한 원칙이 잘못된 것이 아니라 그 자료가 잘못된 것이다

——— ———

그러나 단기적으로 보면 S&P500(여전히 뮤추얼 펀드와 연금 기금의 수익을 비교할 때 가장 일반적으로 사용하는 기준임에도)이나 전체 주식시장 지수가 항상 이기는 게임을 하는 것처럼 보이지 않는다. 미국 주식시장에는 전문가와 초보자, 미국인과 외국인 등을 비롯해 다양한 유형의 투자자가 존재하는데, 수백만에 이르는 이들 시장 참가자가 벌어들인 수익을 정확히 계산해낼 방법이 없기 때문이다.

뮤추얼펀드업계에서는 다양한 펀드의 수익을 계산할 때 자산규모에 관계없이 각 펀드의 수익을 개별적으로 계산한다. 그런데 상대적으로 자산규모가 작은 중·소형주 펀드가 많기 때문에 이러한 펀드가 자료에 불균형적인 영향을 미칠 때가 있다. 중·소형주 펀드가 시장을 주도할 때는 전체 시장 인덱스펀드가 뒤처지는 것으로 보인다. 반대로 중·소형주 펀드가 시장을 따라가지 못할 때는 인덱스펀드가 대단한 위력을 나타내는 것처럼 보인다.

액티브 펀드 대 기준 지수

거의 모든 유형의 액티브 펀드(Active Fund, 시장 평균을 초과하는 수익을 올리고자 주가가 오를 만한 종목을 골라 적절한 시점에 사고파는 등 적극적인 운용 전략을 구사하는 펀드)와 S&P500 지수를 비교하는 데 따른 걸림돌을 해결하는 가장 확실한 해법은 각각의 투자 전략을 좀더 정확하게 반영하는 또 다른 지수를 기준으로 펀드를 평가하는 것이다. S&P 지수와 액티브 펀드 지수를 비교하는 이른바 스피바(S&P Indices Versus Active : SPIVA) 보고서가 바로 이러한 시도의 첫걸음이었다. 이 보고서는 다양한 전략을 적극적으로 구사하는 이른바 액티브 펀드와 시장지수에 대한 포괄적인 비교 자료를 제공한다. 2016년도 보고서에서는 조사 대상 기간을 15년(2001~2016)으로 늘려서 공격적으로 자금을 운용하는 액티브 펀드 가운데 해당 시장 기준 지수(benchmark index)보다 낮은 성과를 낸 펀드의 비율을 조사해 보고했다. 그 결과는 매우 놀라웠다(자료 3.3 참고). 15년 동안 기준 지수보다 낮은 성과를 낸 액티브 펀드의 평균 비율이 90%에 달했다. 시장 기준 지수는 일관되게 그리고 비교 불가 수준으로 액티브 펀드의 성과를 압도했다.

핵심 대형주 중심의 액티브 펀드 가운데 97%가 S&P500 지수에 못 미쳤다. S&P500 성장지수와 가치지수는 대형주 범주에 속한 펀드를 비교하는 데 사용된다. 또 중형주 범주와 소형주에 속한 각각 세 가지(성장, 핵심, 가치) 펀드를 비교하는 데도 사용한다. 범주와 유형을 불문하고 시장지수가 압도적 우위를 보였다는 사실은 인덱스펀드의 손을 들어주기에 충분한 증거다.

1951년에 프린스턴 대학 졸업 논문에서 '뮤추얼펀드의 수익률이 시장 평균보다 더 낫다고 하기는 어렵다'고 썼다. 그로부터 66년이 지난 지금 보면 이 말은 꽤나 절제된 표현이었던

펀드 범주	성장	핵심	가치
대형주	95%	97%	79%
중형주	97%	99%	90%
소형주	99%	95%	81%

것 같다. 더 낮기는커녕 항상 시장 평균을 밑돌 수밖에 없는 현실이 그렇게 말하고 있으니 말이다.

1976년에 최초의 인덱스뮤추얼펀드에 투자한 1만 5,000달러가 2016년에는 91만 3,340달러로 불어났다

세계 최초 인덱스펀드인 '뱅가드500 인덱스펀드(Vanguard 500 Index Fund)'의 이 놀라운 실적은 지금까지도 유지되고 있을 뿐 아니라 실적이 더욱 개선된 모습을 보여주고 있다. 뱅가드 펀드는 정확히 1976년 8월 31일에 운용을 시작했다. 이 부분을 구체적으로 설명해보겠다. 2016년 9월 20일에 열린 인덱스펀드 공모 40주년 기념 오찬에서 펀드 인수단의 법률 자문이 자신은 최초 공모 시에 1만 5,000달러를 투자해 구좌당 15달러에 1,000좌를 샀다고 했다. 그런데 40년이 지난 지금은 소유 구좌(펀드 배당금과 투자성과 분배금의 재투자를 통해 추가된 구좌 포함)의 가치가 91만 3,340달러로 불어났다고 아주 자랑스럽게 말했다.[5] 수치로 분명히 드러난 부분이니 달리 포장할 필요도 없다. 그러나 염두에 둬야 할 경고 및 주의 사항도 있다.

경고 및 주의 사항

경고 : 1976년에 처음으로 인덱스펀드가 나왔을 당시 시중에 있던 뮤추얼펀드 360개 가운데 지금까지 남아 있는 것은 74개뿐이다. 공격적 운용을 모토로 한 이른바 액티브 펀드는 생겼다가 사라지기를 반복한다. 그러나 인덱스펀드는 한번 나온 이후로 계속해서 남아 있다.

주의 : 지난 40년 동안 S&P500 지수의 연평균 성장률은 10.9%를 기록했다. 더 낮아진 배당수익률, 낮은 수익 성장률 전망, 공격적인 시장 가치 평가 등 녹록치 않은 요즘의 시장 환경을 고려할 때 이러한 성과가 향후 40년 동안에도 그

---

5. 이 투자자는 배당금과 자본 이득(매매 차익) 분배금에 부과되는 세금을 별도로 납부했다.

대로 재현되리라 기대하는 것은 어리석은 일일 것이다. 제9장 '좋은 시절이 다 갔을 때' 부분을 참고하라.

과거 성적을 살펴보면 폭넓게 다각화된 인덱스펀드를 통해 전체 미국 기업들을 소유하는 방법은 매우 논리적인 방식인 동시에 상당히 생산적인 투자방식이다. 절대로 과장된 표현이 아니다. 이에 못지않게 중요한 사실은 이것이 '오컴의 윌리엄'이 아주 오래 전에 설파했던 이른바 단순성의 원칙과 일치한다는 점이다. 요컨대 복잡한 셈법이나 기타 교묘한 책략을 사용해 최적의 종목을 선택하려 하거나, 과거 성과를 기준으로 뮤추얼펀드를 선택하려 하거나, 주식시장을 이기려 드는 등(전체 투자자 집단의 관점에서 보면 이 세 가지 중 어느 것 하나 소용에 닿는 것이 없음) 종래의 투자방식에 젖은 투자자 무리에 끼려하지 말고, 모든 해법 가운데 가장 단순한 방법을 선택하라. 즉 시장지수를 따라가는 저비용의 다각화된 시장 포트폴리오에 투자해 이를 계속 보유하는 전략이 최선이다.

현명한 투자자의 조언

널리 존경 받는 '예일대 기부기금(endowment Fund)'의 최고투자 책임자 데이비드 스웬슨(David Swensen)의 말을 들어보라.

"1998년 말까지 15년 동안 [뮤추얼] 펀드 가운데 세금공제 후 시장 평균을 넘어선 경우는 전체의 4%에 불과했고 그나마 도 고작 0.6퍼센트포인트 웃도는 수준이었다. 그리고 나머지 96%는 뱅가드500 인덱스펀드의 수익에 미치지 못했거나 연 간 4.8퍼센트포인트의 큰 차를 보이며 '참패'했다."

×××

일반 투자자만 이 단순한 인덱스펀드를 사용하는 것은 아 니다. 대기업이나 주정부 및 지방정부가 운용하는 연기금 중 에서도 인덱스펀드 활용법을 기본 투자전략으로 채택하는 곳 이 꽤 많다. 최대 규모 퇴직연금인 연방 공무원용 저축투자계정(Thrift Savings plan : TSP) 또한 인덱스 투자를 주요 전략으로 활용하고 있다. 현재 TSP는 퇴직 공무원 및 군인용 자산 4,600억 달러를 보유하고 있다. 각 기업에서 활용하는 직장인 퇴직연금제도[401(k)]처럼 모든 기여금(불입금)과 수익금에 대해서는 연금수령 시까지 과세가 이연된다.[6]

×××

유럽의 전문가들도 인덱스 투자를 지지하는 분위기다. 영국의 시사 주간지 〈스펙테이터 *The Spectator*〉의 칼럼니스트 조너선 데이비스(Jonathan Davis)는 이렇게 말한다.

"미국에서 존 보글의 인덱스펀드가 큰 성공을 거둔 반면에 영국 금융 서비스업계에서는 이러한 상품을 고안하지 못한 것을 보면 업계가 떠드는 감언이설과 현실 간의 괴리가 여

---

6. TSP도 로스 적립금(Roth contribution)을 제공하는데 세금 부분은 '로스 IRA(개인퇴직연금계정)'와 비슷하게 취급된다. 로스 적립금은 세후 소득으로 구성되나 그 이후의 자산 증가분에 대해서는 세금이 완전히 면제된다. 이와 같은 저축형 퇴직연금에 대해서는 제19장에서 더 상세히 다룰 것이다.

전하다는 점이 적나라하게 드러난다. 영국의 전문가들도 인덱스펀드가 장기 투자 포트폴리오의 기본 요소가 돼야 한다는 점을 잘 알고 있다. 뱅가드500 인덱스펀드는 1976년 이래로 연복리수익률 12%를 기록했으며 이는 타 펀드 4분의 3을 앞서는 수준이었다. 인덱스펀드가 처음 세상에 나온 지 벌써 30년이 넘었는데도 전문가 집단의 무지와 어쭙잖은 비밀주의 때문에 투자계에 아직 알려지지 않은 이 '보물'의 혜택을 대다수 투자자가 누리지 못하고 있다."

제 4 장

이기는 게임은 어떻게 해서 지는 게임이 되는가?

간단한 산수의 잔인한 법칙

성공투자 전략이라는 관점에서 인덱스 투자기법을 논하기 전에 먼저 살펴봐야 할 것이 있다. 즉 기업이 벌어들이는 수익은 결국 주가에 반영되는데, 투자자 집단이 배당금과 수익 성장의 형태로 기업이 올린 수익을 온전히 받아 챙기지 못하는 이유가 무엇인지부터 상세히 살펴보자. 대체 왜일까? '비용'이 문제였다. 논리적으로 투자자 집단이 벌어들이는 수익은 반드시 시장수익과 정확히 일치해야 한다. 그런데 투자자가 실제 수령하는 순수익은 여기서 투자와 관련한 제비용을 공제한 금액이므로 시장수익보다 항상 적을 수밖에 없다. 덧셈 뺄셈만 할 수 있어도 알 수 있는 사실이다.

자산운용 보수, 포트폴리오 회전 비용, 중개수수료, 판매수수료, 광고비용, 운영비용, 법무비용 등을 포함한 금융중개비용을 **빼면** 투자자 집단의 수익은 시장수익보다 정확히 이 비용만큼 작아질 수밖에 없다. 이것이야말로 너무도 단순한 그리고 부인할 수 없는 투자계의 엄연한 현실이다.

특정 연도에 시장이 7%의 수익을 냈다면 투자자 집단이 벌어들이는 수익도 7%가 된다. 그러나 투자자는 금융중개비용을 부담해야 하므로 이 비용을 내고 남은 것만이 투자자의 몫이 된다(게다가 투자수익이 플러스든 마이너스든 상관없이 비용은 반드시 지급해야 한다!).

비용을 공제하기 전이면 제로-섬 게임이고, 비용을 공제한 후이면 지는 게임이다

여기서 확실한 사실이 두 가지 있다. (1) 비용을 제하기 전이면 시장을 이기려 덤비는 전략은 제로섬 게임이다. (2) 비용을 제한 후라면 시장을 이기려 덤비는 전략은 지는 게임이다. 투자자 집단이 벌어들이는 수익은 필연적으로 금융시장이 창출하는 수익에 훨씬 못 미친다. 그렇다면 투자자는 대체 어느 정도의 비용을 부담해야 하는가? 개인 투자자로서 자신이 직접 주식에 투자할 때는 연평균 1.5% 내외의 매매 비용이 발생한다. 매매 빈도가 높지 않으면 비용은 1% 정도로 낮아지고 매매 빈도가 잦으면 비용 부담이 훨씬 커진다(예를 들어 포트폴리오 회전률이 연 200%가 넘는다면 매매 비용은 3% 수준으로 높아진다.).

주식형 액티브 펀드는 자산운용 보수와 운영 비용[이 둘을 합해 보수비용률(expense ratio)이라고 함]이 연평균 1.3% 정도 부과된다. 그리고 펀드자산에 가중치가 부여됐을 때는 비용률이 0.8% 정도다. 여기에다 판매수수료가 5%이고 이를 10년 동안 분할 부담한다고 할 때 연간 0.5%의 비용이 추가로 발생하는 셈이다. 10년이 아니라 5년간 보유한다면 연간 판매수수료율은 0.5%의 2배인 1%가 된다(수많은 펀드가 판매수수료를 부과하며 이 때 그 비용을 10년 내외의 기간을 두고 분할 청구하는 경우가 많다. 그리고 판매수수료를 부과하지 않는 펀드는 전체의 약 60% 정도다).

그러나 이것이 다가 아니다. 겉으로 잘 드러나지 않기 때문에 더욱 치명적인 비용이 또 하나 있다. 포트폴리오 회전에 따른 '숨겨진' 비용인데 그 비율이 연평균 1% 정도로 추정된다. 액티브 펀드의 포트폴리오 회전율은 연간 80% 정도다. 예를 들자면 자산규모가 50억 달러일 때 매년 20억 달러어치의 주식을 사고 20억 달러어치를 판다는 뜻이다. 즉 총 자산 50억 달러 가운데 80%인 40억 달러 규모의 매매를 한 셈이 되는 것이다. 이 정도 회전율에 따른 매매 규모에서는 중개수수료, 매수호가와 매도호가의 차이, 시장 충격 비용(market impact cost, 실거래가와 현재가 간의 차이를 포함해 매도가와 매수가의 차이에서 비롯되는 모든 비용) 등을 추가로 부담해야 하며 이 비율이 연간 0.5%에서 1.0% 정도다.

투자자 집단은 치르지 않아도 될 비용까지 지급할 때가 있다.
그러므로 이러한 비용을 치르지 않아야
자신의 수익을 고스란히 챙길 수 있다

━━ ━━

  결과 : 주식형 펀드를 보유하는 데 따른 총비용이 연간 2~3%나 된다.[1] 그래서 비용이 중요한 것이다. 우리 투자자 집단은 비용을 지급하고도 그에 상응하는 보상을 얻지 못할 뿐만 아니라 치르지 않아도 될 비용까지 지급할 때가 있다. 그러므로 어떤 비용도 치르지 않는다면 모든 것을 얻게 된다. 이 또한 지극히 상식적인 사실이다.

몇 년 전에 루이스 브랜다이스(Louis D. Brandeis)의 『남의 돈*Other People's Money*』(1914년에 초판 발행)을 읽다가 이 단순한 교훈을 딱 맞춤으로 표현한 구절을 발견했다. 훗날 미국 역사상 가장 영향력 있는 대법관 가운데 한 명이 된 브랜다이스는 미국 투자계와 기업계를 장악한 소수 지배 세력을 비판한 바 있다.

"단순 산수의 철칙"

브랜다이스는 맞물린 이해관계 속에서 자기 잇속들만 차리는 금융업계를 두고 "'2 더하기 2는 5'라는 착각에 사로잡혀 법적 처벌도 받지 않은 채 신과 인간을 유린한다"고 표현했다. 그러면서 당시 널리 행해지던 투기가 "단순 산수 철칙의 제물"이 돼 머지않아 붕괴하리라 예측했다(그리고 이 예측은 정확히 들어맞았음). 그리고 그 출처가 모호한(내 생각에는 소포클레

---

1. 펀드투자자가 내는 숨겨진 기회비용은 고려하지 않았다. 대다수 주식형 펀드는 전체 자산의 5% 정도를 현금으로 보유한다. 주식의 수익률이 7%이고 이 현금의 수익률이 2%라면 0.25퍼센트포인트(자산 수익률 5%와 수익률 차이 5%를 곱한 값)의 비용이 추가로 발생하는 셈이다.

스의 말에서 인용한 것이 아닌가 싶음) 다음과 같은 경고의 말을 덧붙였다.

"낯선 이여, 잊지 마라. 산수는 과학의 출발점이요, 안전의 어머니다."

브랜다이스가 쓴 이 구절을 읽으면서 시쳇말로 망치로 머리를 얻어맞은 것 같은 충격을 느꼈다. 왜일까? 두말할 필요도 없이 이 단순 산수의 철칙이 투자계에도 분명히 통용되기 때문이다(나를 비방하는 사람들은 내게 유리한 사실이 드러날 때마다 '다들 아는 명백한 사실을 새로운 사실인 양 호들갑 떠는 묘한 재주가 있다'는 식으로 내 주장을 애써 폄하한다).

참으로 이해 불가한 점은 투자자 대부분이 바로 눈앞에 있는 '명백한' 것을 인식하지 못하는 것 같다는 부분이다. 아니, 어쩌면 깊이 뿌리박힌 '믿음이나 편견, 과신'과 '현실'이 정면으로 배치되기 때문에 그리고 금융시장의 작동 기제를 무비판적으로 받아들이기 때문에 그러한 '명백한' 사실을 인정하지 않는 것일지도 모른다.

무언가를 이해하지 않아야 돈을 벌 수 있는 상황에서는
그 무언가를 이해하기가 정말 어렵다

더구나 금융중개업계의 이익을 위해서라도 자신의 고객인 투자자가 투자계의 명백한 현실을 인식하도록 도와주기는 쉽지 않다. 실제로 현 금융계를 이끌어 가는 사람들은 자신의 욕심을 채우느라 오히려 투자자가 이 명백한 철칙을 간과하도록 업계 분위기를 몰고 간다. 업튼 싱클레어(Upton Sinclair)의 말을 인용해 표현하자면 이렇다. "그것을 이해하지 않는다는 조건으로 큰 보수를 받는 상황에서는 무언가를 이해하기가 얼마나 어려운지 모른다."

현 금융중개업 시스템은 다른 사람(투자자)의 돈을 관리하는 사람에게 막대한 부를 창출해준다. 이처럼 자기 이익만을 추구하는 업계의 관행은 쉽게 사라지지 않을 것이다. 그러나 투자자도 자신의 이익을 추구해야 한다. 투자업계의 이 명백하고도 엄연한 현실을 직시해야만 성공한 투자자가 될 수 있다.

그렇다면 금융중개비용이 대체 얼마나 중요하다는 말인가? 엄청나게 중요하다! 주식형 펀드매니저가 그토록 오랫동안 꾸준히 시장수익률을 밑도는 성과를 내는 이유 중에 해당 펀드의 높은 비용이 큰 몫을 차지한다. 달리 무슨 이유가 있겠는가?

대체로 펀드매니저는 똑똑하고, 학력 수준도 높고, 경험도 많고, 아는 것도 많고, 게다가 대다수가 정직하기까지 하다. 그러나 이들도 서로 경쟁해야 하는 상황이다. 누군가 주식을 팔면 다른 누군가는 그 주식을 산다. 이 거래에서 전체 펀드투자자 집단에게 돌아가는 몫은 없다. 사실상 제1장에서 워런 버핏이 우리에게 경고했던 그 '헬퍼'에게 지급한 비용만큼 투자자에게는 손실이 발생한다.

투자자는 투자 관련 비용에 대해 신경을 너무 안 쓴다. 다음과 같은 작금의 투자 환경에서는 투자 관련 비용의 중요성을 간과하기가 쉽다. (1) 시장수익률이 높다[1980년 이후로 주식시장 수익률은 연평균 11.5%였고 펀드수익률도 연평균 10.1%로 적지 않은(그렇다고 해서 적절한 수준도 아님) 수준이었다]. (2) 투자자가 단기 수익에만 초점을 맞추고 투자 기간 내내 수익을 좀먹는 비용 부분은 별로 신경 쓰지 않는다. (3) 겉으로 드러나지 않는 비용이 많다(포트폴리오 매매비용, 거의 인식하지 못하는 선취 판매수수료의 변화, 펀드 성과 분배금에 부과되는 세금…등).

예를 들어 설명해 보겠다. 50년 동안 주식시장의 수익률이 연평균 7%라고 가정하자. 50년이면 너무 길게 느껴질 수도 있다. 그러나 요즘은 투자 기간이 이보다 훨씬 길어서 실제로는 65년에서 70년 정도는 된다. 22세에 직장 생활을 시작한 투자자가 그때 바로 투자를 시작해서 65세에 퇴직한다고 해

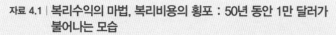

자료 4.1 | 복리수익의 마법, 복리비용의 횡포 : 50년 동안 1만 달러가 불어나는 모습

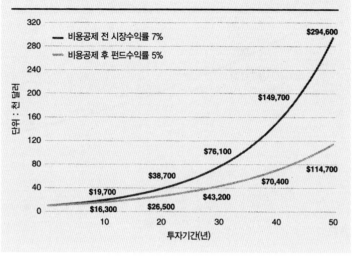

도 보험 통계상의 기대 여명에 따르면 그 후로도 20년 이상 투자 기간이 이어진다. 자, 이제 뮤추얼 펀드의 연평균 비용이 최소 2%라고 하자. 이렇게 되면 펀드의 순수익률은 겨우 5%라는 결과가 나온다.

> 1만 달러를 투자하면 29만 4,600달러 혹은 11만 4,700달러로 불어난다. 그러면 17만 9,900달러는 어디로 갔는가?

———•—•———

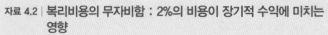

자료 4.2 | 복리비용의 무자비함 : 2%의 비용이 장기적 수익에 미치는 영향

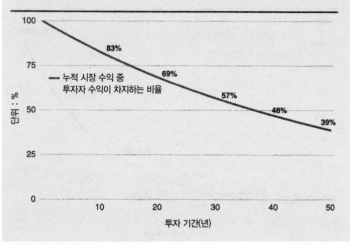

이상의 가정을 바탕으로 1만 달러를 투자했을 때 이 돈이 50년 동안 어떻게 불어나는지 살펴보자(자료 4.1 참고). 명목 시장 수익률이 연평균 7%라는 가정 하에 주식시장에 직접 1만 달러를 투자하면 50년 후에는 29만 4,600달러가 된다. 어째서 이렇게 될까? 투자 기간에 따른 복리수익의 마법 때문이다. 초기에는 5% 수익률 곡선이나 7% 시장수익률 곡선이 크게 차이가 나 보이지 않는다.

그러나 시간이 갈수록 두 곡선이 서서히 벌어지기 시작하다가 마지막에는 정말 큰 격차를 보이게 된다. 50년이 되는 시점에서 보면 펀드의 총수익은 겨우 11만 4,700달러다. 이는 주식시장의 총수익보다 17만 9,900달러나 적은 수준이다. 왜 이렇게 됐을까? 투자 기간에 따른 복리 비용의 무자비한 횡포 탓이다.

투자시장에서는 '시간이 약'이라는 말은 통하지 않는다. 치유는커녕 오히려 병을 악화시킨다. 수익에 관해서라면 시간은 우리의 친구가 맞다. 그러나 비용에 관해서라면 시간은 우리의 적이다. 이 부분은 투자금 1만 달러에 대한 수익 증가폭이 시간이 지나면서 어떻게 줄어드는지를 살펴보면 분명히 알 수 있다(자료 4.2 참고).

첫해 말에는 투자자산의 약 2%가 증발됐다(1만 700달러 대 1만 500달러). 그런데 10년 후에는 자산의 17%가 사라졌다(1만 9,700달러 대 1만 6,300달러). 그리고 30년이 된 시점에는 43%가 날아갔다(7만 6,100달러 대 4만 3,200달러). 그러다 투자 기간 50년이 끝난 시점에는 자산의 무려 61%가 증발했다. 시장 포트폴리오를 보유했을 때 불어났을 투자자산의 61%를 비용이 갉아먹은 셈이었다. 투자자는 결국 시장 총수익의 39%밖에 손에 넣지 못하게 된다.

투자자인 당신이 자본을 100% 투자하고
위험도 100% 부담한다.
그러나 시장수익의 40%에도 못 미치는 수익을 얻는다

———— ┝━━┥ ————

이 예에서 투자자는 자본을 100% 투자했고 투자에 따른 위험도 100% 부담했는데 정작 벌어들이는 수익은 시장 수익의 40%에도 못 미쳤다. 자본은 한 푼도 투자하지 않았고 위험도 전혀 부담하지 않았던 현 금융 중개 시스템이 총수익의 60%를 '몰수'해가다시피 한 셈이다.

다시 한 번 반복한다. 이 사례를 통해 알 수 있는 사실은 장기적으로 볼 때 복리비용의 횡포가 복리수익의 마법을 압도한다는 것이다. 이 사실을 반드시 기억하라! 앞서 설명했던 단순한 산수의 엄격한 철칙과 함께 이 분명한 사실 또한 절대로 잊지 마라.

간단히 말해 투자계 먹이사슬의 최상위에 있는 '펀드매니저'가 금융시장이 창출한 수익의 상당 부분을 갈취해갔다. 이 먹이사슬의 최하위에 위치한 '투자자'에게는 어이없을 정도로 작은 몫이 돌아갈 뿐이다. S&P500 지수를 따라가는 펀드, 즉 단순하고 비용 수준도 낮은 인덱스펀드에 투자했더라면 불필요한 비용을 부담하느라 괜한 손실을 떠안을 일도 없었을 것이다.

투자의 성패를 가르는 것은 바로 비용이다
━━　━━

요컨대 투자계의 단순 산수 철칙(투자비용의 형태로 측정되는 논리
적이고 필연적인 그리고 확고부동한 '형벌'적 손실이 수반됨)이 뮤추얼 펀
드투자자가 벌어들인 수익을 강탈해갔다. 대법관 브랜다이스
의 표현을 빌리자면 뮤추얼 펀드 판매자들은 주식시장 수익
을 투자자가 100% 가져간다는 착각에 사로잡혀서 이 착각을
투자자에게도 전염시키고 있다.

펀드 판매자들은 1900년 이래로 주식시장의 연평균수익
률이 9.5%였다는 점만 부각시키고 펀드비용률 2%와 물가상
승률 3%는 언급하지 않는다. 그러면서 이러한 모든 비용을
다 제하고도 펀드투자자가 실질 수익률 9.5%를 고스란히 가
져갈 수 있는 것처럼 호도한다. 당연한 말이지만, 이런 식이
면 곤란하다. 그러니 투자자가 직접 계산해야 한다. 간단한 산
수로도 확인할 수 있는 결과는, 투자자의 실질 수익률은 고작
4.5%라는 것이다(이미 짐작한 사실!).

펀드투자자는 정당한 자신의 몫을 챙길 자격이 있다
━━　━━

펀드업계는 이제라도 투자자가 정당한 자기 몫을 가져갈 수 있게 해야 하고 펀드투자자의 수익 개선에 주력해야 한다. 그렇지 않으면 업계 자체의 존립이 위태로워지고 결국은 망하고 말 것이다. 그렇다. 종래와 마찬가지로 앞으로도 계속 투자자의 돈으로 업계의 잇속만 차리려 들면 펀드업계가 간단한 산수 법칙의 철퇴를 맞게 된다는 말이다. 브랜다이스 판사가 이 책을 읽고 있는 독자를 어깨 너머로 보고 있다면 아마도 이렇게 경고할 것이다.

"독자여! 산수는 과학의 출발점이요, 안전의 어머니라는 점을 항상 기억하라."

투자의 성공과 실패를 가르는 것은 바로 비용이다. 그러니 어서 연필을 깎아라. 그리고 직접 계산해라. 대다수 개인 투자자 군단과 뮤추얼 펀드투자자가 함께 벌이는 '액티브' 게임에 휩쓸리듯 끼어들어서는 안 된다는 사실을 깨달아야 한다. 저비용 인덱스펀드라는 대안이 있으니 말이다. 인덱스펀드는 기업이 벌어들이는 수익(플러스 수익이든 마이너스 수익이든 간에)과 주가 그리고 배당금의 형식으로 취할 수 있는 수익에서 투자자가 정당한 자신의 몫을 챙길 수 있게 보장해준다.

현명한 투자자의 조언

뮤추얼펀드업계 내에서도 인덱스펀드의 우월성을 인정하는 (아마도 마지못해 인정하는 것이겠지만) 사람이 적지 않다. 1977년부터 1999년까지 피델리티 마젤란펀드(Fidelity Magellan Fund)를 운용하는 동안 경이적인 수익률을 기록하며 큰 성공을 거둔 전설적인 펀드매니저 피터 린치(Peter Lynch)가 은퇴할 때 〈배런즈*Barron's*〉를 통해 이렇게 말했다.

"S&P 지수는 10년 동안 343.8% 상승했다. 4루타를 달성한 것이다. 같은 기간에 일반 펀드는 283%가 상승했다. 상황은 점점 더 나빠지고 있는데 전문가라는 사람들이 상황을 점점 더 악화시키고 있다. 그러므로 일반 투자자는 인덱스펀드를 택하는 것이 훨씬 나을 것이다."

××

미국자산운용협회(Investment Company Institute : ICI) 회장과 오펜하이머펀드(Oppenheimer Funds) 회장을 역임한 업계 리더 존 포슬(Jon Fossel)은 〈월스트리트저널〉을 통해 이렇게 말했다.

"일반 펀드는 전체 시장을 절대 이길 수 없다는 사실을 다들 알아야 한다."

×××

액티브 펀드투자자들도 인덱스 투자전략을 인정하는 것 같다. 펀드매니저이자 CNBC(경제 및 금융 전문 TV 채널) 〈매드 머니 *Mad Money*〉의 진행자인 제임스 크래머(James J. Cramer)는 이렇게 말했다.

"그동안 줄곧 주식 종목을 선택하는 일에 매달려왔는데 이제는 인덱스펀드를 추천하는 보글의 주장을 인정해야 할 것 같다. 아무래도 보글을 이기려 애쓰는 것보다 보글 편에 서는 것이 나을 듯싶다. 이 미쳐 날뛰는 주식시장에서 올바로 투자하는 법을 알려면 보글의 통찰력과 상식이 반드시 필요하다." (크래머는 지금까지 자신의 이 조언을 실천하지 않은 것 같긴 하다.)

×××

대체투자[代替投資(alternative investment), 주식이나 채권 같은 전통적 종목이 아니라 사모펀드나 헤지펀드, 부동산 등 다양한 대안 상품에 투자하는 방식] 매니저들도 인덱스펀드를 인정하는 대열에 합류했다. 자산관리 및 운용업계의 거물이자 AQR 캐피털 매니지먼트(AQR Capital Management)의 설립자 겸 운영자 클리포드 애스니스(Clifford S. Asness)도 자신의 통찰력과 경험, 성실성을 덧붙여 인덱스 전략에 지지 의사를 표명했다.

"시가총액을 기준으로 하는 인덱스 투자는 투자계의 왕좌를 차지하기에 충분한 자격이 있으며 앞으로도 그 권좌에서 끌려 내려올 일은 없을 것이다. 투자자 모두가 인덱스펀드를 보유해야 한다는 주장에 대한 이론적 근거가 충분하며 실제로 수많은 투자자가 저비용으로 고수익을 누리고 있다. 지금도 그렇고 앞으로도 계속 펀드계의 '대장'은 인덱스펀드다."

제 5 장

보이지 않는 비용의 위력

펀드매니저 몫이 커질수록 투자자 몫은 줄어든다

대다수 펀드전문가와 투자자문가, 금융 매체 그리고 투자자 자신들까지도 다른 정보는 거의 제쳐둔 채 과거 성과를 기준으로 펀드를 선택하는 것이 일반적이다. 그러나 과거 성과는 '이미 일어난' 사실을 알려줄 뿐 '앞으로 일어날' 사실을 말해주지는 않는다. 나중에 알게 되겠지만, 펀드의 과거 성과를 강조하는 것은 비(非)생산적(생산적이지 않음)이다 못해 완전히 역(逆)생산적(생산성을 해침)이다. 상식은 우리에게 이렇게 말해준다. 성과는 한 번 나타났다가

사라지면 그것으로 그만이다!

그러나 펀드의 수익과 관련해 종종 간과되는 부분이지만 반드시 알아야 할 중요한 요소가 하나 있다. 지속적 가치가 전혀 없는 덧없는 과거 성과에 초점을 맞추지 말고 영속적인 요소에 주목하라. 좀더 구체적으로 말해 펀드 산업계의 유구한 역사 내내 펀드의 수익 창출에 관여해온 요소에 초점을 맞춘다면 시장을 이기는 펀드를 선택할 가능성이 훨씬 높아진다. 이 요소가 바로 펀드 소유에 따른 비용이다. 한번 지나가면 끝인 과거 성과와 달리 비용은 일회성이 아닌 영속적인 요소다.

펀드의 성과는 한번 나타났다가 사라지면 그만인
일시적 요소다. 그러나 비용은 영속적이다

━━━━━ ━━━━━

이러한 비용에는 구체적으로 어떤 것이 포함되는가? 이 가운데 가장 잘 알려진 첫 번째 비용은 바로 펀드의 보수비용률(expense ratio)이며 이것은 시간이 지나도 거의 변하지 않는다. 자산규모가 늘어나면 비용률을 낮추는 펀드도 있기는 하지만, 아주 약간만 낮추는 수준에 불과하므로 비용률을 조금 낮추는 것으로는 '고비용' 펀드(비용률 기준 최상위 10분위에 속하는 펀드의 평균 비용률은 2.40%)의 범주를 벗어나지 못한다. 같은 맥락에서 저비용 펀드는 그대로 저비용 펀드(4분위에 해당하는 펀드의 평균 비용률은 0.98%)로 남고 초저비용 펀드는 또 그대로 초저비용 펀드(최하위인 1분위 펀드의 평균 비용률은 0.32%)로 남는다. 평균 수준인 5분위(비용률 1.10%)와 6분위 펀드(비용률 1.24%) 또한 기존 범주를 그대로 유지한다.

주식형 펀드 보유와 관련한 비용 가운데 두 번째로 규모가 큰 것은 주식을 매수할 때마다 지급하는 판매수수료다. 판매수수료 역시 지속성이 있는 비용임에도 발표되는 자료를 보면 이 부분을 항상 간과한다. 판매수수료를 부과하는 일명 '로드 펀드(load fund)'가 수수료를 부과하지 않는 일명 '노로드 펀드(no-load fund)'로 바뀌는 일도 없고 그 반대 경우도 마찬가지다.[1] [1977년에 뱅가드가 전례가 없는 무(無) 수수료 전략을 구사한 이래로 대

---

1. 최근에는 선취 판매수수료(front-end load)가 거의 사라졌다. 대신에 '차액 수수료(spread load)'를 적용하면서 펀드의 보수비용률이 급상승했다. 예를 들어 2016년 기준 최대 뮤추얼펀드업체가 제공하는 A형 펀드의 선취수수료율은 5.75%였고 보수비용률은 0.58%였다. 이 업체가 새로 출시한 T형(장기 소득공제) 펀드는 선취수수료 2.5%와 더불어 펀드 보유 기간 내내 매년 마케팅 비용으로 0.25%를 추가로 부과한다. 이러한 연간 보수 때문에 펀드의 보수비용률이 0.83%까지 상승한다.

형 펀드 회사치고 수수료 부과 시스템을 무수수료 시스템으로 즉각 전환한 곳을 본 적이 없다. 내 기억으로는 그렇다.]

펀드투자자가 부담해야 하는 주요 비용 가운데 세 번째는 포트폴리오 매매 회전율에 따른 비용이다. 매매에는 비용이 발생한다. 매매 회전에 따른 비용은 약 0.5% 수준이다. 포트폴리오 회전율이 100%라면 펀드 소유자는 매년 투자자산의 1% 정도를 비용으로 부담하는 셈이다. 회전율이 50%면 매년 펀드수익의 0.50%가 비용으로 들어간다. 그리고 회전율이 겨우 10%면 비용은 0.10% 수준으로 줄어든다.

어림셈으로 펀드의 매매 회전 비용은 회전율의 1% 정도라고 본다. 2016년에 주식형 펀드의 포트폴리오 매매 규모는 총 6조 6,000억 달러였으며 이는 주식형 펀드의 총자산 8조 8,000억 달러의 78%에 해당하는 수준이다. 동종 업계 경쟁자 간에 이루어지기도 하는 이러한 매매에서 발생하는 비용이 총 660억 달러였으며 이는 펀드자산의 0.8%에 해당하는 수준이다.

비용 부분이 상당히 큰데도 이를 간과할 때가 너무 많다

공시된 비용률을 기준으로 펀드비용을 비교하는 경우가

자료 5.1 | 주식형 뮤추얼펀드 : 수익 대 비용 : 1991~2016년

| 비용(사분위수) | 총수익 | 연률 | | | 순수익* | 누적수익 | 위험** | 위험조정수익 |
| | | 비용 | | | | | | |
		비용률	회전율(추정치)	총비용				
1분위(최저 비용)	10.3	0.71	0.21	0.91	9.4	855	16.2	8.9
2분위	10.6	0.99	0.31	1.30	9.3	818	17.0	8.4
3분위	10.5	1.01	0.61	1.62	8.9	740	17.5	7.8
4분위(최고 비용)	10.6	1.44	0.90	2.34	8.3	632	17.4	7.4
500인덱스펀드	9.2%	0.04%	0.04%	0.08%	9.1%	783%	15.3%	9.1%

* 분석 대상에는 25년 동안 유지된 펀드만 포함됐다. 그러므로 이른바 '생존자 편향' 때문에 위 자료상의 수익 결과는 실제보다 상당히 과장돼 있다.

** 연수익률의 표준편차

대부분인데 그 결과를 보면 한결같이 비용 수준이 높으면 수익이 낮은 것으로 나타난다. 주식형 펀드뿐 아니라 '모닝스타 스타일 박스'(Morningstar style box, 세계적 펀드 평가 기관인 '모닝스타'의 펀드 분류 체계를 말함. 펀드는 대형, 중형, 소형 펀드로 분류되며 각 범주는 또 성장, 가치, 혼합 범주로 분류됨)의 각 펀드도 이러한 패턴을 나타낸다.

포트폴리오 회전율에 따른 비용까지 고려해 펀드비용을 비교하는 경우는 거의 없으나 이때도 위와 비슷한 관계성이 나타난다. 전체 주식형 펀드에서 회전율이 최저 4분위수(1분위)에 해당하는 펀드는 최고 4분위수(4분위)에 해당하는 펀드보다 꾸준히 더 나은 성과를 냈다. 각각의 스타일 박스(9개)에서도 같은 현상이 나타났다.

각 펀드의 비용률과 회전 비용 추정치까지 모두 고려하면 펀드의 비용과 수익 간의 관계성이 더욱 명확해진다. 자료 5.1에서 보는 바와 같이 이 두 가지 비용 요소를 고려하면 주식형 액티브 펀드의 총비용은 연 0.9%(최저 4분위수 펀드)에서 2.3%(최고 4분위수 펀드) 수준이다. (여기서는 판매수수료를 고려하지 않았으므로 각 4분위에 해당하는 펀드의 순수익이 실제보다 과장돼 있다.)

비용이 중요하다.
그것도 그냥 중요한 것이 아니라 대단히 중요하다

━━━━━ ◆ ━━━━━

비용이 중요하다! 자료 5.1을 보면 최고 분위에 해당하는 고비용 펀드와 최저 분위에 해당하는 저비용 펀드의 비용률 차이는 평균 1.4%로 나타났다. 이 차이 때문에 최저 비용 펀드가 최고 비용 펀드보다 나은 성과를 올린 것이다. 지난 25년 동안 최저 비용 펀드의 연평균 순수익률은 9.4%였고 최고 비용 펀드는 겨우 8.3%였다. 비용을 최소화하는 아주 단순한 방법만으로 수익률이 이렇게 높아진 것이다.

각 분위 펀드의 공시된 순수익률에 펀드비용을 합하면 실질적으로 각 펀드가 벌어들인 연간 총수익과 같아진다는 점에도 주목하라. 각 분위 펀드의 총수익률(비용공제 전)은 10.6%(최고 비용 분위, 즉 4분위)에서 10.3%(최저 비용 분위, 즉 1분위)로 그 차이가 미미하다. 거의 예상했던 결과다. 각 펀드의 연간 순수익률의 차이는 대부분 비용에서 비롯된 것이다.

또 한 가지 중요한 요소가 있다. 연수익률의 변동률로 위험 수준을 측정해보면 최저 비용 펀드(평균 변동률 16.2%)는 최고 비용 펀드(평균 변동률 17.4%)보다 위험 수준이 낮았다. 위험 감소 부분을 고려하면 최저 비용 펀드의 위험조정수익률은

8.9%로서 최고 비용 펀드의 7.4%보다 1.5퍼센트포인트나 높았다.

또 다시 확인하는 복리의 마법

위험조정수익률 격차가 1.5%라고 하면 그다지 크게 느껴지지 않을 수도 있다. 그러나 시간이 지나면서 이 수익률이 복리로 불어나면 누적 수익률의 격차는 어마어마해진다. 25년 동안의 복리수익률을 보면 최저 비용 펀드는 855%고 최고 비용 펀드는 632%였다. 최저 비용 펀드의 수익률이 최고 비용 펀드의 수익률보다 35% 이상이나 더 증가한 셈이다. 비용의 위력이 이렇게 대단한 것이다. 단순 산수의 이 냉혹한 철칙이 지닌 위력이 새삼 놀라울 따름이다.

다시 말해 최저 비용 펀드의 자산 가치는 최종적으로 8배 넘게 증가한 반면에 최고 비용 펀드의 자산 가치는 6배 정도 증가하는 데 그쳤다. '저비용 연못에서 낚시를 하면' 확실히 수익률이 높아진다. 그것도 아주 큰 폭으로 말이다. 다시 한번 강조하는데 비용이 정말 중요하다!

펀드비용의 중요성이 너무 과장됐는가? 나는 그렇게 생각하지 않는다. 모닝스타의 분석가 또한 나와 의견을 같이 한다.

이 분석가가 했던 말 중 일부를 소개하자면 다음과 같다.

뮤추얼펀드업계를 통틀어 유일하게 신뢰할 수 있는 사실이 하나 있다면 그것은 바로 '비용률을 고려하면 분명히 더 나은 투자 결정을 내릴 수 있다'는 점이다. 어떤 기간을 기준으로 하든 간에 항상 저비용 펀드가 고비용 펀드를 압도한다.

비용률은 매우 신뢰할만한 수익률 예측 인자다. 투자 기간과 자산군을 불문하고 5분위로 분류했을 때 최저 비용에 해당하는 1분위 펀드의 총수익이 최고 비용인 5분위 펀드보다 높았다.

따라서 투자자는 비용률을 펀드 선택의 기준으로 삼아야 한다. 비용률이야말로 가장 신뢰할만한 수익 예측 인자다. 일단 최저 분위 펀드 혹은 하위에 해당하는 2개(2분위와 3분위) 펀드 정도에 초점을 맞춰라. 그것이 여러분을 투자 성공의 길로 이끌어줄 것이다.

저비용 인덱스펀드

비용이 매우 중요하다는 사실을 수긍하고 저비용 펀드에 눈을 돌리기로 했다면 선택의 범위를 액티브 펀드로 국한할 이유가 전혀 없다. 최저 비용 펀드는 바로 전통적 인덱스펀드(Traditional index fund : TIF)로서 같은 기간(25년)의 평균 비용률이 0.1%에 불과했다. 그리고 매매 회전 비용이 거의 발생하지 않은 상태여서 총비용은 0.1% 수준이었다. S&P500 인덱스펀드의 총수익률은 연 9.2%였고 순수익률은 9.1%였다. 위험 수준(15.3%)도 4개 비용 분위 펀드들보다 낮아서 위험조정수익률도 9.1%를 기록했다. 또 인덱스펀드의 누적 수익은 최저 비용 펀드보다도 0.2%나 높았다.

펀드매니저가 가져가는 몫이 없으면
투자자가 시장수익 전부를 가져간다

——— ———

사실 중간에 없어지지 않고 살아남은 펀드만을 대상으로 수익률을 계산했기 때문에 액티브 펀드의 수익률이 실제보다 과장된 측면이 있다. 그래서 25년 동안 인덱스펀드의 위험조정수익률이 연 9.1%였다는 사실이 더욱 대단한 것이다. 따라서 '생존자 편향(survivorship bias)' 요소를 제거하면 일반 주식형 펀드의 평균수익률은 9.0%에서 7.5% 수준으로 낮아진다.

펀드 시장에서 좋은 성과를 낸 액티브 펀드는 극소수다.

따라서 이러한 액티브 펀드를 찾기란 '건초 더미에서 바늘 찾기'만큼이나 어려운 일이다. 그리고 설사 어렵사리 그러한 펀드를 찾아냈다 해도 과거의 성과가 앞으로도 계속되리라는 보장이 없다. 아니 실현 가능성이 거의 없는 헛된 기대라고 봐야 한다. 그런데 인덱스펀드를 선택하면 '건초더미에서 바늘을 찾는' 수고를 덜 수 있다.

앞서 언급했던 모닝스타의 분석가 말대로 좋은 성과를 내줄 펀드를 선택할 때 가장 중요한 요소 한 가지만 들라면 그것은 바로 펀드비용이라 할 수 있다. 과거 기록을 보면 이 사실이 더욱 명확해진다. 펀드매니저와 중개인의 몫이 클수록 투자자의 몫은 줄어든다. 요컨대 펀드매니저와 중개인이 아무것도 가져가지 않으면 투자자가 모든 것(즉 주식시장의 총수익)을 가져간다.

현명한 투자자의 조언

현재 CNBC 비즈니스 뉴스의 편집장으로 있는 타일러 매디슨(Tyler Mathisen)은 1995년에 펀드비용(비용률, 회전 비용, 불필요한 세금)이 펀드투자자의 수익을 깎아먹는 원흉이라는 사실을 인정했다. 비용의 중요성을 인정한 최초의 언론인까지는 아닐지 몰라도 어쨌든 이에 관한 한 언론계의 선두 집단에는 속한다 하겠다. 당시 〈머니*Money*〉의 주필이었던 매디슨은 낮은 비용률과 낮은 회전율 그리고 높은 세금 효율성을 지닌 인덱스펀드의 우월성을 인정했다.

"뱅가드 그룹의 회장 존 보글은 근 20년 동안 인덱스펀드의 장점을 열심히 설파했다. 시장의 기준 성과를 따라가는 것을 목표로 한다는 이 포트폴리오 전략이 다른 사람 눈에는 따분하기 이를 데 없어 보였다. 그리고 당시에는 수백만에 달하는 펀드투자자(나를 포함해 수십 명의 금융부문 언론인은 말할 것도 없고)는 다들 보글의 말을 무시했다.

그렇다. 결국 우리는 비용 수준이 낮다든가 회전율이 낮아서 매매 비용 또한 최소한에 그친다는 등등 인덱스펀드의 각종 장점을 인정하게 됐다. 게다가 액티브 펀드를 운용하는 매니저와는 달리 인덱스펀드를 운용하는 매니저는 장부상의 수익을 실제 수익으로 실현하는 일이 드물기 때문에 투자자로서는 세금 부담이 그만큼 줄어든다. 세계 3대 테너 도밍고, 파바로티, 카레라스처럼 이 세 가지가 인덱스펀드의 3대 미덕을 구성하고 있다.

이보시오, 보글!

당신이 옳았고 우리가 틀렸소. 당신이 이겼소이다. 적어도 대다수 투자자의 주식 및 채권 포트폴리오에 관한 한 평균수익을 지향하는 것은 바람직한 전략이다. 사실 인덱스펀드를 통해 기준 수익을 따라가는 전략을 취했을 때 오히려 평균을 넘는 수익을 올리고 또 일반 주식 및 채권 포트폴리오보다 더 나은 성과를 올릴 때가 많다. 요즘 투자계의 역설이랄 수도 있는데, 평균 이상의 수익을 올리는 가장 좋은 방법은 바로 평균을 겨냥하는 것이라는 점이다.

추종하며 숭배하는 쪽에서나 애써 깎아내리려는 쪽에서나 '성자 잭'으로 통하는 잭 보글, 때로는 골치 아프고 또 항상 도발적인 이 펀드업계 거물의 의견에 동조하지 않을 수 없다. 인덱스 투자가 대다수 펀드투자자가 취해야 할 포트폴리오의 핵심이어야 한다. 이러한 이유로 보글 당신에게 건배를! 최근에 쓴 소책자에서 한 말처럼 당신은 '인덱스 투자의 승리'를 선언할 자격이 충분하오."

(이렇게 말해 줘서 고맙소, 타일러!)

제 6 장

배당금은
누가 다 가져갔을까

배당금 갉아 먹는 뮤추얼펀드

———

배당수익률은 주식시장이 창출하는 장기 수익에서 중
요한 부분을 차지한다. 실제로 1926년(S&P500 지수
에 대한 종합적 자료가 나오게 된 첫 해) 이후로 연평균 배당수익률은
4.2%였다. 4.2%면 이 기간에 올린 주식시장의 연평균수익률
10.0%의 42%에 해당하는 수준이다.

놀라운 사실

■—■——■

장기간에 걸쳐 복리의 마법이 발휘되면 배당금은 자산 가치를 엄청난 수준으로 끌어올린다. 배당수익을 제외한다는 가정 하에 1926년 1월 1일에 S&P500에 1만 달러를 투자했다면 2017년 초쯤에는 그 돈이 170만 달러로 증가했을 것이다. 그러나 이 배당수익을 재투자했다면 투자자산은 170만 달러가 아니라 무려 5,910만 달러로 불어났을 것이다! (1) 시장가격 상승 요소 하나만으로 올린 수익 그리고 (2) 배당금을 재투자했을 때의 수익 간에 5,740만 달러라는 엄청난 격차가 발생한 셈이다. 이 사실에서 '비용 부담이 없는 상태에서의 복리의 마법'이 얼마나 대단한 결과를 초래하는지를 다시 한 번 확인할 수 있다(자료 6.1 참고).

　　S&P500의 주당 연 배당 수준은 놀라울 정도로 안정적이다(자료 6.2 참고). 1926년 이후 90년 동안 배당수익이 큰 폭으로 줄어들었던 적은 (1) 대공황(1929~1933년)이 시작된 첫 해에 55% 하락 (2) 대공황의 여파로 1938년에 36% 하락 (3) 2008~2009년 세계 금융위기 때 21% 하락 등 단 세 차례뿐이었다. 가장 최근 사례로는 은행이 자사 배당금을 억지로 없앴을 때를 들 수 있다. S&P500 지수의 주당 배당금은 2008년에 28.39달러에서 2009년에 22.41달러로 감소했으나 2016년에 다시 45.70달러로 증가했다. 2008년의 최고점 수준에서 60% 상승

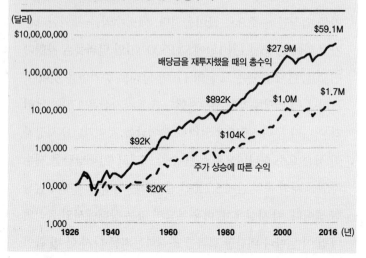

자료 6.1 | S&P500의 주가 수익 대 총수익

(달러)

$10,00,00,000 .... $59.1M

배당금을 재투자했을 때의 총수익 $27.9M

1,00,00,000

$892K .... $1.0M $1.7M

10,00,000

$92K $104K

1,00,000

주가 상승에 따른 수익

10,000 .... $20K

1,000
1926   1940   1960   1980   2000   2016 (년)

한 셈이었다.

　장기간에 걸친 배당금 재투자의 복리 효과 그리고 배당금 지급의 상대적 안정성을 고려할 때, 액티브 펀드는 당연히 배당소득을 최우선 순위에 둬야 한다. 그런데 정말 그렇게 하고 있을까?

　아니다. 뮤추얼펀드 관리 계약을 체결할 때 보면 거의 배당소득이 아니라 펀드의 순자산을 기준으로 보수를 청구하기 때문이다. 주식시장의 배당수익률이 낮을 때(요즘처

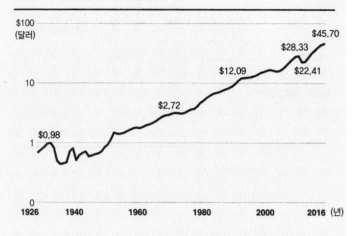

럼)는 펀드가 벌어들인 총 배당수익의 상당 부분이 비용으로 나간다.

따라서 주식형 펀드가 벌어들인 배당소득 가운데 엄청난 액수가 비용으로 지출된다. '엄청난' 액수라는 말이 결코 과장이 아니다. '성장' 액티브 펀드는 실제로 펀드수익의 100%(!)가 비용으로 다 나갈 정도다. 그리고 '가치' 액티브 펀드는 비용이 배당수익의 58% 수준이다.

액티브 펀드와 인덱스펀드 간의 차이가 극명하게 나타

자료 6.3 | 배당수익률과 펀드비용 : 2016년

액티브 펀드	총수익률	비용률	순수익률	총수익에서 비용이 차지하는 비율
성장 펀드	1.3%	1.3%	0.0%	100%
가치 펀드	2.1	1.2	0.9	58
저비용 인덱스펀드				
성장 펀드	1.4%	0.1%	1.3%	4%
가치 펀드	2.5	0.1	2.4	2

출처 : 모닝스타

난다. 2016년에 가치 인덱스펀드의 비용은 펀드수익의 2% 수준이었고, 저비용 성장 인덱스펀드의 비용은 겨우 4%였다(자료 6.3 참고).

이처럼 배당금의 장기적 수익 효과가 엄청난데도 거의 모든 투자자가 배당수익이 이렇게 '강탈'된다는 사실을 잘 모르는 것 같다. 그러한 사실을 대체 어떻게 알 수 있겠는가? 재무제표 자료를 바탕으로 이러한 사실을 추정해볼 수는 있으나 사실 이러한 자료를 액면 그대로 믿기는 어렵다.

그렇다면, 저비용 인덱스펀드를 선택하는 것이 어떻겠는가? 인덱스펀드는 매니저가 빈번하게 매매에 나서는 일도 없고, 연간 비용률이 0.04%로 매우 낮은 편이다. 또 펀드의 배당수익을 투자자에게 공정하게 분배한다. 또 제1장에서 언급했던 '헬퍼'를 통해 주식을 매매하는 일도 없다. 정말로 인덱스 펀드에 한번 투자해보지 않겠는가? 이에 관해서는 제13장에서 더 상세히 다룰 것이다.

현명한 투자자의 조언

'배당성장투자(Dividend Growth Investor)'라는 이름으로 활동하는 유명 블로거가 배당금의 중요성을 강조하는 내 의견에 동조하며 다음과 같은 내용의 글을 썼다.

"존 보글은 투자계의 전설과도 같은 인물이다. (중략) 보글의 책을 여러 권 읽었는데 그 단순한 메시지가 정말 마음에 들었다. 비용을 낮추고, 회전율을 낮추고, 오래도록 보유하고, 최대한 단순한 전략을 구사하라는 보글의 투자 원칙이 정말 좋았다. 책 속에서 보글이 했던 말 하나하나가 다 마음에 들었지만, 그 중에서도 특히 배당금에 대한 조언이 정말 좋았다.

보글은 주가 변동에 따른 수익에서 눈을 돌려 배당수익에 집중하라고 조언한다. 그러면서 주식시장은 거대한 훼방꾼이라는 사실을 지적하면서 그렇기 때문에 투자자는 배당금에 주의를 기울여야 한다고 강조한다.

그리고 시간이 지남에 따라 배당수익 곡선은 고른 상승 추세를 나타낸다고 한다. 그러므로 은퇴자에게는 이 배당금이 매우 믿을 만한 수입원이 될 수 있다. 또 보글은 배당수익이 감소하는 일이 절대로 없다고 장담할 수는 없으나, 지난 과거를 돌이켜볼 때 배당금이 감소한 경우는 단 두 차례뿐이었다고 말한다.

장기 보유 전략을 구사하고, 배당금에 초점을 맞추고, 투자 비용을 낮추고, 주가 변동 부분은 신경 쓰지 말라는 등등의 조언에 깊이 공감한다. 그리고 보글은 단순성의 원칙을 신봉한다. 그래서 10~15개 자산군으로 포트폴리오를 구성하는 펀드업계의 관행을 못마땅해 한다. 이렇게 여러 자산군으로 포트폴리오를 복잡하게 구성하는 목적은 단 한 가지뿐이라고 한다. 즉 이러한 복잡성을 통해 보수를 한 푼이라도 더 뜯어내 탐욕스러운 펀드매니저의 욕심을 채우려는 속셈이라는 것이다. 단순하게 가라는 말은 주식과 채권 몇 가지만 보유하라는 의미다. 그리고 남들이 투자하는 혹은 인기가 있다는 자산군을 포트폴리오에 추가하려는 유혹에 넘어가지 말라는 의미이기도 하다."

제 7 장

조삼모사(朝三暮四)를 경계하라

발표되는 펀드수익이 모두 투자자의 몫은 아니다

제 4장에서 언급한 바와 같이 피델리티의 피터 린치, 전(前) 미국자산운용협회(ICI) 회장 존 포슬, 〈매드 머니〉의 진행자 제임스 크래머, AQR 캐피털 매니지먼트의 클리포드 애스니스 등 투자업계의 내부자들이 내 의견에 동조한다는 사실은 개인적으로 정말 기분 좋은 일이다. 일반 주식형 뮤추얼펀드의 수익은, S&P500 지수를 따라가는 인덱스펀드를 통해 주식시장 전체를 보유했을 때의 수익에 미치지 못한다.

시장수익에 못 미치는 그 수익이나마 투자자가 100% 가져갈 수 있다고 생각한다면 그것은 대단한 착각이다. 착각일 뿐 아니라 상황을 너무 안일하게 바라보는 것이다. 현실은 이보다 훨씬 심각하다. 펀드투자자는 자산운용에 대한 대가로 펀드매니저에게 막대한 보수를 지급하는 외에 이보다 훨씬 많은 비용을 추가로 지출하기 때문이다. 이 장에서 그 이유를 상세히 살펴볼 것이다.

통상적으로 펀드매니저는 종래의 기간 가중(time-weighted) 수익을 기준으로 자사 펀드의 수익률을 발표한다. 즉 배당수익과 자본 이득 분배금(capital gain distribution : 포트폴리오 매매로 실현된 이익을 투자자에게 분배하는 것)을 전부 재투자했을 때 펀드 1좌당 자산 가치의 변화를 기준으로 수익률을 계산한다. 지난 25년 동안 뮤추얼 펀드의 연평균수익률은 7.8%로서 S&P500의 연평균수익률 9.1%보다 1.3퍼센트포인트가 낮았다. 그러나 이마저도 펀드투자자의 수익률로 보기는 어렵다. 투자자가 실제로 챙겨가는 수익은 이보다 훨씬 적다.

힌트 : 좋은 성과를 냈을 때는 자금이 몰리고
성과가 저조할 때는 자금이 빠져나간다

실제로 펀드투자자에게 돌아가는 수익이 어느 정도인지 알아내려면 펀드로 들고나는 투자 자금의 효과를 반영한 이른바 금액 가중(dollar-weighted) 수익률을 계산해야 한다.[1]

종래 방식대로 계산한 펀드수익과 지난 25년 동안 투자자가 실제로 벌어들인 수익을 비교해보니, 투자자의 실제 수익률은 펀드사가 보고한 7.8%가 아니라 6.3%였다. 펀드의 연평균수익률보다 1.5퍼센트포인트가 낮은 수준이다.

사실 인덱스펀드 투자자도 상승장에 이끌린 측면이 있으나 그래도 8.8%의 수익률을 올렸으며 이는 펀드수익률 자체보다 0.2퍼센트포인트밖에 차이가 나지 않는 수준이다.

그렇다. 지난 25년 동안 S&P500 지수는 연평균 9.1%의 수익률을 기록했고 일반 주식형 펀드의 연평균수익률은 7.8%였다. 그런데 정작 펀드투자자의 연평균수익률은 고작 6.3%였다.

---

1. 극단적 사례 : 자산규모가 1억 달러인 펀드가 기간가중 수익을 기준으로 한 해 동안 순자산 가치의 30%를 벌어들였고, 투자자들은 높은 수익률에 이끌려 그해 말일에 이 펀드에 10억 달러를 투자했다고 하자. 그러면 이들 투자자의 금액가중 평균수익률은 4.9%밖에 안 된다.

비용과 투자자 행동이라는 이중 '형벌'

———•———

펀드비용때문에 발생한 1.5퍼센트포인트의 수익률 손실 부분을 복리로 계산하면 그 수치가 어마어마하게 커진다. 그러나 잘못된 시점 선택과 잘못된 펀드 선택에 따른 손실(불이익) 규모는 이보다 훨씬 컸다.

자료 7.1을 보면 1991년에 저비용 S&P500 인덱스펀드에 1만 달러를 투자했을 때 명목(물가상승률 반영 전) 수익은 7

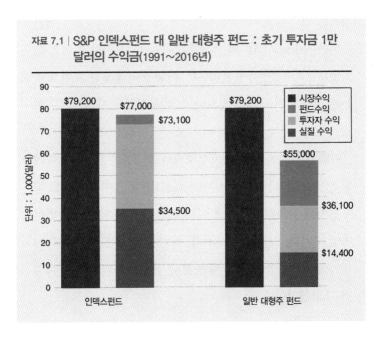

자료 7.1 | S&P 인덱스펀드 대 일반 대형주 펀드 : 초기 투자금 1만 달러의 수익금(1991~2016년)

119

만 7,000달러였다. 주식형 펀드의 수익은 고작 5만 5,500 달러였다. 가능했던 수익의 72%밖에 취하지 못한 셈이다. 그런데 펀드투자자가 얻은 복리수익은 이보다 더 적은 3만 6,100달러였다. 이는 인덱스펀드 투자자가 챙긴 수익 7만 3,100달러의 50%에도 미치지 못하는 수준이었다. 불이익 이 가중된 셈이다!

인플레이션까지 고려하면 투자수익은 더욱 줄어든다. 물가 상승률이 연 2.7%라면 인덱스펀드의 실질 수익률은 연 6.2% 로 낮아진다. 그러나 일반 펀드투자자의 실질수익률은 더 큰 폭으로 떨어져 3.6%까지 추락한다. 인덱스펀드의 누적 실질 수익은 3만 4,500달러인데 반해 일반 펀드투자자의 실질 수익은 1만 4,400달러에 불과하다. 어떻게 이렇게 큰 차이가 나 는지 정말 믿기 어려울 정도다. 그러나 사실은 사실이니 어쩌 겠는가!

이러한 자료를 보면 펀드투자자의 수익률은 펀드수익률에 훨씬 못 미친다는 사실은 분명하다. 그러나 그 차이가 어느 정 도인지는 정확히 모른다.[2] 이 차이를 정확히 알아낼 방법이 마땅치 않다. 그러나 주식시장, 일반 펀드, 펀드투자자 등이 벌어들인 수익을 비교할 때 중요한 것은 정확한 수치가 아니 라 그 방향성이다.

정확한 수치가 어떻든 간에 중요한 것은 다음과 같은 사실이다. (1)주식형 펀드의 장기 수익은 주식시장 수익에 훨씬 못 미치며 여기에 결정적인 역할을 하는 것은 바로 펀드비용이다. (2) 펀드투자자의 수익은 시장수익의 절반에도 미치지 못한다.

지나친 낙관론과 탐욕에 사로잡힌 투자자는
뮤추얼펀드 판매자의 감언이설에 넘어가
강세장 꼭대기에서 주식형 펀드에 투자금을 쏟아 부었다

엄청나게 벌어진 이 두 번째 수익 격차를 어떻게 설명해야 하는가? 간단히 말해 역(逆)생산적인(역효과가 나는) 투자 시점 선택 그리고 투자자에게 불리한 펀드 선택에 그 원인이 있다. 첫째, 1980년대와 1990년대 당시, 투자자들은 주가가 높지 않았을 때는 주식형 펀드에 거의 투자하지 않았다. 그러다가

---

2. 이 차이는 모닝스타가 발표한 일반 대형주 펀드의 기간가중 수익과 지난 25년 동안 실제로 벌어들인 금액가중 수익 간의 차이를 기준으로 추정한 수치다.

과한 낙관론과 탐욕에 사로잡힌 투자자들이 펀드 판매자의 꼬드김에 넘어가 상승장에서 주가가 거의 천장을 쳤을 때 주식형 펀드에 많은 자금을 쏟아 부었다.

둘째, 잘못된 펀드 선택에 대한 '형벌'을 감당해야 했다. 투자 시점을 잘못 선택했을 뿐 아니라 잘못 선택한 펀드에 돈을 퍼부었다. 즉 과거에 좋은 성과를 낸 펀드를 골랐는데 그 이후에 저조한 성과를 냈던 것이다. 왜일까? 이유는 의외로 간단하다. 고수익을 올리면 그 다음에는 평균수익 수준으로 혹은 그 밑으로 회귀하는 경향이 있기 때문이다. (RTM, 즉 평균으로의 회귀에 관해서는 제11장에서 다룰 것이다.) 역생산적 투자 시점 선택과 잘못된 펀드 선택 때문에 투자자는 상식에 기초한 투자전략을 구사하지 못한다.

역생산적인 투자자 정서가 역시 역생산적인
펀드업계의 판촉전과 맞물리면 안 좋은 쪽으로
상승효과를 일으키므로 결코 좋은 결과를 기대할 수가 없다

━━　━━

펀드수익률과 투자자 수익률 간의 이 같은 격차가 거의 보편화된 상태다. 예를 들어 200대 주식형 펀드 가운데 186개는, 2008년부터 2016년까지 투자자가 올린 수익이 펀드사가 보고한 수익에 훨씬 못 미쳤다.

'신경제' 열풍이 몰아쳤던 1990년대 말에 이러한 수익 격차 현상이 특히 두드러졌다. 당시 펀드업계는 주식시장 자체의 위험 수준을 훨씬 넘어서는 펀드를 점점 더 많이 내놓았고 가장 좋은 성과를 냈던 우수 펀드의 과거 성과를 내세워 과대 선전을 하는 데 목을 맸다.

주가가 상승하자 투자자는 주식형 펀드에 그 어느 때보다 많은 자금을 투자했다. 주식 가격이 낮았던 1990년에는 겨우

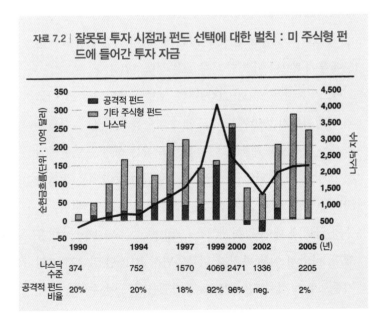

자료 7.2 │ 잘못된 투자 시점과 펀드 선택에 대한 벌칙 : 미 주식형 펀드에 들어간 투자 자금

	1990		1994		1997		1999	2000	2002		2005 (년)
나스닥 수준	374		752		1570		4069	2471	1336		2205
공격적 펀드 비율	20%		20%		18%		92%	96%	neg.		2%

123

180억을 투자했는데 주가가 과평가됐던 1999년과 2000년에는 4,200억 달러나 투자했다(자료 7.2 참고).

게다가 투자자는 좀더 보수적인 가치형 펀드는 배제하고 '신경제' 펀드, 기술 펀드, 가장 좋은 성과를 내고 있는 성장형 펀드 등을 선택했다. 1990년에는 위험 수준이 높은 공격적 성장형 펀드에는 전체 자금의 20%밖에 투자하지 않았는데, 펀드수익이 최고치를 기록했던 1999년과 2000년 초에는 최고 성과를 낸 펀드에 자금을 95%나 쏟아 부었다. 그러나 거품이 꺼졌을 때는 이미 늦어버렸다. 주가가 바닥을 치기 직전인 2002년에는 펀드 투자 자금이 360억 달러 수준으로 줄어들었다. 그리고 성장형 펀드에서 자금을 빼내 뒤늦게 가치형 펀드에 투자했으나 이 또한 너무 늦은 선택이었다.

펀드투자자는 2008~2009년의 세계 금융위기와 그 이후의 경제회복기 동안에도 저조한 수익률을 기록했다. 펀드투자자는 감정(탐욕 포함)이 이성을 압도하는 상황을 연출하면서 항상 과거 성과만을 좇았다. 금융위기 동안에는 주가가 바닥을 향해 갈 때 최저점 부근에서 투자 자금을 빼내는 등 주가 급락에 대해 강하게(그리고 결과적으로는 역생산적으로) 반응했다. 따라서 이후 주가가 회복되면서 2016년 말까지 저점 기준으로 누적 수익이 250% 증가했음에도 이 수익을 제대로 취하지 못했다.

투자자의 정서와 펀드업계의 판촉 관행이 문제의 원인

투자자의 정서를 이용해 당시 인기나 유행에 맞춰 새로운 펀드(정서에 더욱 편승하는 투기성 펀드)를 계속 내놓고는 공격적인 광고 및 판촉전을 벌이는 통에 펀드업계의 문제가 더욱 복잡해졌다. 펀드업계가 역생산적인 투자자 정서를 이용해, 역생산적인 판촉전을 벌이는 상황에서 좋은 결과를 기대하기는 어렵다.

펀드업계가 새로운 펀드를 내놓거나 과도한 판촉전을 벌이는 일을 조만간 포기하리라 기대하기는 어렵다. 따라서 그동안 단기적 관점에서 역생산적인 행동만 취하던 투자자가 현실을 인식하기까지는 시간이 좀 걸릴 것이고 직접적 경험도 필요할 것이다. 그러나 현명한 투자자라면 제4장에서 설명한 비용의 최소화 뿐 아니라 투자 결정이나 행동에서 감정적 요소를 배제하라는 충고에도 귀 기울여야 한다. 다시 말해 투자자는 시장 변동에 즉각적으로 반응하는 단기적 행동을 개선해야 한다.

인덱스펀드의 장점은 비용 수준이 낮다는 외에도, 많은 것을 약속하는 과대 선전에 혹해서 '쭉정이' 펀드를 선택할 위험성을 낮춰준다는 데 있다. 장기적 관점에서 주식시장에서 나오는 단기적 '잡음'을 최대한 무시하면서 당시 유행하는 펀드를 피해가려는 인덱스펀드야말로 투자자에게 장기적인 수익을 안길 유일한 희망이다. 인덱스 투자에는 감정이 개입될 여지도 없다. 투자의 성공 공식은 인덱스펀드를 통해 주식시장 전체를 소유하고 그 다음에는 아무 것도 하지 않는 것이다. 그 상태를 줄곧 유지하기만 하면 된다.

현명한 투자자의 조언

투자계의 현인으로 통하는 워런 버핏도 나와 같은 생각이다. 버핏이 말하는 이른바 '4E'를 생각해 보자. "주식(Equity) 투자자의 최대 적(Enemy)은 바로 비용(Expense)과 감정(Emotion)이다." MIT 교수이자 2017년 『적응적 시장*Adaptive Markets*』을 출간한 앤드류 로(Andrew Lo)도 개인적으로 '인덱스펀드에 투자'한 것을 보면 역시 나와 같은 생각임에 틀림없다.

×××

이보다 훨씬 더 놀라운 것은 세계 최대 뮤추얼펀드 '슈퍼마켓'(여러 업체에서 내놓은 수천 개 펀드 가운데 원하는 것을 한 번에 골라 구매할 수 있는 가상 시장)를 설립해 주식매매와 액티브 펀드를 적극적으로 선전하는 입장에 있는 CEO임에도 정작 본인(찰스 스왑)은 고전적 인덱스펀드를 선호한다는 사실이다. 찰스 스왑(Charles Schwab)에게 사람들이 일반 펀드에 투자하는 이유가 무엇이냐고 묻자 이렇게 대답했다.

"재미있으니까! 유망 종목을 선택하려는 것은 인간의 본성이다. 그러나 개인적으로는 인덱스 투자를 선호하는 쪽이다. 이쪽이 예측가능성이 높기도 하고. 인덱스펀드에 투자하면 10년, 15년, 20년 동안 줄곧 성과 수준에서 85번째 백분위수(상위 15%)에 들어갈 것이다. 이러한 투자를 마다할 이유가 없지 않은가?"(실제로 찰스 스왑의 개인 투자 포트폴리오는 대부분 인덱스펀드에 투자되고 있다.)

×××

업계에서 높은 평가를 받고 있는 〈헐버트 파이낸셜 다이제스트*Hulbert Financial Digest*〉의 편집장 마크 헐버트(Mark Hulbert)도 내 의견에 동의한다.

"미래가 과거와 같다면 인덱스펀드에 투자한 다음에 아무 것도 하지 않고 있어도 앞으로 수십 년 동안 다른 투자자 80%를 제치고 앞서 나갈 수 있다. 시장을 이기려는 헛된 유혹에 빠지지 말고 장기적 인덱스펀드투자자가 되라."

헐버트는 〈뉴욕타임스〉에 다음과 같은 제목의 기사를

게재하기도 했다.

"매수 후 보유? 그렇다. 특히 '보유'라는 부분을 잊지 마라."

제 8 장

세금도 비용이다
투자에도 세(稅)테크가 필요하다

———————

우리는 투자비용이라는 형태로 주식시장 참여자에게 부과되는 '형벌'을 아직도 받고 있다. 단순 산수의 철칙을 어긴 대가로 치러야 하는, 타당하고 불가피하며 단호한 이 형벌은 인플레이션, 역(逆)생산적인 투자자 행동, 검증되지 않은 '인기' 뮤추얼 펀드에 대해 과대 광고전을 벌이는 업계의 관행 등이 결합해 누적된 결과물이라고도 볼 수 있다. 이것이 뮤추얼펀드 투자자가 축적한 자산을 갉아먹었다. 인덱스펀드는 이처럼 숨겨진 각종 비용 부담으로부터 투자자를 보호해준다. (물론 인덱스펀드라고 해서 인플레이션의 마수로부터 자유로울 수는 없으며 이 때문에 실질 수익이 줄어들기는 한다. 인플레이션은 모든 투자 상품에 고르게 영향을 미치기 때문이다.)

그러나 이것이 전부가 아니다. 투자자가 실제로 가져가는 수익금을 더 많이 갉아먹는 비용이 또 하나 있다. 자꾸만 간과하게 되는 '세금'이 바로 그것이다. 여기에는 연방세, 주세, 지방세 등이 포함된다.[1] 그런데 인덱스펀드는 세금 부분에서도 장점이 있다. 일반 뮤추얼펀드 대다수가 세금에 관한 한 엄청난 비효율성을 나타낸다. 이유가 무엇일까? 펀드매니저가 자신이 관리하는 포트폴리오에 들어 있는 주식매매에 광적으로 매달리기 때문이다.

일반 뮤추얼 펀드는 세금 비효율성이 특히 심하다

매수와 매도 둘 다를 포함해 현재 주식형 액티브 펀드의 포

---

1. 투자자가 보유한 전체 주식형 뮤추얼펀드의 절반가량이 과세계정이다. 나머지 절반은 개인퇴직계정(IRA)과 저축형 퇴직기금, 이익 분배 제도 등과 같은 과세이연계정이다. 펀드계정이 후자에 속한다면 이 장에서 논하는 세금 걱정은 할 필요가 없다.

트폴리오 회전율은 연 78%다. (매수와 매도 중 가격이 더 낮은 쪽만 포함해 산출하는 '전통적' 회전율은 39%다.) 업계 전체를 기준으로 할 때 액티브 펀드의 평균 주식 보유기간은 19개월에 불과하다. (총 자산을 기준으로 했을 때는 평균 보유 기간이 31개월이다.) 지금으로서는 상상하기 어렵겠으나 1945년부터 1965년까지는 주식형 펀드의 연평균 회전율이 겨우 16%였고 펀드 포트폴리오 내 평균 주식 보유기간은 6년이나 됐다. 회전율의 급상승과 이에 따른 매매 비용의 증가는 펀드투자자에게 불리하게 작용했다. 그런데 여기에다 펀드사가 과도한 세금 부담을 투자자에게 떠넘기면서 상황이 더 악화했다.

(1) 주가가 상승하고 (2) 펀드매니저가 과도한 매매 패턴을 유지하는 한 액티브 펀드를 운용하는 매니저의 세금 비효율성 패턴은 계속 유지될 것으로 보인다. 이 점은 분명히 하자. 즉 초창기에는 펀드매니저 대다수가 장기 투자에 초점을 맞췄다. 그런데 지금은 단기 투기에 더 집중하는 경향이 있다. 정통적 인덱스펀드는 이와는 정반대 노선을 취한다. 즉 매수 후 '영구적으로' 보유하는 전략을 구사한다. 인덱스펀드의 연평균 회전율은 3% 내외다. 따라서 매매 비용도 '0'에 근접하는 수준을 나타낸다.

———

자, 이제 미뤄둔 주제로 눈을 돌려 보자. 지난 25년 동안 주식형 펀드의 연수익률은 7.8%였고 S&P500 인덱스펀드의 연수익률은 9.0%였다. 액티브 펀드의 회전율이 높다는 점을 고려할 때 과세 계정을 보유한 투자자에게는 연방세 실효세율 연 1.2퍼센트포인트가 적용된다. 이는 총 세전(稅前)수익의 15%에 해당하는 수준이다. (주세와 지방세까지 생각하면 이 수치가 더 증가한다.) 따라서 액티브 펀드의 세후(稅後)수익률은 6.6%로 낮아진다.

결론적으로 말해 인덱스펀드 투자자는 고수익을 올리는데도 실질적으로는 수익에 대한 세금 부담이 적은 편이다. 이러한 고수익은 주로 배당수익에서 비롯된다. 인덱스펀드는 비용 수준이 극단적으로 낮기 때문에 액티브 펀드에 비해 배당수익을 훨씬 덜 소비한다. 결과적으로 투자자에게 더 많은 배당수익이 돌아가게 돼 있다. 따라서 인덱스펀드의 배당수익률은 높아지고 배당금에 대한 세금 부담이 커진다. 그러나 실질적인 적용 세율이 낮기 때문에 세금 효율성이 유지된다고 볼 수 있다.

2017년 중반에 저비용 S&P500 인덱스펀드의 배당수익률은 2.0%였다. 이는 주식형 액티브 펀드 배당수익률의 2배 수준이다. 인덱스펀드 투자자의 연방세 부담률은 약 0.45%로서 액티브 펀드투자자의 연간 세금 부담률 1.5%의 3분의 1밖에 안 된다.

액티브 펀드는 투자자에게 상당 규모의 단기 자본 이익(매매 차익)을 제공한다. 그런데 세율이 낮은 장기 자본이득세율이 아니라 세율이 높은 경상이익세율을 기준으로 과세된다. 따라서 액티브 펀드투자자는, 인덱스펀드에 투자했다면 부담하지 않았어도 되는 세금 부담을 떠안는다.

결과적으로 주식형 액티브 펀드는 세후 연 6.6%의 수익률을 기록했고 인덱스펀드는 연 8.6%의 수익을 올렸다. 1991년의 초기 투자금 1만 달러를 복리로 계산하면 액티브 펀드의 세후 수익은 3만 9,700달러가 된다. 인덱스펀드의 복리수익 6만 8,300달러의 60%에도 못 미친다. 액티브 펀드투자자는 인덱스펀드 투자자보다 약 2만 8,600달러를 손해 보는 셈이다.[2]

**비용, 투자자에 불리한 펀드 선택, 부적절한 투자 시점 선택,
세금, 인플레이션 등이 펀드수익률을 잡아먹는다**

주식형 펀드의 수익을 갉아먹는 수많은 부정적 요소 가운데 '낙타의 등을 부러뜨린 마지막 지푸라기'를 고르기는 너무 어렵다. 그래도 그 마지막 지푸라기의 후보에는 (1) 높은 비용 수준(제4, 5, 6장 참고) (2) 투자자의 잘못된 펀드 선택과 역생산적인 투자 시점 선택(제7장 참고) (3) 세금(제8장 참고) 등을 들 수 있다. 이 가운데 어느 것이라도 '낙타의 등'을 부러뜨리는 지푸라기의 자격이 충분히 있다. 그러나 이 지푸라기 가운데서도 가장 마지막 지푸라기는 역시 인플레이션이다.

명목수익 대 실질수익

매년 펀드의 자본 이득(주로 단기적 이익 실현에서 비롯됨)에 대한 세금을 포함한 펀드비용은 당시의 화폐 가치, 즉 현재 가치로 지급하면서도 펀드자산은 실질 가치로만 축적된다고 하자.

---

2. 인덱스펀드는 포트폴리오를 청산할 때 이익 실현이 일어나고 따라서 투자자는 이때 실현되는 이익에 대한 세금 부담을 진다. 그러나 투자자가 펀드 지분을 청산하지 않고 자식에게 상속하는 경우, 펀드비용은 투자자가 사망하는 시점의 시장 가치 수준까지 올라가겠지만, 자본 이득은 실현되지 않으므로 과세도 되지 않는다.

이렇게 되면 물가상승 요소 때문에 또 한 번의 수익 침식이 일어나 투자자 손에 들어오는 실질 수익이 대폭 줄어든다.

그런데 뮤추얼펀드는 이와 같은 수익 침식 사실을 투자자에게 제대로 알리는 법이 없다.

여기에 한 가지 역설이 존재한다. 인덱스펀드는 자본 이득(매매 차익)을 관리하는 측면에서는 세금 효율성이 높은 반면에 배당수익을 분배하는 측면에서는 세금 효율성이 낮다. 즉 자본 이득에 대한 세금은 절약할 수 있으나 배당수익에 대한 세금 수준은 오히려 높아진다. 이유가 무엇일까? 최저 비용을 모토로 한다는 것은 저비용 인덱스펀드의 주식 배당금 거의 전부가 직접 펀드투자자의 손에 들어간다는 의미이기 때문이다. 배당수익이 많으니 당연히 이 부분에 대해서는 세금 부담이 높을 수밖에 없다. 물론 다른 이유 때문에 실질적인 세금 부담은 낮아지기는 하지만 말이다.

현명한 투자자의 조언

    스탠퍼드 대학 경제학 교수이자 전미경제연구소(National Bureau of Economic Research) 소속 경제학자 존 쇼븐(John B. Shoven)과 당시 연방준비제도 소속이었던(현재는 뱅가드의 사장) 조엘 딕슨(Joel M. Dickson)이 쓴 논문 내용을 살펴보자. "뮤추얼펀드는 자산운용 및 관리상의 본질적 특성상, 실현된 자본 이득에 부과되는 세금에 대해 과세 이연을 기대할 수 없기 때문에 결과적으로 투자자에게 막대한 세금 부담을 안긴다. 뱅가드500 인덱스펀드가 실현된 자본 이득에 대한 세금 전부를 이연할 수 있다면 고액 납세 투자자는 91.8번째 백분위수(상위 8.2%)에 해당하는 실적을 올렸을 것이다(즉 실질 수익 면에서 전체 일반 주식형 펀드 92%보다 앞선 결과를 냄)"

×××

투자자문가이자 『투자의 네 기둥』의 저자인 윌리엄 번스타인(William Bernstein)은 이렇게 말한다.

"일반적 액티브 펀드에 투자하는 것만도 마땅치 않은 선택인데 게다가 과세 계정에 투자하는 것은 더 말할 것도 없는 최악의 선택이다. 세금 때문에 매년 수익률이 최대 4퍼센트포인트까지 깎인다. 다행히 인덱스펀드는 청산할 때까지 자본 이득에 대한 세금을 내지 않기 때문에 세금 걱정 없이 자본 이득을 늘려갈 수 있다. 인덱스펀드에 투자하면 세금 때문에 난감한 처지에 놓이지 않아도 된다."

×××

버튼 말키엘(Burton G. Malkiel)도 인덱스펀드의 손을 들어준다.

"인덱스펀드는 세금상의 이점이 있다. 자본 이득이 실현되는 시점까지 과세 이연이 가능하고 또 이를 자손에게 물려주면 세금 부담에서 완전히 자유로워질 수 있다. 장기간 주가 상승세가 계속되는 상황에서 이 주식 저 주식으로 갈아타면서 자본 이득이 실현되는 것이고 여기에는 세금 부담이 뒤따른다. 자본 이득을 조기에 실현해버리면 순수익이 감소한다. 따라서 펀드에 투자할 때는 세금 부분을 반드시 고려해야 한다. 인덱스펀드는 이 주식에서 저 주식으로 갈아타는 일이 없기 때문에 자본 이득에 따른 세금 부담을 피할 수 있다."

제 9 장

좋은 시절이 다 갔을 때

수익률은 살아 움직이는 존재다

제2장에서 설명했던 불변의 원칙을 기억하라. 즉 장기적으로 주식시장의 수익 창출을 주도하는 것은 기업의 수익 성장과 배당수익으로 대표되는 사업 실적이다. 그러나 여기에 한 가지 역설이 존재한다. 내가 1974년 9월 24일 뱅가드를 창업하고 나서 40여 년이 지났다. 그런데 미국 시장의 전체 역사를 통틀어 동(同) 기간을 기준으로 했을 때 주식시장이 창출한 수익이 기업이 창출한 수익을 압도했다는 사실이다.

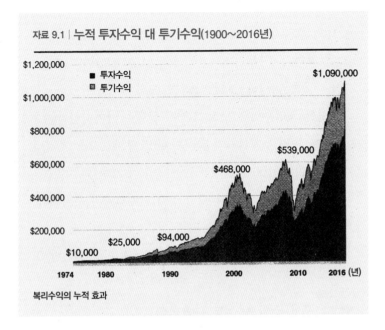

$1,200,000
■ 투자수익
□ 투기수익
$1,090,000
$1,000,000

$800,000

$539,000

$600,000
$468,000

$400,000

$200,000
$94,000
$25,000
$10,000

1974   1980   1990   2000   2010   2016 (년)

복리수익의 누적 효과

구체적으로 말해 동(同) 기간 S&P500에 속한 상장기업이 배당수익과 수익 성장의 형태로 창출한 투자수익률은 8.8%(배당수익률 3.3%, 수익성장률 5.5%)였다. 그런데 연간 총수익률은 11.7%였다(자료 9.1 참고). 여기서 2.9퍼센트포인트의 격차가 발생한다.

전체 시장수익률의 25%에 해당하는 이 2.9퍼센트포인트는 투기적 수익으로 설명할 수 있다. 주가수익률이 7.5배에서 23.7배로 3배 이상 증가했듯이 투기수익에는 주가 상승에 대한 투자자의 기대감이 반영돼 있다. (1900년 이후 10년 평균 시장 총수익률에서 투기수익이 차지하는 비중은 0.5%에 불과했으며 이는 1974년 이후 투기수익 비중의 5분의 1밖에 안 된다.)

이러한 복리수익의 누적 효과는 실로 어마어마하다(자료 9.1 참고). 초기 투자금 1만 달러는 43년 후에는 109만 달러가 될 것이다. 100만 달러가 넘는 총수익 가운데 투기수익은 27만 달러이고 나머지 82만 달러는 배당금과 수익 성장의 몫이다.

그렇다. 1974년 9월의 주가수익률 7.5배는 주가가 반 토

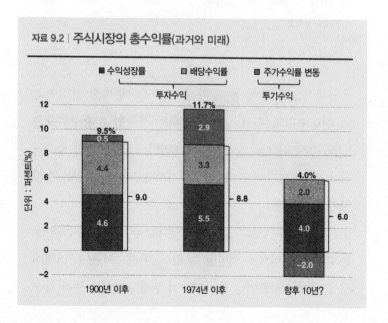

자료 9.2 | **주식시장의 총수익률(과거와 미래)**

막이 나면서 시장이 바닥을 향해 치달을 때 기록한 수치다. 이는 극심한 비관론, 과도한 공포, 투자자들 사이에 만연된 불안이 반영된 결과물이었다. 2017년이 시작되면서 주가수익률이 23.7배를 기록했다. 이는 끝없는 낙관론, 과도한 자신감, 과열, 희망 혹은 새로운 기업 상황이 반영된 결과다.

상식적으로 판단하든 단순 산수 철칙을 기준으로 하든 향후 주식시장이 저수익 시대를 맞이하리라 예상된다

———

40여 년 동안 주식시장은 고수익 시대를 구가해왔다. 그러나 이 기간에 올린 연 시장수익률의 25%가 투기수익이었던 만큼 앞으로 10년 동안에도 그 정도의 주가수익률을 또 올리기를 기대하는 것은 비현실적이다. 혹시 가능하다 하더라도 그것이 투자수익에 큰 모멘텀을 제공하지는 못할 것이다. 상식적으로 생각해 볼 때 1900년 이후의 장기적 명목 시장수익률 9.5%와 비교하면 앞으로 주식시장은 또 한 번 저수익 시대를 맞이하게 될 것이다(자료 9.2 참고). 이 책의 초판본(2007년)에서도 '좋은 시절이 다 갔을 때'라는 똑같은 제목으로 하나의 챕터를 구성했었다. 당시 2006~2016년까지 10년간의 연평균 시장수익률은 7% 정도가 될 것으로 예상했다. 실

143

제로 S&P500의 수익률이 거의 정확히 6.9%였다. (박수칠 필요는 없다. 투자수익을 과대평가한 딱 그만큼 투기수익을 과소평가했기 때문이다.)

간단한 산수가 알려주는 경고 신호 : 주식시장 수익의 원천

왜 경고가 계속되는가? 주식의 수익원을 살펴보면 왜 늘 신중해야 하는지 그 이유를 알 수 있다. 제2장에서 인용했던 케인스의 말을 상기하라.

"과거 사실에 대한 이유와 배경을 분명히 이해할 수 있다면 모를까, 귀납적 추론 방식에 따라 과거 경험을 바탕으로 미래를 예측하려는 것은 매우 위험한 발상이다."

그때 나는 주식의 수익원으로 초기 배당수익률과 수익성장률(이 둘을 합해 '투자수익'이라 함) 그리고 주가수익률('투기수익'이라 함) 등 세 가지를 들었었다.

미래의 투자수익률 : 6%?

오늘날 주식투자의 수익원을 살펴보자. 첫째, 현재 주식시장의 배당수익률은 4.4%(역대 수익률 수준)가 아니라 2%다. 그러므로 배당수익이 전체 투자수익에서 차지하는 비중이 2.4퍼센트포인트 줄어드는 셈이다.

장기적으로 볼 때 명목 경제성장률 예상치는 6% 남짓이다. 앞으로 10년 동안 국내총생산(GDP)을 기준으로 한 명목 경제성장률은 이보다(6%) 낮은 4~5% 정도로 예상하는데, 기업의 수익률도 이와 비슷한 수준으로 증가(대체로 그래왔듯이)한다고 가정하자.

이 기대치가 정확하다면 주식의 투자수익률은 6~7% 선이 되리라 보는 것이 가장 합리적일 것이다. 나는 조금 더 신중하게 접근해 연평균 투자수익률은 6%가 되리라 예상한다.

연평균 투기수익률 예상치 : -2%?

자, 이제 투기수익을 살펴보자. 2017년 초에 주가수익률은 23.7%였다. 이 수치는 S&P500의 전년도 수익을 기준으로 한 것이다. 주가수익률이 앞으로 10년 동안 이 수준을 유지한다면 투기수익은 예상 투자수익 6%에 아무런 영향도 미치지 않을 것이다.

월가의 분석가들은 대체로 전년도 수익보다는 이듬해 영업이익 예상치를 기준으로 주가수익률을 계산한다. 이러한 영업이익에는 중단된 영업활동이나 기타 손실 요소에 대한 비용 상각 그리고 실현될지도 모르는 미래 이익 예상치는 포함되지 않는다. 월가가 이렇게 영업이익 예상치를 기준으로 계산한 주가수익률은 17배다. 나는 이러한 추정치는 무시할 것이다.

나는 10년 후(10년이 끝나는 시점)에는 주가수익률이 적어도 20배 내외가 되리라 예상한다(많은 정보를 바탕으로 한 예측이기는 하나 그래도 어쨌든 예측은 예측이다). 이렇게 되면 시장수익률이 연 2퍼센트포인트 줄어들고 따라서 미국 주식시장의 연평균수익률은 4%가 된다.

시장수익률이 4%가 되리라는 내 예측에 동의하지 못한다면 '직접 한번 예상해 보라'

내 의견에 동의하지 않아도 된다. 지금의 주가수익률 23.7배가 10년 동안 그대로 유지된다면 투기수익률은 '0'이 될 것이고 투자수익률이 전체 시장수익률과 같아질 것이다. 내 생각은 다르지만, 주가수익률이 30배로 상승하리라 생각하면 예상 투자수익률 6%에 투기수익 해당분 1.5퍼센트포인트를 더하라. 그러면 연평균 시장수익률은 7.5%가 될 것이다. 주가수익률이 12배로 감소하리라 생각한다면 7퍼센트포인트를 **빼라**. 그러면 시장수익률은   1%(6% - 7%)가 될 것이다.

이러한 보수적 계산 방식에 꼭 동의할 필요는 없다. 반대 의견을 얼마든지 내도 좋다. 현재의 배당수익률을 기준으로 앞으로 10년간의 수익성장률과 2027년의 주가수익률을 예측해보라. 이 세 가지 수치는 앞으로 10년간의 시장수익률을 예상하는 기준이 된다.

채권 투자수익원-현행 이자 수익률

채권 수익률을 예측하는 것은 주식 수익률 예측보다 훨씬 간단하다. 왜 그럴까? 앞서도 언급했듯이 주식투자의 수익원은 세 가지로 구성되지만, 채권 수익은 채권을 구매할 당시의 금리가 가장 중요한 수익원이기 때문이다.

채권(혹은 채권 포트폴리오)의 현행 수익률(current yield)은 해당 채권을 장기 보유했을 때의 기대 수익을 의미한다. 과거 경험상 채권의 초기 수익률을 보면 미래 수익률을 꽤 정확하게 가늠할 수 있다. 실제로 1900년 이후 10년간 수익률의 약 95%는 초기 수익률로 설명할 수 있다(자료 9.3 참고).

그 이유가 무엇일까? 1년 만기 채권 발행자가 만기일에 달

자료 9.3 | 채권의 초기 수익률과 이후 수익률

10년 만기 미 재무부채권의 초기 수익률

이후 10년간의 수익률

상관도 0.95

단위 : 퍼센트(%)

14.0%

7.8%

6.0%

2.5%

0.6%

러당 100센트로 초기 원금을 상환하겠다고 약속했고 투자적
격등급(investment-grade)에 속하는 채권은 대체로 이러한 약속
이 지켜졌기 때문이다. 따라서 채권 수익은 거의 전부가 이자
수익에서 나온다 해도 과언이 아니다. 물론 금리 변화가 채권
의 시장가격에도 영향을 미치기는 한다. 그러나 채권을 만기
때까지 보유한다면 중간에 나타나는 이러한 가격 변동은 큰
의미가 없다.

자료 9.3은 10년 만기 미재무부채권의 초기 수익률과 이후
10년간의 수익률 간에 상당한 상관관계가 있음을 보여준다.

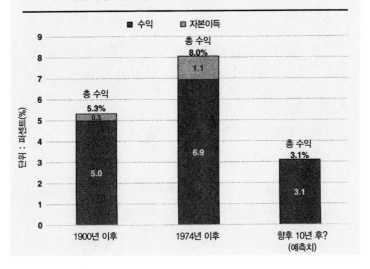

자료 9.4 | 채권의 총수익률(과거와 미래)

■ 수익 ▣ 자본이득

총 수익
8.0%
1.1

총 수익
5.3%
0.3

총 수익
3.1%
3.1

6.9

5.0

단위 : 퍼센트(%)

1900년 이후   1974년 이후   향후 10년 후?
(예측치)

이 장기적 수익률 곡선을 보면 1940년에 0.6%로 저점을 찍었다가 1981년에는 14.0%로 고점을 찍었고 2012년에는 다시 1.8%로 낮아졌다가 2017년 중반에 2.2%로 약간 상승했다.

재무부채권은 원금상환 위험, 즉 만기일에 채권의 원금 상환이 이루어지지 않을 위험성이 매우 낮다. 그러므로 국채인 재무부채권의 현행 수익률 2.2%는 전체 채권시장의 미래 수익률을 실제보다 낮게 평가하게 하는 측면이 있다. 사실 국채와 달리 회사채는 원금상환 위험도가 높기 때문이다. 그래서 나는 현행 수익률이 2.2%인 미재무부채권 50%와 현행 수익률이 3.9%인 투자등급 회사채 50%로 구성된 포트폴리오를 기준으로 채권의 미래 수익률을 예측할 것이다. 이처럼 다각화된 채권 포트폴리오를 기준으로 했을 때 채권의 미래 수익률은 3.1%라는 계산이 나왔다. 따라서 앞으로 10년간의 채권 수익률은 연평균 3.1%로 예측할 수 있다.

앞으로 10년간은 주식 수익과 마찬가지로 채권 수익도 기준점 이하로 떨어질 가능성이 높다(자료 9.4 참고). 1900년 이후 지금까지 채권의 연평균수익률은 5.3%였다. 근현대에 해당하는 1974년 이후의 채권 수익률은 연평균 8.0%로 크게 상승했다. 이 같은 수익률 상승은 1982년부터 시작된 장기 상승장에서 금리가 하락하고 가격은 상승한 데서 비롯된 측면이 크다.

앞으로 주식과 채권 수익률이 더 낮아진다면 주식/채권 혼합형 포트폴리오가 적합할 것이다

주식과 채권 수익 추정치를 기준으로 하면 주식 60%와 채권 40%로 구성된 혼합 포트폴리오의 향후 10년간 총 명목수익률(투자비용 공제 전)은 연평균 3.6%가 될 것이다. 물론 이 예상치가 실제보다 더 클 수도 혹은 더 작을 수도 있다. 그러

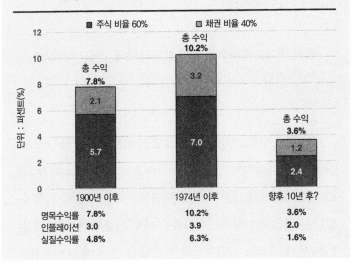

나 이 예상치가 재무 설계 시의 현실적인 기준점이 돼 줄 것이다.

어쨌거나 이 혼합 포트폴리오의 향후 수익률은 3.6%로서 1900년 이후의 장기적 평균치 7.8% 그리고 1974년 이후의 10.2%를 훨씬 밑도는 수준이 될 것이다(자료 9.5 참고).

명목수익률을 실질수익률(인플레이션 조정 후)로 전환하면 그 차이는 다소 줄어들기는 하나 여전히 무시할 수 없는 차이를 나타낸다. 즉 1900년 이후의 실질 수익률은 4.8%, 1974년 이후는

6.3%가 된다. 향후 10년의 연평균 실질 수익률은 1.6%로 예상한다(자료 9.5 하단 참고).

합리적 기준에 따른 혼합형 펀드의 미래 수익 기대치가 3.6%라면 펀드 소유자의 순이익은 어느 정도가 될까?

— ▪ — ▪ —

2017년 중반을 기준으로 혼합형 포트폴리오의 향후 10년간 연수익 기대치(예상치가 아니라 기대치!)가 3.6%라고 하자. 그러나 전체로서의 투자자 집단은 시장수익을 오롯이 취할 수 없다는 점을 기억하라. 그 이유는 매우 단순하다. 액티브 펀드를 통해 주식과 채권시장에 투자했을 때의 비용 추정치가 최소한 1.5%나 되기 때문이다.

이러한 환경에서 혼합형 액티브 뮤추얼 펀드의 미래 수익률을 계산하려면 펀드 투자의 단순 산수 철칙을 기억하라. 즉 명목 시장수익률에서 투자비용과 인플레이션율 추정치 2%(현 시점에서 향후 10년의 인플레이션율 예상치보다 약간 높음)를 **빼면** 연간수익률은 고작 0.1%에 그친다. 다음 페이지는 계산식이다.

혼합형 일반 펀드의 수익률 기대치가 '0'에 가깝다는 사실이 어이없게 느껴질지도 모르겠다. 그러나 제7장에서 배운

명목 총수익	3.6%
투자비용	−1.5
명목 순수익	2.1%
인플레이션	−2.0
실질수익	0.1%

사실을 떠올려 보라. 혼합형 펀드투자자의 수익률은 이보다도 낮다. 수치로 확인할 수 있는 사실 아니던가!

이를 인덱스펀드의 수익률과 비교해 보자. 수익률이 낮아지리라 예상되는 미래 환경에서 연간 비용이 고작 0.1%인 저비용 인덱스펀드의 실질수익률은 액티브 펀드 수익률보다 훨씬 높은 연간 1.5% 정도가 될 것이다. 그다지 높은 수치로 보이지 않을 수도 있지만 적어도 마이너스는 아니지 않은가! 이 정도면 매우 훌륭한 수준이다.

펀드업계가 변화하지 않는 한 일반 액티브 펀드 투자에 대한 미래는 매우 암울할 것이다

수익률이 낮아지면 뮤추얼펀드의 비용 부담이 훨씬 가중된다. 그 이유가 무엇일까? 주식형 뮤추얼펀드의 비용률 2%와 인플레이션율 2%를 합하면 4%다. 4%면 주식의 명목수익률이 15%일 때는 전체 수익의 25% '밖에' 갉아먹지 않는 셈이고 수익률이 10%일 때도 수익을 40% 정도 잠식하는 수준이다. 그러나 합리적 수준의 주식 수익률 기대치가 4% '밖에' 안 될 때는 이 비용과 인플레이션이 수익 100%(너무 놀라지는 마라!)를 잠식하는 셈이다.

펀드업계가 운용보수, 운영비용, 판매보수, 포트폴리오 회전율(및 관련 비용)을 대폭 줄이는 등의 방식으로 변화를 꾀하지 않는 한 고비용 액티브 펀드는 투자자에게 최악의 결과를 안겨줄 것이다.

일반 액티브 펀드의 실질수익률이 '0'에 가까운데도 이 펀드를 굳이 선택해야 할 이유가 없다. 아니 가능하면 피해야 한다. 그렇다면, 주식형 펀드투자자가 이 무시무시한 단수 산수 법칙의 형벌을 피해가려면 어떻게 해야 하는가? 장기 평균수익률을 훨씬 밑돌 것으로 보이는 미래 수익률에다 고비용까지 추가했을 때 예상되는 막대한 투자 손실을 어떻게 피할 수 있는가?

**막대한 재정 손실을 피하기 위한 다섯 가지 방법.
이 가운데 효과가 있는 것은 두 가지 뿐이다**

———■—■———

투자수익 개선에 도움이 될 만한 대안적 선택지가 다섯 개 정도 있다.

하나. 주식시장 포트폴리오로 구성된 초저비용 인덱스펀드를 선택한다.

둘. 비용 수준이 매우 낮고, 포트폴리오 회전율이 낮으며, 판매수수료가 없는 펀드를 선택한다.

셋. 장기적 과거 성과를 기준으로 수익성이 좋은 펀드를 선택한다.

넷. 단기적 과거 성과를 기준으로 수익성이 좋은 펀드를 선택한다.

다섯. 전문가를 통해 시장 평균을 웃돌 것 같은 펀드를 추천받는다.

이 가운데 어떤 것을 선택할 것인가? 힌트를 주자면 일단 투자자가 금융시장 수익을 오롯이 취하는 데 성공할 확률이 가장 높은 선택지는 앞에 있는 두 개다. 나머지 선택지 세 개의 성공 확률은 매우 낮다. 이 세 가지 선택지가 지닌 한계에 대해서는 다음에 다룰 3개 장에서 자세히 살펴볼 것이다.

현명한 투자자의 조언

경제학자, 교수, 주식시장 전략가 등 금융시장을 면밀히 분석한 전문가집단 거의 대부분이 1974년 가을에 찍었던 시장 저점 이후로 우리가 누렸던 주식시장의 호시절이 더는 지속되지 않으리라는 내 결론에 동의한다.

가장 성공적인 대체 투자 전문가 군단을 보유한 AQR 캐피털 매니지먼트의 수익률 전망에 귀 기울여보자.

"투자수익 기대치가 낮은 편이다. 주식의 실질수익률은 4.0%, 채권 수익률은 0.5% 그리고 60:40 비율의 주식·채권 혼합형 포트폴리오의 실직수익률(투자비용 공제 전)은 2.6% 정도로 예상한다."

×××

AQR의 수익 예상치는 GMO 펀드의 창업자이자 주요 기금의 자문관이기도 한 제러미 그랜덤(Jeremy Grantham)의 예상치에 비하면 그래도 꽤나 낙관적인 수준에 속한다. GMO 측은 앞으로 7년간 주식의 실질수익률은 2.7%, 채권은 2.2% 그리고 60:40 비율의 혼합형 포트폴리오의 실질수익률은 2.5%로 예상했다.

×××

UBS투자운용사(USB Investment Management)의 전 회장이자 공인재무분석사(CFA)인 게리 브린슨(Gary P. Brinson)도 나와 의견을 같이한다.

"시장 전체를 볼 때 부가가치 혹은 알파의 합은 '0'이 될 수밖에 없다. 누군가 알파를 얻으면 누군가는 딱 그만큼의 알파를 잃는다. 기관 투자, 뮤추얼펀드, 프라이빗 뱅킹(private banking : PB, 고객을 대상으로 은행의 종합 금융 서비스) 부문 전체를 통틀어 매매비용 공제 후 알파 수익의 총합은 '0' 혹은 '-'가 될 것이다.

따라서 액티브(적극적) 펀드매니저가 받는 총보수는 아무리 많아봤자 패시브(소극적) 펀드매니저의 보수를 넘어설 일이 없다. 그런데도 액티브 펀드매니저의 보수가 패시브 펀

드매니저 보수보다 몇 배나 많다. 이러한 비합리적인 문제는
언젠가는 반드시 해결돼야 한다."

×××

'에니스 크넵 플러스 어소시에이츠(Ennis Knupp + Associates)'
소속 CFA이자 〈파이낸셜 애널리스트 저널*Financial Analysts
Journal*〉의 편집자인 리처드 에니스(Richard M. Ennis)는 이렇게
말한다.

"첫째로 금리가 4%에 가깝고(지금은 이보다 더 낮아져 약 3% 수준
이다)주식수익률이 2%에도 못 미치는 지금, 머지않은 장래에
두 자릿수 투자수익률이 장기간 유지되리라 예상하는 사람은
거의 없다. 그런데도 우리는 지금도 여전히 과거 잘 나가던 시
절의 유산 속에서 살고 있다. 즉 호황기에 성장주를 쫓아 조
(兆) 단위를 가뿐히 넘는 막대한 자금을 쏟아낸 덕분에 비정상
적 보수 체계가 형성됐고 지금도 이 체계가 그대로 유지하고
있다. 둘째로 시장 효율성 악화와 고비용이라는 이중 악재에
직면한 투자자로서는 앞으로 적극적 운용에서 소극적 운용으
로 바꿔 타는 흐름을 만들어낼 것이다. 아무리 뛰어난 매니저
라도 비용 수준이 너무 높으면 투자자에게 높은 수익률을 제

공할 수 없다는 사실을 깨닫는 그 자체가 이러한 흐름을 주도
하는 추진력으로 작용할 것이다."

제 10 장

펀드 선택의 기준

건초더미에서 바늘을 찾느니,
그 건초더미를 통째로 사는 게 쉽다

———————

대다수 투자자는 뮤추얼 펀드의 저조한 수익 실적을
보고 이렇게 생각한다. "그래 좋아, 나는 수익성이
좋은 펀드만 선택할거야!" 그러나 말하기는 쉬워도 수익성이
좋은 펀드를 '미리' 알아내 선택하는 것이 그리 쉬운 일이 아니
다. 물론 25년 동안 살아남을 만큼 수익성이 좋은 펀드가 있기
는 하지만, 그렇게 많지는 않다. 그래도 펀드의 과거 성과를 자
세히 검토하면 그러한 펀드를 찾기가 좀 수월하다.

　우리는 대개 경이적인 성과를 내며 성공적인 펀드로 회자

하는 것에 대해서만 듣게 된다. 한동안, 혹은 꽤 오랫동안 좋은 성과를 내다가 결국에는 성과가 저조해진 펀드에 관해서는 별로 들은 바가 없다. 한때 좋은 성과를 냈던 펀드도 저조한 성과를 내게 되면 청산이 되거나 다른 펀드에 흡수되는 형식으로 시장에서 사라지게 된다. 어떤 경우이든 이러한 운명을 맞은 펀드는 결국 펀드 역사의 뒤안길로 사라진다.

과거에 좋은 성과를 낸 펀드는 찾아내기 쉬우나 그 좋은 성과가 미래에도 계속 유지되리라는 보장은 없다. 일단은 오랜 기간 좋은 성과를 낸 펀드의 과거 실적부터 살펴보자. 자료 10.1은 1970년 당시 존재했던 355개 펀드의 46년간

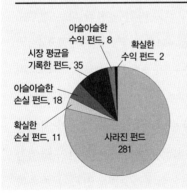

자료 10.1 | 수익 펀드, 손실 펀드, 사라진 펀드 : 뮤추얼펀드의 장기 수익률(1970~2016년)

아슬아슬한 수익 펀드, 8
확실한 수익 펀드, 2
시장 평균을 기록한 펀드, 35
아슬아슬한 손실 펀드, 18
확실한 손실 펀드, 11
사라진 펀드 281

정리 : S&P500 대비 연수익률

확실한 수익 펀드 : S&P500 수익률 2% 이상 초과

아슬아슬한 수익 펀드 : 1~2% 초과

시장 평균 펀드 : -1~1%

아슬아슬한 손실 펀드 : -2~-1% 뒤짐 밑돎

확실한 손실 펀드 : 2% 이상 밑돎

성과를 보여준다. 자료를 보면 가장 놀라운 사실부터 맞닥뜨리게 될 것이다. 총 355개 펀드의 거의 80%에 해당하는 281개 펀드가 지금은 사라지고 없다는 사실이다. 자신이 보유한 펀드가 장기간 존속하지 못하는데 어떻게 장기 투자를 할 수 있겠는가?

펀드의 존속 실패율이 거의 80%에 이른다

오래 존속하지 못하고 사라진 펀드치고 성과가 좋았던 경우는 별로 없다. 시장 평균을 밑돌며 고전하던 펀드가 더는 버티지 못하고 사라진 것이다. 때로는 펀드매니저가 이직하는 경우도 있다. (액티브 펀드매니저의 평균 재직기간은 9년 미만이다.) 거대 금융기업이 투자운용사를 인수해 해당 펀드사의 새로운 소유주가 된 다음 '기존의 상품 라인을 정리'하는 경우도 있다. (이러한 금융기업은 펀드 소유자의 입장, 즉 고객인 펀드투자자의 자본 이득을 불려주는 것이 아니라 운용사를 소유한 경영자의 관점에서 자사 자본의 이득을 취하는 것이 사업의 기본 목적이다. 요컨대 이러한 대기업은 투자자가 아니라 자사의 주머니를 불리려고 사업을 한다.) 성과가 저조한 펀드에는 투자자가 등을 돌리기 때문에 펀드 자산이 줄어들고 펀드매니저의 수익에도 큰 장애가 된다. 펀드가 존속하지 못하고 사라지는 이유는 한두 가지가 아닌데 그 많은 이유 가운데 '좋은' 이유는 거의 없다.

그러나 실적이 저조했던 펀드만 사라지는 건 아니다. 장기간에 걸쳐 꾸준히 좋은 성과를 냈던 펀드가 사라지기도 한다. 마케팅 회사가 펀드 운용사를 인수할 때가 바로 그런 경우다. 마케팅 회사의 경영진은 과거 해당 펀드의 성과가 아무리 좋았다 하더라도 신규 투자자를 유치해 막대한 자본을 끌어 모으기에는 역부족이라고 판단할 수도 있다. 요컨대 해당 펀드의 효용성이 떨어졌으므로 존속의 경제적 효과가 그다지 크지 않다고 보고 그 펀드에 '사망선고'를 내려버린다. 또 오랫동안 좋은 성과를 내다가 최근 몇 년간 성과가 저조한 경우에도 사망선고를 받을 때가 있다.

가족의 죽음

애석하게도 한 10여 년 전에 펀드업계 역사상 두 번째로 오래된 펀드가 이렇게 소유자가 바뀌면서 사라지고 말았다. 풍파가 몰아치는 시장에서 무려 80년이라는 세월을 견디며 버텨냈는데 결국은 '죽음'을 맞고야 말았다. 그가 남긴 것은 다음과 같은 비명(碑銘)뿐이다.

'스테이트 스트리트 인베스트먼트 트러스트(State Street Investment Trust) / 생존 기간 : 1925~2005년 / 영면하길!'

오랫동안 펀드업계에 몸담았던 사람으로서 이 펀드가 얼마나 대단한 성과를 올렸는지 또렷이 기억하고 있다. 그런 의미에서 스테이트 스트리트가 사라진 것은 내게 '가족의 죽음'이나 다름없이 서운하고 애석한 일이다.

총 355개 펀드 가운데
정말로 좋은 성과를 보여준 펀드는 단 두 개뿐이다

어쨌거나 1970년에 존재했던 주식형 펀드 가운데 281개가 사라졌다. 물론 그 대다수가 성과가 저조한 펀드였다. 잔존 펀드 가운데 29개는 S&P500보다 연간 1퍼센트포인트 이상 차이가 날 정도로 성과가 부진했다. 이렇게 281개와 29개를 합한 310개, 즉 처음에 존재했던 355개 펀드의 87%에 해당하는 펀드는 온갖 스토리가 있지만 결론적으로 성과가 저조했던 것만은 분명하다. 즉 다른 펀드와의 차별화에 실패한 셈이다. 남은 펀드 가운데 35개는 S&P500 수익률과 1퍼센트포인트 내외의 차이를 보였다.

이제 남은 펀드는 10개뿐이다. 전체 펀드로 보면 35개당 1개꼴인데 이 펀드들은 시장 평균을 1퍼센트포인트 이상 웃도는 성과를 냈다. 솔직히 말해서 승률(생존율)이 처참할 정도로 낮다! 게다가 이 10개 가운데 8개는 S&P500과의 수익률 차이는 겨우 2퍼센트포인트 미만이었다. 이 정도 차이면 '실력'의 차이라기 보다는 '운'이 따른 결과였을지도 모른다.

마젤란펀드

이제 남은 펀드는 단 두 개다.

1970년 이후 장기간에 걸쳐 S&P500 지수를 2퍼센트포인트 이상 웃도는 성과를 내면서 생존에 성공한 진정한 승자가 남은 셈이다. 우선 이 '승자'에 경의를 표하고 싶다. 그 승자는 바로 피델리티 마젤란펀드(Fidelity Magellanfund, S&P500보다 2.6퍼센트포인트 높음)와 피델리티 콘트라펀드(Fidelity Contrafund, S&P500보다 2.1퍼센트포인트 높음)다.

근 반세기 동안 시장 평균을 2퍼센트포인트 이상 웃도는 성과를 냈다는 것은 정말 대단한 기록이다. 이 부분에 대해서만은 이론의 여지가 없다. 그러나 여기서 한 가지 궁금한 점이 생긴다. 이 두 펀드의 과거 성과를 살펴보고 여기서 어떤 교훈을 얻을 수 있는지 생각해보자.

자료 10.2는 마젤란펀드의 자산 증가(자료자 부분)와 S&P 500 대비 수익률(검은 선)을 나타낸다. 상승 곡선이면 마젤란펀드의 수익률이 S&P500 지수를 웃도는 것이고 하향 곡선이면 S&P500 지수를 밑도는 것이다.

스타 펀드매니저 피터 린치가 전성기 시절(1977~1990년)에 마젤란펀드를 운용했다. 그 이후로 다른 펀드매니저 다섯 명도 이 펀드를 운용했다.[1] 그러나 마젤란펀드가 경이적인 성과를 올린 데에는 펀드매니저의 능력(혹은 운) 이상의 것이 관련돼 있다. 마젤란펀드의 자산이 엄청나게 증가한 것도 반드시 고려해야 한다.

마젤란펀드는 고작 700만 달러로 운용을 시작한 직후에 최고 성과를 냈다. 운용 초기였던 이때 S&P500에 비해 무려 10

---

1. 2004년 5월 28일자 〈월스트리트저널〉에 당시 마젤란펀드 매니저 밥 스탠스키(Bob Stansky)에 관한 기사가 소개됐다. "'시장을 이기고 싶다'고 말하는 스탠리는 마젤란펀드가 시장 평균을 2~5퍼센트포인트 정도 앞서리라 예상했다." 그러나 스탠스키가 펀드를 운용하는 동안 마젤란은 S&P500보다 1.2퍼센트포인트 뒤쳐지는 성과를 냈다. 결국 스탠스키는 2005년에 자리에서 물러났다. 펀드 운용은 정말 쉽지 않은 일이다.

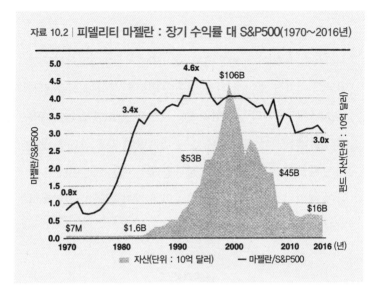

자료 10.2 | 피델리티 마젤란 : 장기 수익률 대 S&P500(1970~2016년)

퍼센트포인트나 웃도는 대단한 성적을 올렸다(마젤란 18.9%, S&P500 8.9%). 1983년에 펀드의 자산규모가 10억 달러 선을 돌파한 이후로 다시 300억 달러를 돌파한 1993년까지 마젤란의 우위는 계속 유지됐다. 물론 그 차이가 3.5퍼센트포인트로 좀 줄어들기는 했으나 그래도 여전히 대단한 수준이었다(마젤란 18.4%, S&P500 14.9%).

펀드의 성장세는 계속됐으나 1999년에 펀드자산이 1,050억 달러로 최고치를 찍은 것을 끝으로 마젤란의 우위도 막을 내렸다. 즉 1994년부터 1999년까지 S&P500에 연간 2.5퍼센트포인트를 뒤졌다(마젤란 21.1%, S&P500 23.6%).

21세기에 들어선 이후에도 S&P500 지수와 1.8퍼센트포인트의 격차를 보이며 시장 평균을 밑도는 상황이 계속됐다. 1999년에 1,050억 달러였던 펀드자산은 2016년 말에 160억 달러로 약 85%나 크게 감소했다. 마젤란이 좋은 성과를 냈을 때는 자금이 몰리고, 저조한 성과를 냈을 때는 마젤란에서 자금이 빠져나갔다. 이는 역생산적인 투자자 행동의 전형적인 사례다.

콘트라펀드

콘트라펀드 역시 운용 개시 후 30년 동안의 마젤란펀드의 상황과 크게 다르지 않다. 즉 콘트라펀드 역시 초창기에는 큰 성공을 거두다가 나중에는 결국 시장 평균으로 회귀하는 경향을 보였다. 윌 다노프(Will Danoff)는 1990년부터 콘트라펀드의 수석 매니저였다. 콘트라펀드의 경이적인 성과에 다노프의 힘이 한몫했다는 점에는 이의가 없을 것 같다.

다노프가 콘트라펀드를 맡아 운용하기 전에는 S&P500보다 1퍼센트포인트 앞서는 정도였다(콘트라펀드 12.6%, S&P500 11.6%). 다노프는 2016년까지 펀드를 운용하면서 이 차이를 거의

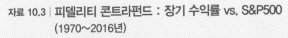

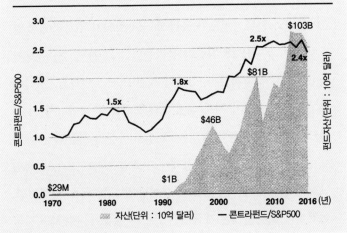

3배로 늘렸다(콘트라펀드 12.2%, S&P500 9.4%. 자료 10.3 참고) 그러나 이번에도 역시 '평균으로의 회귀' 원칙에서 벗어날 수 없었다. 콘트라펀드는 지난 5년 동안 S&P500에 1.2퍼센트포인트 뒤지는 성적을 냈다(콘트라펀드 13.5%, S&P500 14.7%).

성공에는 도전이 따르는 법이다. 1990년에 다노프가 콘트라펀드 운용을 맡았을 당시 펀드자산은 3억 달러에 불과했다. 그러다 2013에 자산이 1,000억 달러 선을 넘었다. 그런데 그 이후 3년 만에 시장 평균에 1.5퍼센트포인트 뒤지면서 콘트라펀드의 우위는 옛일이 되고 말았다(콘트라펀드 12.8%, S&P500

14.3%). 콘트라펀드의 미래가 어찌될지는 시간이 지나봐야 알 일이다.

마젤란과 콘트라펀드가 올린 대단한 성과가 투자자에게 알려지자 이 두 펀드에 자금이 몰려들었고 그 결과 자산규모가 어마어마하게 불어났다. 그러나 워런 버핏의 말대로 '지갑이 두둑해지자 성과가 저조'해졌다. 자산규모가 불어나자 이 두 펀드가 올렸던 훌륭한 성과는 그 빛이 바래기 시작했다. 액티브 펀드 가운데 머지않은 장래에 마젤란(그리고 콘트라펀드)처럼 그렇게 엄청나게 자산규모가 불어날 펀드는 별로 없겠지만, 어쨌거나 호시절에는 자금이 몰렸다가 상황이 나빠지면 자금이 빠져나가는 현상이 계속되는 한 대다수 펀드매니저는 펀드수익의 변화에 민감하지 않을 수 없다.

칼로 흥한 자, 칼로 망한다

피델리티가 운용하는 펀드라고 해서 전부가 마젤란과 콘트라펀드처럼 오랫동안 살아남았던 것은 아니다. 그 불운한 펀드 가운데 하나가 바로 피델리티 캐피털펀드(Fidelity Capital Fund)였다. 1957년에 등장한 이 펀드는 호경기 시절의 대표적 인기 펀드 가운데 하나였다. 1965년부터 1972년까지 이 펀드의 누적 수익률이 195%였고 S&P500은 80%에 불과했다. 그러나 이후 이어진 불황기에는 수익률이 49%나 하락했다 (S&P500은 37% 하락). 이후 몇 년 동안 펀드 자산이 크게 줄어들었다. 즉 1967년에 7억 2,700만 달러였던 펀드자산이 1978년에는 1억 8,500만 달러로 줄었다. 그래서 결국은 또 다른 피델리티 펀드에 흡수되는 신세가 됐다.

"칼로 흥한 자, 칼로 망한다."

돌다리도 두드려보고 건너라

과거 이야기는 이 정도로 충분하다. 이제 앞으로의 이야기를 해보자. 비록 그 이후에는 성과가 저조해지기는 했으나 어쨌든 S&P500 지수를 2.5~3배 정도 앞서며 장기적으로 좋은 성과를 냈다는 이유로 성급하게 마젤란이나 콘트라펀드에 투자하려 들기 전에, 우선 앞으로 10년 후의 미래를 생각해보라. 시장을 이기는 펀드가 앞으로도 계속 그러한 성과를 낼 확률이 얼마나 될지 생각해보라. 펀드의 현재 자산 규모를 생각하라. 앞으로 25년이면 펀드매니저가 적어도 세 명은 바뀔 수 있는 시간이다. 이 부분도 생각해야 한다. 그리고 투자자가 펀드 지분을 계속 보유할 가능성이 얼마나 되는지도 생각하라. 또 해당 펀드가 앞으로 25년 후에도 계속 존재할 확률이 얼마나 될지도 생각해 보라.

과거에 10여 년 이상 시장 평균을 웃도는 성과를 낸 펀드라도 무조건 믿지는 마라. 펀드업계는 하루가 다르게 변하고 있고 경쟁도 치열하다. 앞으로의 미래가 어떻게 펼쳐질지 아무도 모른다. 그럼에도 현 펀드매니저의 뒤를 이을 포트폴리오 매니저 일동과 그 매니저가 운용하는 펀드의 보유자(투자자) 모두에게 행운이 있기를 바란다! 어떤 결정을 하든 제발 '평균으로의 회귀(RTM) 경향성', 이 한 가지만은 잊지 마라. 뮤추얼펀드의 성과와 관련한 중요한 요소인데 다들 신경을 쓰지 않는다. (RTM의 위력에 관해서는 다음 장에서 더 상세히 다룰 것이다.)

건초더미에서 바늘을 찾으려 애쓰지 말고
그 건초더미를 다 사라
———— ▪——▪ ————

앞서 살펴봤듯이 장기적으로 좋은 성과를 내주는 진정한 '승자'는 355개 중에서 단 두 개에 불과하다. 이 '승자'를 선택할 확률은 고작해야 0.5%밖에 안 된다. 관련 자료를 자세히 분석해보면 담당 펀드매니저가 자주 바뀌지 않고 비교적 오래 운용하면서 수십 년까지는 아니더라도 비교적 꾸준히 좋은 성과는 내는 펀드는 사실 펀드업계의 일반적 상황이라기보다는 매우 드문 예외적 경우라고 봐야 한다.

세르반테스의 명언 중에 '햇빛이 있을 때 건초를 만들라'는 말이 있다. 장기간 주식시장 평균을 웃도는, 그야말로 최고의 펀드를 고르려는 행동은, 세르반테스의 명언을 빗대 표현하자면 '건초더미에서 바늘을 찾는 격'이다. 그래서 나는 이렇게 충고하고 싶다.

"건초더미에서 바늘을 찾지 말고 그 건초를 다 사라!"

여기서 건초라 함은 물론 전체 주식시장 포트폴리오를 말하며, 이는 저비용 인덱스펀드에 투자하는 것으로 간단히 해결된다. 이러한 저비용 인덱스펀드의 수익은, 앞서 설명했듯이 46년 전에 경쟁을 시작한 총 355개 펀드 가운데 345개 펀드의 수익과 비슷하거나 높을 것이다. 여기서 345개 펀드는 장기간 살아남은 74개 가운데 64개 펀드에다 생존에 실패한 281개 펀드를 합한 수이다. 감히 말하건대 S&P500 지수를 따라가는 시장 포트폴리오가 앞으로도 이와 비슷한 성과를 내지 말란 법이 없다. 그것도 어떤 꼼수나 잔재주를 통해서가 아니라 이제는 다들 익숙한 개념이 됐을 '단순 산수 철칙'을 통해 그 정도 수준의 수익을 올릴 수 있다.

평생 투자전략의 선택지는 두 가지

이렇게 생각해 보라. 평생 투자전략을 구사하려고 할 때 선택지는 두 가지가 있다. 첫 번째는 전형적인 방식인데 액티브 펀드 서너 개를 선택한 다음 자신이 택한 그 펀드가 부디 좋은 성과를 내주기를 기대하는 것이다. 그러나 담당 펀드매니저는 길어봐야 9년 이상 붙어 있지 않을 것이고 또 펀드 자체도 10년 이상 존속하지 않을 가능성이 높다.

결과적으로 평생 30~40개나 되는 액티브 펀드를 보유하게 되는데 여기에는 막대한 보수와 회전 비용이 들어간다. 두 번째 방법은 보수를 지급하지 않아도 되고, 매매비용도 거의 없다시피 한 시장 포트폴리오 펀드를 선택하는 하는 것이다. 이 인덱스펀드는 펀드매니저가 따로 없이 남은 평생 동안 시장 지수를 따라가기만 한다. 그런데 아무리 생각해도 액티브 펀드는 인덱스펀드보다 더 효율적으로 운용된다거나 더 꾸준하게 수익을 내줄 방법이 없어 보인다. 단순성, 비용 효율성, 장기 보유야말로 중요한 투자 성공 요소다.

인덱스 전략을 선택하지 않는다면

인덱스펀드를 선택하면 시장이 창출하는 수익을 투자자가 거의 오롯이 가져갈 수 있다. 액티브 펀드는 펀드매니저의 교체가 빈번하다. 펀드 대다수가 그리고 담당 펀드매니저 대다수가 시장에서 사라질 것이다. 좋은 성과를 낸 펀드에는 막대한 자금이 몰리지만 그 이후에도 그러한 성과를 내리라 장담하기 어렵다. 게다가 펀드가 올린 성과가 능력 덕분인지 아니면 운 때문인지 알 수 없으려니와 능력과 운이 그 성과에서 차지하는 비중이 어느 정도인지 정확히 확인할 길도 없다. 펀드의 과거 기록은 미래 성과를 예측하는 데 거의 도움이 안 된다.

장기간 실적이 좋다는 이유로 시장을 이길만한 펀드라고 선택한다해도 성공이 보장되지는 않는다. 그 선택 자체가 올바른 선택인지 아닌지 불확실하기 때문이다. 시장을 이기는 펀드를 선택하겠다는 것은 '건초더미에서 바늘을 찾는 것'과 다를 바 없다. 그렇게 해서 대체 '바늘'을 어떻게 찾겠는가?

현명한 투자자의 조언

워런 버핏이 2013년 주주에게 보내는 서한에서 아내 명의의 신탁자산 관리지침을 언급한 부분이 있다. 버핏은 신탁 관리자에게 신탁자산의 90%를 최고의 성과를 낸 액티브 펀드가 아닌 '초저비용 S&P500 인덱스펀드'에 투자하라고 지시했다. 아마 버핏도 '바늘을 찾으려' 했을지 모른다. 그러나 결국에는 '건초더미를 전부 사들이는' 쪽을 택했다.

×××

아직도 망설여지는가? 조언이 더 필요하다면 폴 새뮤얼슨이 깔끔하게 정리한 이야기를 하나 소개하겠다. 새뮤얼슨은 다음과 같은 비유담을 통해 우수한 펀드매니저를 선택하는 일이 얼마나 어려운지를 잘 정리했다.

"알코올 중독자 20명 가운데 한 명은 정상 수준의 사교적 음주자로 바뀔 수 있다는 사실이 증명됐다고 가정하자. 그러나 경험이 많은 임상가는 아마 이렇게 말할 것이다. '그것이 사실이라 하더라도 그 사실은 그냥 무시하라. 20명 중에서 제대로 치료될 그 한 명이 누구인지 알 수 없을뿐더러 치료 과정에서 스무 명 중 아마 다섯 명은 완전히 망가지고 말 것이다.' 그러니 투자자는 이제 거대한 건초더미에서 그 작은 바늘을 찾겠다는 생각을 버려야 한다."

×××

〈월스트리트저널〉의 칼럼니스트 조너선 클레멘츠(Jonathan Clements)는 "이기는 펀드를 선택할 수 있을까?"는 질문을 던진다.

이 질문에 대한 대답은 이렇다.

"액티브 펀드 신봉자조차도 일반 투자자는 인덱스펀드를 택하는 것이 백번 낫다고 말한다. 그러나 자신감이 넘쳐서인지 정작 자신들은 액티브 펀드를 포기하지 못한다. 유치한 착각이라고? 나는 그렇게 생각한다. 플로리다 주 보카라턴(Boca Raton)에 사는 한 투자자문가가 이런 말을 했다.

"최고 성과를 내는 펀드를 고르려는 것은 탁자 위에 주사위를 던지기도 전에 미리 나올 숫자를 예측하는 것과 같다."

다각화된 포트폴리오를 만들려면 주식 포트폴리오의 70%
는 (전체 주식시장) 인덱스펀드 그리고 나머지 30%는 국제 인덱
스펀드로 구성하라."

×××

위대한 펀드매니저(버핏), 훌륭한 경제학자(새뮤얼슨), 논리적
이고 직설적인 저널리스트(클레멘츠)의 말을 듣고도 뮤추얼펀
드의 과거 성과에 목을 매는 일이 얼마나 위험한지 여전히 모
르겠다면, 펀드업계 내부에서 나오는 말에 귀 기울여라. 펀드
업계조차도 뮤추얼펀드의 과거 성과는 미래 성과를 예측하는
데 전혀 도움이 안 된다는 사실을 인정한다. 뮤추얼펀드 투자
설명서, 판촉용 자료, 펀드 광고 등에서 투자수익에 관해 언급
한 부분(물론 글씨가 너무 작아서 읽기가 쉽지는 않지만)은 하나같이 다
음과 같은 사실을 경고하고 있다.

"과거 성과는 미래 성과를 담보하지 않는다."

펀드업계 자체에서 나온 말이니 이것을 믿어라!

제 1 1 장

평균으로의 회귀

어제의 승자가 내일의 패자일 수 있다

─────────

뮤추얼펀드를 선택할 때 단기적으로 좋은 성과를 낸 펀드에만 관심을 두고 장기적으로 꾸준한 성과를 낸 펀드는 무시하는 투자자가 너무 많다. 2016년 조사에 따르면 투자 자금의 150% 이상이 모닝스타가 매긴 별점 4~5등급 펀드로 몰렸다. 이 별점 등급은 모닝스타가 제공하는 통계 서비스로 투자자가 펀드의 수익 정도를 평가할 때 주로 사용한다.

이 별점 등급은 이전 3년, 5년, 10년 성과를 합해 결정한다. (출시된 지 얼마 안 된 펀드는 3년 치 성과만으로 등급을 매기는 상황이 생긴다.) 따라서 10년 된 펀드의 등급 결정에서 직전 2년간의 성과가 차지하는 비중이 35%나 되고 3년에서 5년 정도 된 펀드는 직전 2년간의 성과가 등급 결정에서 무려 65%의 비중을 차지한다. 요컨대 펀드의 등급이 최근의 단기적 성과에 크게 좌우된다는 것을 간과해선 안 된다.

단기적 성과에 치우친 등급을 기준으로 선택했을 때 정말 우수한 펀드를 고를 수 있을지 의문이다. 당연한 말이지만, 절대로 좋은 펀드를 선택할 수 없다. 2014년에 〈월스트리트 저널〉이 시행한 조사에 따르면 2004년 당시 5성(5star) 등급을 받은 펀드가 10년 후에도 그 등급을 유지한 비율은 14%에 불과했다. 원래 5성 등급이었던 펀드 가운데 약 36%는 1성급으로 하락했고 나머지 50%는 3성급 이하로 등급이 하락했다. 그렇다. 펀드 성과는 평균으로 혹은 평균 이하로 회귀한다.

펀드업계 관련 종합 자료를 통해서도 평균으로의 회귀(RTM) 현상을 확인할 수 있다

RTM의 위력을 재확인해주는 또 다른 자료가 있다. 자료 11.1은 미국의 주식형 액티브 펀드 전부를 대상으로, 시기가 서로 겹치지 않게 5년 단위로 연속해서 묶은 두 기간 (2006~2011년, 2011~2016년)의 성과를 비교해 정리한 것이다.

각 기간에 달성한 성과를 기준으로 전체 펀드를 5분위수로 분류했다. 최고 분위에는 최고 성과를 낸 펀드가 포함되고 최저 분위에는 최저 성과를 낸 펀드가 포함된다. 그런 다음 각 펀드의 성과 수준이 5년 뒤에는 어떻게 달라졌는지 살펴봤다.

과거의 성적을 보고 다른 펀드보다 나은 성과를 낼 것 같은 펀드를 선택했다고 가정하자. 그 선택이 정말 옳다면 그 성과 수준이 이후에도 계속 유지돼야 정상이다. 다시 말해 첫 번째 기간(2006~2011년)에 최고 분위에 속했던 펀드라면 두 번째 기간(2011~2016년)에도 역시 최고 분위를 유지할 것이다. 그러나 안타깝게도 RTM의 위력이 성과의 지속력을 압도해버렸다.

첫 번째 기간에 최고 분위인 5분위에 속했던 펀드를 살펴보자. 이 가운데 두 번째 기간에도 5분위를 유지한 펀드의 비율은 겨우 13%였다. 더 어이없는 사실은 첫 기간에 5분위에 속했던 펀드 가운데 다음 기간에 1분위로 떨어진 비율이 27%나 됐으며 또 25%는 2분위로 떨어졌다. 더 심각한 사실은 최고 분위 펀드 가운데 이후 5년을 더 버티지 못하고 시장에서 사라진 비율이 10%나 된다.

이제 반대로 성과가 저조했던 펀드 쪽을 살펴보자. 첫 번째 기간에 하위권에 있었던 펀드 가운데 두 번째 기간에 최고 분위로 올라선 펀드가 17%나 됐다. 이전 5분위 펀드의 최고 분위 유지율 13%보다 높은 수준이다. 최저 분위 펀드 가운데 26%는 두 번째 기간에 시장에서 사라졌으나 계속 최저 분위를 유지한 비율은 그래도 12%밖에 안 됐다.

자료를 보면 알 수 있듯이 군이 통계의 달인이 아니더라도 16% 선에서 평균으로의 회귀 현상을 보이면서 각 분위수가 제멋대로 오락가락 하는 상황을 확인할 수 있다. 16%는 처

자료 11.1 | 평균으로의 회귀 : 첫 번째 5년(2006~2011년) vs. 이후 5년(2011~2016년)

2006~2011년 등급			2011~2016년 등급					
펀드의 수			최고 수익	높음	중간	저조	최저	총계
최고 수익	353	20%	13%	13%	13%	25%	27%	10%
높음	352	20	18	15	14	21	18	12
중간	353	20	17	17	18	14	16	18
저조	352	20	15	18	20	16	8	22
최저	352	20	17	18	16	10	12	26
합병 혹은 청산	1,762	100%	16%	16%	16%	17%	16%	18%

비고 : 합병되거나 청산된 펀드의 총수 313개

음에 시작할 때의 20%보다는 낮은 수치다. 그 이유는 첫 번째 기간의 펀드 가운데 18%가, 저조한 성과로 말미암아 두 번째 기간까지 버티지 못하고 사라졌기 때문이다.

2차 조사 결과는 1차 조사 결과를 믿을 수 없을 정도로 매우 정확하게 재확인해준다

이러한 수익 패턴은 어쩌다 한 번 나타난 일회성 현상이므로 이것이 다시 재현될 가능성은 희박하다고 보는 사람도 있을 것이다. 나도 같은 생각을 했었다. 그래서 이번에는 전술한 첫 번째 기간에 앞서는 5년간(2001~2006년)과 이후 5년간(2006~2011년)을 대상으로 다시 분석을 했다. 그런데 이번에도 이전의 패턴이 유지되는 모습이었다(자료 11.2 참고). 2001년부터 2006년까지 최고 분위에 속했던 펀드 가운데 이후에도 최고 분위를 유지한 비율은 겨우 15%였고 최저 분위로 떨어진 펀드는 20%나 됐다. 게다가 5분위 펀드의 13%에 해당하는 45개 펀드는 시장에서 사라졌다.

한편, 2001년부터 2006년까지 최저 분위에 속했던 펀드 가운데 다음 기간에 최고 분위로 올라선 비율이 무려 18%나 됐다. 이 또한 이전 5분위 펀드의 최고 분위 유지율 15%

자료 11.2 | 평균으로의 회귀 : 첫 번째 5년(2001~2006년) vs. 이후 5년 (2006~2011년)

2001~2006년 등급			2006~2011년 등급					
펀드의 수			최고 수익	높음	중간	저조	최저	총계
최고 수익	356	20%	15%	19%	15%	19%	20%	13%
높음	356	20	13	15	14	15	23	19
중간	356	20	14	13	17	17	15	24
저조	355	20	12	16	16	17	10	29
최저	355	20	18	13	12	8	16	43
합병 혹은 청산	1,777	100%	14%	15%	15%	15%	15%	26%

비고 : 합병되거나 청산된 펀드의 총수 454개

보다 높은 수준이다. 그리고 최저 분위가 다음 기간에도 그대로 유지된 비율은 겨우 6%였다. 그리고 최저 분위에 속한 펀드 가운데 152개(43%)는 시장에서 사라졌다.

이 두 가지 자료를 대충 훑어보기만 해도 RTM 패턴을 확인할 수 있다. 자료 11.1의 결과와 마찬가지로 두 번째 기간의 결과도 본질적으로 무작위적이다. 각 분위의 펀드 대다수가 올린 성과가 전 분위에 걸쳐 비교적 고른 비율 분포(13~18%)를 보이고 있다.

이 자료를 통해 RTM이 뮤추얼펀드의 수익에 매우 강력한 영향을 미치고 있음을 새삼 확인할 수 있다. 최고 분위와 최저 분위 모두에서 이전의 성과 수준이 유지되지 않는 경우가 대부분이었다. 나는 무엇에든 쉽게 놀라는 사람이 아니다. 그러나 이상의 자료는 정말 놀랍다.

대다수 투자자와 투자자문가가 펀드매니저의 능력이 꾸준히 유지된다고 가정한다. 그러나 이러한 자료는 이 가정을 여지없이 무너뜨린다. 투자자는 대부분 펀드매니저의 능력(펀드 운용 역량)이 유지된다고 생각하는 것 같다. 그러나 사실은 그렇지가 않다.

'무작위성에 속지마라' 그리고 '행운에 속지 마라'

뮤추얼펀드업계에서 배출한 숱한 별 중에 이후에도
계속 별로 남는 경우는 거의 없다.
이 반짝이던 별도 나중에는 유성이 돼버린다

한 가지 분명한 사실은 평균으로의 회귀(RTM) 원칙이 뮤추얼펀드업계를 지배하고 있다는 점이다. 즉 업계 표준을 훨씬 능가하는 탁월한 성과를 낸 펀드는 이후 그 성과 수준이 평균이나 평균 이하로 회귀하는 강한 경향성을 나타낸다. 주식시장 붕괴가 나타날 때는 '1등이 꼴등'이 되기도 한다. 그러나 좀더 일반적인 환경에서는 평균으로의 회귀 원칙이 시장을 지배한다. 그러니 뮤추얼펀드업계에서 배출한 숱한 별이 진짜 별인 경우는 극히 드물다는 사실을 제발 기억하기 바란다. 대부분은 마치 유성처럼 아주 짧은 순간 창공에서 빛을 발하다 이내 불꽃처럼 타버린 다음에 이 땅 위로 가라앉는 한낱 재에 불과하다.

해가 갈수록 이 사실이 점점 더 명확해진다. 즉 뮤추얼펀드의 상대적 수익은 무작위적이라는 점이다. 오롯이 능력이 좋아서 탁월한 성과를 경우는 거의 없다. 그러나 펀드의 성공에서 운과 능력이 차지하는 비중이 각각 어느 정도인지를 정확히 알아내는 데는 꽤 오랜 시간이 걸릴 것이다.

상황이 이러한데도 고집스럽게도 최근에 좋은 성과를 올린 펀드에 굳이 투자하기로 했다면 다음과 같은 사항을 검토해보기 바란다. (1) 담당 펀드매니저가 처음과 같은 전략으로 이 펀드를 얼마나 오랫동안 운용할까? (2) 펀드자산이 엄청나게 증가했을 때도 자산규모가 작았을 때의 성과가 계속 유지될 수 있을까? (3) 비용률이 높고 포트폴리오 회전율이 높으면 펀드의 성과를 얼마나 갉아먹을까? 혹은 비용률이 낮고 포트폴리오 회전율이 낮으면 펀드의 성과에 얼마나 보탬이 될까? (4) 펀드매니저가 선택한 주식 종목이 앞으로도 계속 좋은 성과를 내줄 것인가?

과거 성과를 바탕으로 펀드를 선택하는 것은
위험천만한 일이다

요컨대 최근 성과를 기준으로 펀드를 선택하는 것은 위험하며 향후 시장 평균을 훨씬 밑도는 성과를 낼 가능성이 농후하다. 인덱스펀드를 선택했다면 시장 평균에 도달하는 것은 아주 쉬웠을 텐데 말이다.

펀드의 성과뿐 아니라 우리의 삶 곳곳에 영향을 미치는 평균 회귀 원칙의 위력을 인식하기가 어려운 이유가 무엇인지 각자 자문해보면 이해하기가 좀 쉬울 것이다. 노벨상 수상자인 대니얼 카너먼(Daniel Kahneman)이 2013년에 쓴 저서 『생각에 관한 생각*Thinking, Fast and Slow*』에서 이 질문에 대한 해답의 실마리를 찾을 수 있다.

인간의 사고는 인과론적 설명에 편향돼 있어서 무엇이든 인과론적으로 설명하려 하고 '아주 단순한 통계 자료'조차 외면해버린다. 그래서 어떤 사건에 맞닥뜨리면 일단 연관 기억이 작동해 그 사건의 원인을 열심히 찾으려 한다. 그러나 평균으로의 회귀로는 '설명'은 가능해도 '원인' 규명은 불가능하기 때문에 인과론적 설명으로는 해결이 나지 않는다.

현명한 투자자의 조언

이 책이 출간될 즈음 〈이코노미스트 *The Economist*〉의 평론가 버튼우드(Buttonwood)가 이 장에서 주장하는 내용과 거의 같은 논조의 목소리를 냈다.

"2013년 3월까지 12개월 동안에 미국의 주식형 뮤추얼펀드 중 성과가 상위 25%에 드는 펀드를 선택했다고 가정해보자. 2014년 3월까지 12개월 이후에도 여전히 상위 25%(4분위)에 속하는 펀드는 25.6%에 불과했다. 이는 우연에 따른 결과와 별다를 것이 없다. 계속해서 이어진 12개월 이후까지 4분위를 유지한 비율은 4.1%, 0.5%, 0.3%로 계속 감소했다. 이는 우연에 따른 결과에도 훨씬 못 미치는 수준이었다. 전체 펀드 중 성과 기준으로 상위 50%에 드는 펀드를 선택한 경우에도 마찬가지로 나중에는 상위 50% 수준에서 모두 탈락했다.

2012년 3월까지 5년 동안의 성과가 최고 분위인 4분위(상위 25%)에 속한 펀드를 선택했다고 가정해보라. 이후 5년 동안(2017년 3월까지)에도 4분위를 유지할 펀드가 얼마나 될까?

그 비율은 겨우 22.4%다. 이번에도 역시 우연적 결과보다 못한 수준이다. 실제로 2012년 3월까지 5년간 최고 분위에 속했던 펀드 가운데 27.6%가 2017년 3월까지 5년이 지나는 동안 최저 분위로 떨어졌다. 투자자는 우수 펀드보다 형편없는 펀드를 고를 확률이 더 높았다."

'과거 성과로는 미래를 예측하지 못한다'는 말은 업계에 회자되는 단순한 용어가 아니다. 이것은 수학 공식과도 같은 정확한 용어다.

×××

『행운에 속지 마라*Fooled by Randomness*』의 저자 나심 니컬러스 탈레브의 말에 귀 기울여보라.

"동전을 던져서 앞면이 나오면 펀드매니저가 연간 1만 달러를 받고 뒷면이 나오면 1만 달러를 잃는다고 하자. 첫 해에 펀드매니저 1만 명을 대상으로 이 동전던지기 시합을 한다. 연말이면 펀드매니저 5,000명은 각기 1만 달러를 얻고 나머지 5,000명은 각기 1만 달러를 잃는다. 이듬해에 이 동전 던지기를 다시 한다. 이때 2년 연속으로 돈을 따는 펀드매니저는 2,500명이 된다. 그리고 3년째에는 1,250명이 돈을 벌고 4년째에는 625명 그리고 5년째에는 313명이 돈을 번다.

실력이고 뭐고 없이 동전던지기라는 단순한 게임을 했는데 그 결과 5년 연속으로 게임에 이겨 돈을 번 사람이 313명이 나온다. (이 게임을 10년 동안 계속한다고 가정하면 10년 연속으로 동전의 앞면이 나와서 큰돈을 벌게 되는 사람은 처음 1만 명의 0.1%인 10명밖에 안 된다.) 실력이 형편없는 펀드매니저만 모인 집단에서도 아주 대단한 성과를 내는 사람이 나올 수 있다. 물론 이는 순전히 운이 좋아서 나온 결과다. 어떤 시장에서 특별히 좋은 성과를 내는 펀드매니저가 많이 나오느냐 적게 나오느냐는 이들이 수익을 올리는 능력에 따라 결정되는 것이 아니라 순전히 그 펀드매니저 집단의 크기에 좌우된다. 말하자면 치과대학원에 진학하는 대신에 투자업계로 뛰어난 사람의 수가 많으냐 적으냐에 달린 일이다."

×××

너무 이론적인 접근이 부담스럽게 느껴질 것 같아서 이번에는 조금 더 현실적으로 접근해보도록 하겠다. 다음은 〈머니*Money*〉가 필라델피아 소재 투자회사 AJO의 파트너 테드 애런슨(Ted Aronson)과 인터뷰를 진행하면서 나눈 대화 중 일부다.

×××

Q : 확고한 신념이 없이는 도저히 액티브 펀드에 투자하지 못할 것이라는 취지의 말을 한 적이 있다. 정확히 이게 무슨 뜻인가?

A : 정상적인 환경 조건이라면 펀드매니저가 올린 성과가 순전히 운이 아니라 능력 덕분이라는 사실을 증명하는 데 짧게는 20년에서 길게는 800년까지 시간이 걸린다. 펀드매니저의 성과가 운이 좋아서가 아니라 능력이 좋아서 얻는 결과라는 사실을 95% 정도의 신뢰수준으로 증명하려면 시간은 아마 1,000년 가까이 걸릴지도 모른다. 이 정도면 사람들이 '장기간'이라고 생각하는 시간을 훨씬 뛰어넘는 수준이다. 운이 아니라 능력 덕분에 거둔 성과라는 사실을 75% 정도로만 확신할 수 있으려 해도 최소 16년에서 115년은 걸린다. 그 동안 그 성과를 검토하고 분석해야 가능한 일이다. 투자자는 자산운용업계가 어떻게 굴러가는지 알아야 한다.

사실을 말하자면 이 업계가 참으로 농간이 많은 곳이고 불공정한 게임이 이루어지는 곳이기도 하다.

Q : 그래서 당신은 지금 어디에 투자하고 있는가?

A : 나는 뱅가드 인덱스펀드에 투자하고 있다. '뱅가드500 인덱스펀드'에 투자해 23년째 보유 중이다. 다른 것 다 떠나서 세금 한 가지만 생각해도 액티브 펀드에 고개를 절레절레 흔들 것이다. 개인적으로 확실하게 시장을 이기는 것이 바로 인덱스 전략이라고 생각한다. 세금 부분을 고려하면 액티브 펀드 투자로는 절대로 시장을 이길 수 없다.

마지막으로 〈월스트리트저널〉의 칼럼니스트이자 저술가인 제이슨 츠바이크(Jason Zweig)는 과거 성과에 치중하는 것에 대해 다음과 같이 신랄하게 비판한다.

"과거 성과 하나만 보고 펀드를 고르는 것은 투자자가 할 수 있는 행동 가운데 가장 어리석은 행동이다."

펀드 선택에
조언이 필요합니까?

투자자문의 명암(明暗)

───────

제10장과 제11장에서 제시한 증거로 다음과 같은 두 가지 교훈을 얻을 수 있다. (1) 장기적으로 시장을 이기는 펀드를 고르려는 것은 건초더미에서 바늘을 찾는 것과 다를 바 없다. (2) 비교적 단기간의 과거 성과를 기준으로 시장을 이기는 펀드를 고르려 하면 재앙까지는 아니더라고 최소한 실망스러운 결과에 이를 가능성이 매우 높다.

그러면 이렇게 '직접 선택'하는 방식 말고 전문가의 도움을 받는 것은 어떨까? 우리가 손을 내밀 수 있는 전문가의 유형은 매우 다양하다. 월가의 재무상담사(financial consultant, 보통 월가에서 활동하는 주식중개인을 의미하며 실질적으로 활동 영역을 불문한 거의 모든 중개인 포함)도 있고 공인투자자문가(registered investment adviser : RIA, 중개인 이외 대체로 일회성 수수료가 아니라 '보수'만을 기준으로 일하는 투자자문가)도 있다. 또 변액연금 같은 투자 '상품'을 판매하는 보험설계사도 있다. (보험설계사에 대해서는 특별히 주의가 필요하다고 생각한다.)

공인투자자문가(RIA)는 투자자에게 큰 도움을 줄 수 있다

이 장에서는 투자상담의 가치에 관해 논할 것이다. 결론부터 말하자면 포괄적 의미의 이른바 자문가 집단이 고수익 펀드를 선택하는 데 얼마나 큰 도움이 되는지에 대해서는 사실 회의적이다. (도움이 되는 사람도 있다. 그러나 대다수는 그렇지 못하다.)

자산 배분이나 세금 관련 정보 그리고 생산활동을 하는 동안에는 얼마를 저축하고 은퇴 시에는 얼마를 써야 하는지에 관한 조언 등이 필요할 때는 투자자문가의 도움이 매우 유용하다. 더불어 금융시장에 관한 조언을 해주는 자문가도 있다.

미래를 대비하라는 조언도 한다. 투자와 관련이 있는 수많은 재무적 결정에 도움을 주기도 한다(예를 들어, 자녀의 대학 학자금이라든가 주택 구입 자금 마련 등에 관한 조언 같은). 노련한 자문가는 투자자가 '투자 고속도로'를 달리다 움푹 팬 곳에 빠지지 않게 도와줄 수도 있다. 즉 투자 과정에서 저지를 수 있는 실수를 피하도록 도와주기도 한다. (구체적으로 말하자면 과거 성과만 보고 펀드를 고르려 하거나 부적절한 시점에 투자 행동에 나서려 하거나 펀드 상품의 비용은 전혀 고려하지 않는 등의 어이없는 실수를 범하지 않게 도움을 줄 수 있다.) 자문가의 이러한 서비스가 투자계획을 실행하고 수익을 개선하는 데 큰 도움이 될 수도 있다. 또 실제로 그렇게만 된다면 더 바랄 것이 없다. 대다수 투자자가 이들 자문가나 중개인에게 의존하는 실정이다. 현재의 금융계를 휘감은 '복잡성'이라는 짙은 '안개'를 뚫고 나가려면 좋든 싫든 간에 이들에게 손을 내밀지 않을 수 없다. 뮤추얼펀드에 투자하는 5,500만 미국 가구 가운데 약 70%가 이렇게 중개인에 의존하고 있다고 한다면, 약 1,500만 가구는 '직접' 하는 방식을 선택하는 셈이다. 나머지 4,000만 가구는 투자 결정을 할 때 전문가의 도움을 받는다는 의미다. (제1장에서 소개한 고트락스 가문의 '헬퍼'에 관한 설명처럼 이는 본질적으로 절대 성공적인 전략이 아니다.)

자문가가 도움이 되는가? 아니면 방해만 되는가?

——■——■——

이러한 자문가 집단이 펀드를 선택하는데 득이 되는지 아니면 실이 되는지는 정확히 모른다. 그러나 이들이 시장 평균 이상의 성과를 내주리라고는 생각하기 어렵다(이들의 보수를 고려하지 않더라도). 즉 펀드를 선택할 때 자문가의 도움을 받아도 다른 일반 펀드와 크게 다르지 않은 수준의 성과를 낼 뿐이다. 다시 말해 시장의 평균수익(S&P500 지수로 측정)을 몇 퍼센트포인트 뒤지는 수익률을 기록하는 경우가 대부분이다(제4장 참고).

그러나 투자자문가(RIA와 중개인)가 추천한 펀드가 시장 평균을 웃도는 성과를 낼 가능성도 물론 있다. 제5장에서 설명했듯이 이들 자문가가 비용이 가장 적게 드는 펀드를 추천해 준다면(사실 별로 어렵지도 않은 일임) 투자자에게는 정말 도움이 될 것이다. 또 회전율이 높은 펀드는 세금 효율성이 낮다는 사실을 알고 있는 자문가라면 매매 비용과 세금 면에서 투자자에게 가장 득이 되는 펀드를 추천해 줄 것이다. 투자자가 이 두 가지 조언을 귀담아 듣고 저비용 인덱스펀드를 선택한다면 그보다 좋은 결정이 없을 것이다. 사실 이렇게 조언하는 자문가도 많다.

유행에 따라 움직이는 것을 피할 수 있다면

전문 투자상담사가 현명하거나 아니면 운이 좋아서 고객이 최신 유행(예를 들어 1990년대 말의 기술주 열풍에 휩쓸려 너도 나도 '신경제' 종목에 무조건 투자하려 했던 시장 분위기)에 묻어가지 못하게 막을 수 있다면, 시류에 휘둘린 다른 대다수 투자자가 형편없는 수익으로 좌절하는 와중에 이들은 훨씬 나은 수익을 올릴 수 있을 것이다. 그러나 제7장에서 추정했던 일반 주식형 펀드의 연평균수익률보다 전문가가 추천한 펀드의 수익률이 1.5% 정도 낮다는 점을 기억하라. 기억을 상기시키는 차원에서 다시 한 번 말하자면 1991~2016년 동안 S&P500 인덱스펀드의 연평균수익률은 9.1%였는데 일반 투자자의 명목 수익률은 고작 6.3%였다.

참으로 안타깝게도(자문가의 관점에서 보자면) RIA와 중개인이 추천한 펀드가 일반 펀드의 수익률을 웃돌았다는 증거가 없다. 오히려 반대 사실을 보여주는 증거가 있다. 하버드 경영대학원의 교수 두 명이 이끄는 조사팀은 다음과 같이 결론 내렸다.

"1996년부터 2002년까지 중개인을 통해 투자한 펀드가 투자자가 직접 투자한 펀드보다 훨씬 저조한 성과를 냈고 그 결과 투자자에게 연간 약 90억 달러의 비용이 발생했다."

자문가가 추천한 펀드의 연평균수익률은 2.9%, 투자자가 직접 선택한 주식형 펀드의 연평균수익률은 6.6%

구체적으로 말해 이 조사 결과 중개인과 자문가의 자산 배분이 더 나은 결과로 이어지지 않았을 뿐더러, 이들은 단순히 시장 분위기에 편승했고 이들의 고객인 투자자는 고액의 선취수수료를 부담한 것으로 나타났다. 따라서 조사팀은 다음과 같은 결론을 내렸다. 자문가의 추천을 받아 주식형 펀드에 투자한 투자자의 가중 평균수익률은 연 2.9%에 불과한 반면에(선취수수료 혹은 환매 시 지급한 수수료 공제 전) 직접 펀드를 선택해 투자한 투자자의 연 수익률은 6.6%였다.

그러나 조사팀은 이렇게 확실한 증거가 있는데도 자문가의 조언이 부정적 효과를 낸다고 단언하지는 않는다.

"자문가의 조언에 무형적 가치가 있을 가능성은 여전히 열어두고 있으며 우리는 좀더 심층적인 연구를 통해 이러한 무형적 가치를 확인하는 한편, 자문가를 신뢰하는 일반 투자자의 이익 증진에 도움이 되는 엘리트 자문 집단을 찾아낼 생각이다."

메릴린치의 대실패 : 사례 연구

─ ● ─

주식중개인(RIA와는 별개로)의 도움을 받는 것이 펀드투자자의 수익에 매우 부정적인 영향을 미친다는 사실을 보여주는 좀더 강력한 증거가 있다. 피델리티 인베스트먼트(Fidelity Investment)가 1994년부터 2003년까지 10년 동안의 펀드 운용실적을 조사한 결과 다른 범주의 펀드와 비교할 때 중개인이 운용한 펀드의 등급이 가장 낮은 것으로 나타났다. (다른 범주의 펀드로는 비상장 투자사, 상장 투자사, 금융 대기업, 은행 등이 운용하는 펀드 등이 있다.)

위 조사 결과 메릴린치(Merrill Lynch) 펀드의 수익률이 업계 평균을 자그마치 18퍼센트포인트나 밑돈 것으로 나타났다. 골드만삭스(Goldman Sachs)와 모건스탠리(Morgan Stanley) 펀드는 업계 평균보다 9퍼센트포인트가 낮았다. 또 웰스파고(Wells Fargo)와 스미스바니(Smith Barney) 펀드는 8퍼센트포인트 뒤진 것으로 나타났다.

이렇게 저조한 성과는 해당 업무의 특성에서 비롯된 측면이 있다. 증권회사와 그 증권사 소속 중개인 및 재무상담사는 매일 무언가를 팔아야 한다. 이 사람들은 그렇게 하지 않으면 살아남지를 못한다. 증권회사가 새로운 펀드 상품을 내놓으면 중개인은 누군가에게 그 상품을 팔아야 한다. (무언가를 판 사람이 아무도 없으면 주식시장이 하루 온종일 잠잠한 채 '파리를 날리고' 있을 것이다.)

재앙을 부른 두 가지 상품 : '포커스20'과 '인터넷 전략' 펀드

이는 메릴린치의 대실패 사례로서 주식중개인에 의존하는 투자자가 어떤 파국적 상황에 직면할 수 있는지를 보여주는 매우 좋은 예라 하겠다. 인터넷 주식 열풍이 정점을 찍었던 2000년 3월에 당시 세계 최대 증권사 메릴린치는 이러한 시류에 편승해 새로운 펀드 상품 두 개를 출시했다. 이 가운데 하나가 '포커스20(Focus Twenty)' 펀드였다(펀드매니저가 선호하는 100대 종목이 정말 좋았다면 이 가운데 20대 종목은 더 좋다는, 당시 인기 있던 지배적 이론을 바탕으로 설계). 또 하나는 '인터넷 전략(Internet Strategies)' 펀드였다.

두 펀드는 출시되자마자 불티나게 팔리며 메릴린치에 큰 성공을 안겼다. 메릴린치의 중개인은 자신들을 신뢰하는(혹은 과거 성과를 기준으로 하는) 고객에게 포커스20 펀드와 인터넷 전략 펀드를 각각 9억 달러, 11억 달러어치를 팔아치우며 도합 20억 달러를 끌어들였다.

메릴린치 마케팅의 대성공을 거두다 vs.
투자자 처참한 투자 실패를 경험하다

———— • ————

그러나 이후 이 두 펀드의 운용결과는 완전한 실패였다. (그러나 이 결과가 그리 놀랍지 않았다. 투자자에게 새로운 펀드를 팔기에 가장 좋은 시점은 곧 투자자가 그 펀드를 사기에는 가장 나쁜 시점인 경우가 종종 있다.) 인터넷 전략 펀드의 처참한 운용 성적표가 나오는 데는 그리 오랜 시간이 걸리지 않았다. 펀드 상품이 출시된 바로 그 해인 2000년 연말까지 이 펀드의 자산 가치가 61%나 감소했고, 이듬해 2001년 10월이 되자 다시 62%가 감소했다. 결국 이 기간의 총 손실 규모는 무려 86%나 됐다.

엄청난 손실이 발생하자 투자자 대다수가 자신의 투자 지분을 회수했다. 처음에 11억 달러였던 펀드자산이 고작 1억 2,800만 달러로 줄어들었다. 그러자 메릴린치는 인터넷 전략 펀드를 '고이 보내기'로 결정하고 사내 다른 펀드와 병합했다. (그렇게 처참한 성과를 낸 펀드를 그대로 살려두면 계속해서 메릴린치의 골칫거리로 남을 테니 말이다.)

처참한 투자 실패 : 고객은 자산의 80%를 잃었다

———— • ————

도움이 되는 내용일지 아닐지 잘 모르겠으나 어쨌든 '포커스20'의 손실은 그렇게 심각한 수준은 아니었다. 2000년 말까지 펀드의 자산 가치가 28% 감소했고 2001년에는 다시 70%가 떨어졌다. 그리고 2002년에는 또 39%가 하락했다. 그러다 이후 3년 동안 비로소 수익을 내게 됐다. 전체적으로 볼 때 출시 후 2006년 말까지 이 펀드의 총 누적 수익은 79%였다. 투자자는 주기적으로 투자금을 회수했고 2000년에는 15억 달러에 육박했던 펀드자산이 95%나 감소해 8,200만 달러로 확 줄어들었다. 생존에 실패한 인터넷 전략 펀드와는 달리 그래도 포커스20 펀드는 지금은 '블랙록 포커스 성장(BlackRock Focus Growth)' 펀드라는 새 이름으로 살아남았다. 여기서 얻은 교훈은 이렇다. 메릴린치는 인터넷 전략 펀드와 포커스20 펀드의 마케팅에 성공하며 고객(투자자)으로부터 20억 달러를 끌어 모았으나 메릴린치의 고객은 처참한 투자 실패를 경험하며 힘겹게 모아 투자한 돈을 80%나 날리고 말았다.

재무상담의 가치

증권회사 메릴린치의 이 처참한 실패 사례와 실망스러운

투자 결과와는 별개로 RIA는 그래도 여러 가지 방식으로 투자자에게 도움을 줄 수 있다. 나는 수많은(아니, 거의 전부) 금융 자문가나 재무상담사가 투자자에게 매우 가치 있는 서비스를 제공한다고 생각한다. 투자자의 마음을 편하게 해주고, 투자자 개개인의 보상 욕구와 위험 감내도에 맞게 효율적으로 포트폴리오를 구성할 수 있게 해주고, 뮤추얼펀드 투자와 관련한 복잡성과 세금 관련 문제를 다루는 데 도움을 주고, 거센 파도를 헤치고 끝까지 살아남을 수 있게 해주는 등 여러 모로 유용한 서비스를 제공할 수 있다. 그러나 지금까지 드러난 증거로 볼 때, 그들이 여러 가지 유용한 서비스를 제공하는 것과는 별개로 시장을 이기는 펀드를 고르는 부분에서 만큼은 이들 자문가 집단을 신뢰할 수 없다는 내 생각에는 변함이 없다.

로보-어드바이저의 부상

최근에 투자자에게 자문 서비스를 제공하는 새로운 방법이 개발됐다. 수많은 신생업체가 기록 관리 기술을 활용해 전산화된 '로보-어드바이스(robo-advice : 자동 자문)' 서비스를 투자자에게 직접 제공하고 있다. 이 경우에는 자문가와 투자자가 직접 얼굴을 맞댈 필요가 거의 없다.

이들 업체는 세금 부담이 큰 일반 펀드의 장점을 강조하기도 하지만, 대체로 채권 및 주식 인덱스펀드로 구성된 포트폴리오를 매수해 장기 보유하는 전략을 추천한다. 다만 환금성이 좋고 펀드매니저의 빈번한 매매에 대해 제한을 두지 않는 상장지수펀드(exchange-traded index fund : ETF)에 초점을 맞춘다는 점을 간과해서는 안 된다.

로보-어드바이저(robo-adviser : 온라인 자산 관리 서비스)의 성장세가 두드러졌다. 2017년 당시 이 분야의 선두주자인 두 업체는 약 100억 달러에 이르는 고객들의 자산을 운용하고 있다고 밝혔다. 그러나 RIA가 운용하는 자산규모에 비하면 아직은 미미한 수준이다. 그러나 매우 낮은 연간 보수 수준(약 0.25%)을 생각하면 앞으로 로보어드바이저는 업계의 주요 참여자로 부상할 가능성이 높다 하겠다.

단순성이 복잡성을 압도한다

이 장에서 제시한 것이 비록 단편적 증거이기는 해도 복잡한 투자전략에 내재한 다양한 문제점을 해결하는 데 중요한 시사점을 제공한다. 재차 강조하듯이 전체 시장을 포괄하는 저비용 인덱스펀드를 사서 영구적으로 보유하는 매우 단순한 전략이야말로 투자자에게 최적의 투자 전략일 수 있다.

RIA나 주식중개인 혹은 보험설계사를 택해 투자자문을 받을 생각이라면 지금까지 설명한 사실에 유의하기 바란다. 그래도 꼭 자문가를 끼고 투자를 해야겠다면 이들에게 지급하는 보수가 적정 수준인지 확인하라. 자문가에게 지급하는 보수가 펀드수익률을 상당 부분 깎아먹기 때문이다. 투자 자문에 대한 보수는 대체로 연 1% 수준에서 시작해 점차 줄어드는 경향이 있으므로 변변찮은 자문 서비스에 비해 과도한 보수를 지급하는 것은 아닌지 항상 따져봐야 한다. 그리고 마지막으로 어쩌면 당연한 말이겠지만, 포트폴리오 모형으로 주식 및 채권 인덱스펀드를 추천하는 자문가를 우선적으로 선택하라.

수탁자의 의무

전문 투자자문가를 통해 뮤추얼펀드 포트폴리오를 선택·운용하는 투자자가 반길만한 희소식 한 가지를 전하는 것으로 이 장을 마무리하겠다. 요즘은 투자자문가에게도 수탁자의 의무 기준을 적용하는 추세다. 간단히 말해 자문가는 고객의 이익을 우선시해야 한다는 의미다. 2016년에 미국 노동부가 승인한 수탁자의 의무 기준은, 개인퇴직연금계정(IRA), 401(k), 저축투자계정, 403(b) 적립계정 등과 같이 퇴직자 연금 서비스를 제공하는 회사 및 해당 상품 담당자에게만 적용된다. RIA는 이미 현행법 하에서 모든 고객에 대한 수탁 의무 기준의 적용을 받고 있다. 그러나 주식중개인과 보험설계사에게도 이 기준을 적용한다는 것은 '고객 우선' 원칙의 확장을 의미한다.

궁극적으로 퇴직 계정뿐 아니라 고객의 모든 계정에 대해 수탁자의 의무 기준이 확대 적용돼야 한다. 그런데 지금까지도 당파적 정치 논리 때문에 2017년에 효력이 발생하는 현행 기준마저 규제가 약화되거나 유명무실해질 위기에 놓여 있다. 그러나 이러한 움직임이 궁극적으로 힘을 잃을지라도 '고객의 이익을 최우선'하는 수탁자의 의무가 결국은 시장을 지배하는 원칙이 될 것이다. 투자라는 화살의 호(弧)는 아주 길다. 그래도 이 호는 결국 수탁자의 의무 쪽으로 구부러진다.

현명한 투자자의 조언

널리 존경받는 투자자문가 윌리엄 번스타인은 자신의 저서 『투자의 네 기둥』에서 이렇게 말했다.

"투자자는 자문가가 자신이 얼마나 많은 보상을 받을 수 있는지가 아니라 오로지 고객이 얼마나 많은 수익을 올릴 수 있는지를 기준으로 투자 상품을 선택하는지를 확인하고 싶어 한다.

자문가가 판매수수료가 있는 펀드나 보험 상품, 합자회사, 특별 계정 등을 추천할 때는 일단 경계를 해야 한다. 마치 투자자와 한 배를 탄 것처럼 투자자의 이익을 우선하는 자문가를 선택하는 가장 좋은 방법은 보수만 받는 이른바 '보수형(fee-only)' 자문가를 찾는 것이다. 즉 고객으로부터 받는 보수 외에 다른 보상은 받지 않는 자문가를 통해 투자하는 것이 최선이다.

그러나 '보수형' 자문가를 선택했다고 해서 모든 문제가 해결되는 것은 아니다. 일단 자문가에 지급하는 보수가 적정 수준이어야 한다. 투자자산을 관리하는 대가로 지급하는 보수는 자산의 1%를 넘지 말아야 한다. 투자자산이 100만 달러 이상이면 보수율은 0.75% 미만, 자산이 500만 달러 이상이면 0.5% 미만이어야 한다.

자문가는 가능하면 소극적인 인덱스펀드를 선택해야 한다. 담당 자문가가 시장지수를 이기는 펀드매니저가 있다고 말한다면 그 사람은 투자자와 자기 자신 둘 다 속이는 것이다. 패시브 인덱스 전략에 대한 신념을 '자산군교(資産群敎)'라 칭하고 싶을 정도로 인덱스 전략에 대해서는 종교와도 같은 신념이 필요하다. 이러한 신념이 없는 사람은 절대로 선택하지 마라."

제 1 3 장

Simple is Best
전체 주식을 보유하는 인덱스펀드에 투자하기

———————

지금까지 우리가 얻은 교훈을 정리하면 이렇다.

- 비용이 중요하다(제5장, 제6장, 제7장).

- 장기적 과거 성과를 기준으로 펀드를 선택하는 것은 바람직
  하지 않다(제10장).

- 펀드수익은 평균으로 회귀(RTM)한다(제11장)

- 좋은 의도의 자문이라도 기껏해야 어쩌다 좋은 결과를 낼
  수 있을 뿐 꾸준히 좋은 결과를 내는 것은 아니다(제12장).

비용 수준이 낮은 게 정말 좋은 것이라면(분석가, 학자, 투자업계 전문가 가운데 저비용이 좋다는 것에 이의를 달 사람은 아무도 없다고 생각한다) 최저 비용 펀드에 초점을 맞추는 것이 논리적으로 타당하지 않겠는가? 즉 주식시장 전체를 소유하는 전통적 인덱스펀드(TIF)가 가장 합리적인 대안일 것이다. 최대 TIF 가운데는 연간 비용률이 0.04%밖에 안 되고 포트폴리오 회전비용이 거의 제로에 가까운 것도 있다. 따라서 이러한 펀드의 총비용은 연간 0.04%에 불과하다. 이는 제5장에서 설명했던 최저 비용 분위(分位)에 속한 펀드의 비용 수준인 0.91% 보다 96%나 낮은 것이다.

실제로 비용은 펀드수익에 절대적 영향을 미친다. 앞에서 설명한 바와 같이 과거 25년 동안 그리고 이전 10년 동안 S&P500 인덱스펀드는 일반 주식형펀드의 수익을 웃돌았다. 인덱스펀드가 거둔 과거의 성공사례는 이론의 여지없이 인덱스 전략의 탁월성을 보여주는 강력한 증거라 할 수 있다. 그리고 앞으로 10년은 주식시장 수익률이 저조할 것이라는 암울한 전망을 바탕으로, 미래를 엿볼 수 있는 통계적 사례와 단순 산수 철칙 등을 기준으로 앞으로의 상황을 예측해보기로 하자.

몬테카를로 시뮬레이션

실제로 다양한 기간을 대상으로 통계적 방식을 통해 인덱스(패시브) 펀드가 액티브 펀드보다 나은 성과를 낼 확률이 얼마나 되는지 예측해볼 수 있다. 이 복잡한 통계 작업을 '몬테카를로 시뮬레이션'이라고 한다.[1] 우선 투자의 총비용을 가정하고, 주식형 펀드수익률의 변동성에 관한 가설 그리고 주식시장 수익률과 얼마나 차이가 나는지에 관한 단순 가설 몇 가지를 세운다. 여기 제시한 사례에서는 인덱스펀드의 비용률은 연 0.25%, 액티브 펀드의 총비용은 연 2%로 가정한다. (실제로는 인덱스펀드의 비용이 이보다 훨씬 낮을 수도 있고 또 주식형 일반 펀드 대다수는 이보다 비용 수준이 훨씬 높다. 따라서 비용에 관해서는 액티브 펀드에 매우 유리한 가정을 한 셈이다.)

결과를 보면 이렇다. 1년을 기준으로 했을 때는 액티브 펀드의 약 29%가 인덱스펀드보다 나은 성과를 낼 것으로 보이

---

1. 몬테카를로 시뮬레이션의 일반적 기법은 장기간(경우에 따라 100년간) 주식시장에서 창출된 모든 월간 수익률을 취합하고 이러한 자료 전부를 무작위로 섞은 다음에 수천 개에 달하는 가상 포트폴리오에 대해 각각의 연간 수익률을 계산하는 것이다.

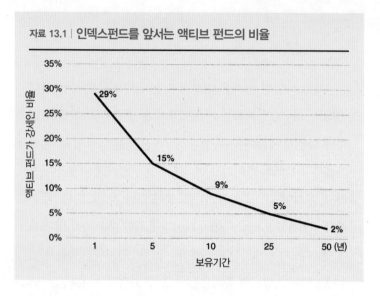

자료 13.1 | 인덱스펀드를 앞서는 액티브 펀드의 비율

(세로축) 승리한 액티브 펀드의 비율

29%
15%
9%
5%
2%

(가로축) 보유기간

1   5   10   25   50 (년)

고 5년이면 그 비율이 약 15%가 되리라 예측할 수 있다. 그리고 50년 후면 인덱스펀드보다 나은 성과를 내줄 액티브 펀드는 고작 2%에 불과할 것으로 예측된다(자료 13.1 참고).

간소화 왕국을 지배하는 '단순성'의 위엄

가상의 결과는 그렇다 치고 실제로는 어떤 결과가 나오게 될까? 물론 미래 결과를 확신할 수는 없다. 그러나 지난 25년 동안이 어떠했는지는 잘 알고 있다. 그리고 제10장에서 살펴봤듯이 1970년에 운용을 시작한 총 355개 펀드 가운데 주식시장지수를 2퍼센트포인트 이상 넘긴 펀드는 단 두 개뿐이었다. 게다가 이 두 펀드 가운데 그나마 하나는 20여 년 전에 이미 그 경쟁력을 상실했다. 그러므로 통계적 추정치가 실제와 크게 어긋나는 것 같지는 않다. 이러한 자료를 보건대 내가 그렇게 했듯이 일반 투자자 또한 각자의 투자 포트폴리오에서 인덱스펀드의 비중을 크게 높이는 것이 바람직하다고 본다.

주식 및 채권시장 수익률이 낮아질 것으로 전망되는 시기에는 특히나 펀드비용이 그 어느 때보다 중요해진다. 일반 뮤추얼펀드가 금융시장이 창출하는 수익을 오롯이 챙길 수 있다는 순진한 착각에서는 겨우 벗어났다고 하자. 여기서 문제가 다 해결되는 것은 아니다. 시장 상황 때문에 수익이 줄어드는 상황은 이제 이해했다고 하면서, 그 줄어든 수익은 그나마 펀드투자자들이 전부 다 가져갈 수 있으리라는 더 큰 착각에 빠질 수도 있기 때문이다. 그래서 비용 요소가 특히 더 중요하다는 것이다. 내가 자주 하는 말인데 인덱스펀드가 추구하는 것은 '간소화 왕국을 지배하는 단순성의 위엄', 바로 그것이다.

다시 강조하는데 펀드비용률, 판매보수, 회전비용, 세금 그리고 펀드비용으로 인지하기 가장 어려운 이른바 물가상승에 따른 비용(인플레이션) 등 펀드 투자에 따른 이 거추장스러운 비용들이 장기적으로 투자자산의 구매력을 약화시킨다. 게다가 펀드 운용사가 발표한 그대로 수익을 올리는 경우는 극소수에 불과하다.

'단순 산수 철칙'이라는 수학적 사실을 근거로 한 예측

시장수익률에 대한 내 예측치가 정확하리라 장담할 수는 없다. 그 추정치가 실제보다 너무 클 수도 혹은 너무 작을 수도 있다. 그러나 시장이 창출한 수익에서 펀드수익이 차지하는 몫 그리고 이 중에서 펀드투자자가 챙길 수 있는 수익의 몫을 추정할 때는 한 가지 기준을 준수했다. 즉 단순히 개인적인 의견이 아니라 수학적 사실을 근거로 이러한 추정을 했다. 다시 말해 '시장을 이기는 펀드'를 고르겠다는 것은 건초더미에서 바늘을 찾겠다고 덤비는 것과 같다는, 지극히 단순한 산수 법칙을 근거로 했다. 이 엄연한 법칙을 무시한다면 감당키 어려운 위험에 빠질 것이다.

성공투자로 가는 길에는 위험한 굽이와 커다란 웅덩이를 비롯해 온갖 위험한 장애물이 널려 있다. 그러나 단순 산수 철칙만 지킨다면 이 굽이도 편히 넘어갈 수 있고 여기 저기 널린 웅덩이도 피해갈 수 있다는 사실을 잊지 마라. 그러므로 최대한 투자자산을 다각화하는 데 주력하고 투자에 따른 비용을 최소화하라. 무엇보다 상식에 따라 행동하라. S&P500이나 전체 주식시장 지수를 따르는 인덱스펀드에 초점을 맞춰라. (이 두 가지는 거의 같다고 봐도 무방하다.) 자신의 위험 감내 수준을 고려하고 투자 포트폴리오 중 주식의 비중을 어느 정도로 할지 신중하게 결정하라. 그런 다음에는 그 포지션을 꾸준히 밀고 나가라.

인덱스펀드라고 다 똑같지는 않다. 투자자가 부담하는 비용 수준은 천차만별

인덱스펀드라고 다 똑같지는 않다는 말을 해야 할 것 같다. 인덱스 전략을 기반으로 구성한 포트폴리오는 대개 비슷하지만, 그 비용만큼은 천차만별이다. 비용률이 매우 낮은 펀드가 있는가 하면 또 어떤 펀드는 비용률이 합리적 수준을 넘어서는 경우도 있다. 판매수수료가 없는 펀드도 있지만, 선취 판매수수료를 내야 하는 펀드도 약 3분의 1이나 된다. 선취 판매수수료가 있는 펀드의 경우 수수료를 한꺼번에 내지 않고 (통상) 5년에 걸쳐 분할 지급하는 방식을 선택하기도 한다. 이 외에 표준 중개 수수료를 기준으로 하는 펀드도 있다.

10대 펀드 운용사가 S&P500 지수를 기준으로 설계한 인덱스펀드 가운데 고비용 펀드의 비용률과 저비용 펀드의 비용률 간의 차이분이 펀드자산의 1.3%를 차지할 정도다(자료 13.2 참고). 게다가 고비용 인덱스펀드는 선취 판매수수료까지 부과한다.

저비용 S&P500 인덱스펀드도 비용 수준이 천차만별이다. '애드머럴(Admiral)' 급 뱅가드 인덱스펀드의 비용률은 0.04%로 매우

자료 13.2 | S&P500 인덱스펀드의 비용		
5대 저비용 인덱스펀드	**연간 비용률**	**판매수수료**
뱅가드500 인덱스 애드머럴	0.04%	0.0%
피델리티500 인덱스 프리미엄	0.045	0.0
슈왑 S&P500 인덱스	0.09	0.0
노던 스톡 인덱스	0.10	0.0
티 로우 프라이스 에쿼티 인덱스500	0.25	0.0
5대 고비용 펀드		
인베스코 S&P500 인덱스	0.59%	1.10%
스테이트 팜 S&P500 인덱스	0.66	1.00
웰스파고 인덱스	0.45	1.15
스테이트 스트리트 에쿼티500 인덱스	0.51	1.05
제이피 모건 에쿼티 인덱스	0.45	4.80

낮은데 티 로우 프라이스(T. Rowe Price) 펀드의 비용률은 0.25%나 된다. 티 로우 프라이스 펀드의 비용률은 고비용 인덱스펀드보다는 낮지만, 결코 '낮은' 수준이라고 할 수 없다. 티 로우 프라이스 펀드의 연평균수익률이 6%라고 하자. 초기 투자금 1만 달러를 복리로 계산하면 25년 후에는 4만 458달러가 된다. 비용률이 0.04%밖에 안 되는 진정한 저비용 인덱스펀드는 초기 투자금 1만 달러가 25년 후에 4만 2,516달러가 된다. 비용률이 높은 펀드보다 2,058달러가 더 많은 것이다. 그렇다. 얼핏 사소한 차이로 보여도 '복리의 마법' 때문에 실제로는 그 사소한 비용 차이가 수익에서 아주 큰 차이를 나타낸다.

현재 S&P500 지수를 따라가도록 설계한 전통적 인덱스펀드가 40개 정도 있는데 이 가운데 14개는 1.5%에서 5.75%의 선취수수료를 부과한다. 현명한 투자자라면 최저 비용 인덱스펀드 그리고 이 중에서도 선취수수료를 부과하지 않는 펀드를 선택해야 한다. 이제는 당연하게 들리겠지만, 이러한 비용이 펀드투자자에게 돌아가는 순수익에 직접적인 영향을 미친다.

비용 수준이 다른 두 개의 인덱스펀드

알다시피 최초의 인덱스펀드는 1975년에 뱅가드가 출시한 '뱅가드500' 인덱스펀드였다. 그리고 9년 만에 두 번째 인덱스펀드가 탄생했다. 1984년 1월에 등장한 '웰스파고 에쿼티(Wells Fargo Equity) 인덱스펀드가 바로 그것이다. 이때부터 뱅가드 펀드와 웰스파고 펀드의 수익률을 비교하는 일이 가능해졌다

두 펀드 모두 S&P500 지수를 기준점으로 삼았다. 뱅가드500 인덱스펀드의 판매수수료는 출시 후 몇 개월 만에 없어졌고, 현재는 1만 달러 이상을 투자한 투자자에 한해 0.04%(4bp)의 비용률을 적용하고 있다.

이와는 대조적으로 웰스파고 펀드는 초기 판매수수료가 5.5%였고 연평균 비용률은 0.80%였다(현재 0.45%). 비용 수준 때문에 처음부터 불리한 위치에서 출발했던 웰스파고 펀드는 해가 갈수록 뱅가드 펀드와의 수익 격차가 더욱 벌어지고 있다.

자신이 투자한 인덱스펀드는 펀드매니저가 아니라
진짜 투자자의 주머니를 두둑이 채워주는 상품이어야 한다

아주 작은 차이로 보일지 몰라도 1984년 이후 33년 동안

뱅가드 펀드의 자산 가치가 27%나 증가했다. 2017년이 되자 뱅가드500 인덱스펀드의 초기 투자금 1만 달러는 29만 4,900달러가 된 반면에 웰스파고 에쿼티 인덱스펀드는 23만 2,100달러로 증가했다. 다시 한 번 강조하는데 인덱스펀드라고 다 같지는 않다. 현명한 투자자라면 평판이 좋은 펀드 운용사가 제공하는, 운용비용이 최저인 인덱스펀드를 선택해야 한다.

몇 년 전에 웰스파고 관계자에게 펀드수수료를 왜 그렇게 많이 받았느냐고 물은 적이 있다. 그러자 이러한 답변이 돌아왔다. "왠지 아시지 않나요? 너무도 확실한 '돈줄'이니까요." 실제로 이 고액의 수수료가 펀드매니저에게 상당액의 수익을 꾸준히 창출해주고 있다. 신중하게 최저 비용의 인덱스펀드를 선택해야만 이 펀드가 펀드매니저가 아닌 투자자 자신의 '돈줄' 역할을 해줄 수 있다.

시장 효율성과는 상관없이 인덱스 전략은 항상 먹힌다

인덱스 전략은 S&P500 같은 미국의 대형주 시장처럼 효율적 시장(주가에 이용 가능한 모든 정보가 반영돼 있어서 새로운 정보에 즉각 반응하는 시장) 부문에서는 먹히지만, 소형주 혹은 미국 이외 시장 같은 기타 시장 부문에서는 액티브 펀드가 더 효과적이라는 말이 있다. 그러나 이 주장은 잘못된 것으로 드러났다.

제3장 자료 3.3에서 확인한 바와 같이 인덱스 전략은 어떠한 조건의 시장에서든 거의 완벽하게 먹힌다. 당연한 이야기다. 효율적 시장이든 아니든 간에 해당 시장 부문의 투자자 집단은 그 시장 부문이 창출하는 수익을 전부 챙겨가기 때문이다. 통상적으로 비효율적 시장에서는 가장 성공한 펀드매니저들이 큰 수익을 챙겨갈 수도 있다. 그렇다는 것은 다른 펀드매니저는 큰 손실을 경험했다는 의미일 수 있다. 세분화된 시장 부문 가운데 어디에 속해 있든 간에 전체 투자자의 수익이 평균으로 회귀한다는 사실을 잊지 마라.

국제 펀드도 기준 지수를 따라간다
━━ ● ━━

효율성이 떨어지는 시장에서는 펀드매니저가 시장을 이기기 쉽다고 하는데 이 같은 주장은 국제 펀드에도 적용된다. 그러나 이 또한 의미 없는 주장이다. S&P는 국제 액티브 펀드 가운데 지난 15년 동안 S&P 국제시장지수(미국 주식시장 이외의 세계 시장지수)보다 못한 성과를 낸 펀드가 89%나 된다고 발표했다.

이와 마찬가지로 신흥시장 펀드 가운데 S&P 신흥시장지수보다 못한 성과를 낸 펀드가 90%나 됐다. 효율적인 시장이든 덜 효율적인 시장이든 또 미국시장이든 해외시장이든 상관없이 인덱스 투자전략이 성공을 거뒀다. 이 정도면 충분하다고 생각한다. 인덱스펀드가 답이라는 결론을 내는 데 다른 무슨 자료가 더 필요한가?

도박은 위험하다

특정 시장 부문에 투자할 때 특히 인덱스 전략이 가장 효과적일 수도 있다. 그러나 이길 가망성이 있는 시장 부문을 골라 베팅하는 행위는 말 그대로 투자라기보다는 도박이라고 봐야 한다. 그러나 도박은 지는 게임이라는 사실을 명심하라.

그 까닭이 무엇일까? 심리적 요소가 투자자가 취하는 수익에 부정적인 영향을 미치기 때문이다. 각 시장 부문에서 창출하는 수익이 얼마이든 간에 투자자에게 돌아오는 몫은 그보다 훨씬 적을 것이다. 현재 가장 인기 있는 펀드는 최근에 눈부신 성과를 낸 펀드라는 사실을 보여주는 증거가 차고도 넘친다. 다들 선택하려 하는 인기 펀드에 투자하는 것은 '필패(必敗)' 전략이라는 점을 명심해야 한다.

투자할 시장 부문을 선택할 때는 돌다리도 두드려보고 건너듯 신중에 신중을 거듭해야 한다. 도박만큼 흥분되지 않을지는 몰라도 역시 주식시장 전체를 포괄하는 전통적 인덱스펀드를 선택하는 것 만한 전략이 없다. 인덱스펀드야말로 투자의 정석이라는 사실은 주먹구구가 아닌 수학적 확실성을 근거로 한 결론이다. 액티브 펀드매니저라는 '연금술사'가 아무리 노력해도 납이나 구리, 철을 금으로 바꿀 수는 없다. 복잡성을 피하고 단순성과 간소화 법칙에 의지한다면 성공투자의 단맛을 볼 수 있다.

현명한 투자자의 조언

지난 50년 동안 주식형 뮤추얼펀드가 시장 평균을 웃돈 확률이 2%밖에 안 된다고 한 것은, 내가 상황을 너무 비관적으로 봤기 때문에 나온 결과라고 생각하는 사람도 있을지 모른다. 그렇게 생각한다면 크레디트 스위스(Credit Suisse)의 수석 시장전략가이자 『통섭과 투자*More Than You Know*』의 저자이기도 한 컬럼비아 경영대학원의 부교수 마이클 모부신(Michael J. Mauboussin)의 계산 결과를 살펴보라. 그나마 내 계산상으로는 50년 동안 주식시장을 이기는 포트폴리오가 50개 중 1개꼴이라는 의미다. 그런데 모부신은 일반 펀드가 15년 연속으로 시장을 이길 확률은 22만 3,000분의 1이고 21년 동안 시장을 이길 확률은 무려 3,100만분의 1이라고 했다. 어느 모로 보나 일반 펀드가 전체 시장을 포괄한 인덱스펀드를 이길 확률은 보다시피 처참한 수준이다.

×××

워런 버핏의 사업 파트너 찰스 멍거는 복잡한 방식은 피하고 단순한 방식을 취하라는 취지로 다음과 같이 말했다.

"요즘 들어 자선기금의 투자방식이 너무 복잡해지고 있다. 어떤 기부기금을 보면 투자상담사라는 사람이 한둘이 아니고 무더기로 있다. 이것도 모자라 우수한 투자상담사를 또 찾아내고, 다양한 범주에 투자자산을 배분하고, 애초에 선언한 투자 스타일을 제대로 고수하는지 확인하는 등등의 업무를 맡을 전문 자문가를 또 고용한다. 여기에 투자은행이 고용하는 증권분석가까지 정말 정신이 하나도 없을 정도로 인적 구조가 너무 복잡하다.

이러한 복잡성과 관련한 분명한 사실이 한 가지 있다. 투자관리에 소요되는 총비용에다 대규모 투자 포지션을 수도 없이 바꿔대는 데 따른 마찰 비용까지 합하면 전체 비용이 순자산 가치의 3%에 달할 정도다. 전체 투자자 집단은 자신들이 고용한 전문가에게 빠져나가는 비용만큼 투자수익에서 손해를 보게 된다.

그리고 정확히 전체 투자자의 절반은 투자판의 '딜러'인 투자자문가의 몫을 제하고 나면 항상 평균을 밑도는 성과를 낸다. 그나마 그 평균수익이라는 것도 만족할 만한 수준이 아니다. 그러므로 인덱스 투자로 전환함으로써 중간에서 내 몫을 축내기만 하는 자문가나 상담사를 거치지 말고 직접 투자하고 투자 회전율도 줄이는 것이 최선이다." (이 시점에서 고트락스 가문의 이야기가 새삼 떠오른다.)

제 1 4 장

채권펀드

잔인한 산수의 법칙이
더 강하게 적용되는 또 다른 영역

―――――――――

지금까지는 '상식' 원칙을 주로 주식시장, 주식형 뮤추 얼펀드, 주식형 인덱스펀드에 적용했었다. 그러나 그동안 열심히 말해왔던 단순 산수의 엄격한 법칙은 채권 펀드에도 적용할 수 있다. 그것도 다른 부문에 비해 훨씬 더 강 력한 위력을 발휘하는 법칙으로서 말이다.

그 이유는 아주 분명하다. 주식시장 및 주식시장에서 매매 되는 개별 종목에 영향을 미치는 요소는 수도 없이 많다. 그런 데 채권시장에는 투자자가 올린 수익에 '지배적' 영향을 미치는 요소가 '하나' 있다. '금리'가 바로 그것이다.

채권(확정금리부) 펀드의 매니저는 금리에 거의 영향을 미치지 못한다. 시장에서 형성된 금리 수준이 마음에 안 든다고 재무부나 연준에 항의할 수도 없고 수요와 공급 체계를 바꿀 수도 없는 노릇이다.

왜 채권에 투자해야 하는가?

———

과거를 돌이켜보면 대체로 주식 수익이 채권 수익을 앞서왔다. 주식이든 채권이든 앞으로는 과거의 평균수익에 한참 못 미칠 것으로 보이기는 하나 어쨌든 양자 간의 이 같은 관계성이 미래에도 유지될 것이고 따라서 앞으로 10년 동안에도 주식 수익이 채권 수익을 앞설 것이다.

제9장에서 언급했듯이 향후 10년 동안의 채권 수익률을 연평균 3.1% 정도로 추정한다. 다시 정리하자면 1900년 이후의 채권 수익률은 연평균 5.3%였고 1974년 이후에는 8.0%였다. 그리고 앞으로 10년간의 연평균수익률은 3.1% 내외가 될 것이다.

그렇다면 요즘 분별력 있다는 투자자들이 대체 왜 채권을 보유하는가? 첫째, 장기간을 단기 단위로 잘라 살펴보면 채권 수익이 주식 수익을 앞섰던 기간 단위 수가 꽤 많았기 때문이다. 예컨대 1900년부터 지금까지 117년을 한 기간 단위로 묶었을 때는 채권 수익이 주식 수익을 앞질렀던 해가 42년이었다. 그리고 5년 단위로 잘랐을 때는 112개 기간 단위에서 채권 수익이 주식 수익을 29배나 앞섰고 15년 단위로 잘랐을 때도 103개 기간 단위에서 채권 수익이 13배 앞섰다.

둘째, 첫 번째 이유보다 이것이 좀더 중요한데, 포트폴리오의 변동성이 줄어들면 시장이 폭락할 때 가치 하락으로 인한 손실을 방어할 수 있다. 요컨대 주식과 채권으로 구성된 혼합형 포트폴리오에 투자하면 역생산적 투자자 행동(즉 주식시장이 폭락했을 때 놀란 마음에 주식 포지션을 청산하는 행동)을 줄일 수 있다.

셋째, 1960년대 초 이후로 채권 수익률이 역대 최저 수준에 근접하는 상황임에도 채권의 현행수익률(3.1%)은 여전히 주식의 배당수익률(2%)보다 높다.

채권수익률과 주식수익률의 차이는 계속해서 비슷한 수준을 유지한다

실제로 채권 수익률이 주식 수익률을 1.1퍼센트포인트 상회

하는데 이 차이는 최근의 채권과 주식의 수익률 차이 1.4퍼센트포인트(1974년 이후 채권의 평균수익률은 6.9%, 주식의 평균수익률은 5.5%)와 비슷한 수준이다. 그러므로 오늘날과 같은 저금리(그리고 배당 수익률이 낮은) 시대에도 채권은 상대적으로 경쟁력이 있다 하겠다.

이쯤 되면 '왜 채권을 보유해야 하는가?'라는 물음은 '포트폴리오 내 채권의 비율을 어느 정도로 해야 하는가?'로 바뀌어야 한다. 그 정도로 채권에 대한 투자에 당위성이 인정되는 것이다. 채권 투자 비율에 관해서는 제18장에서 다룰 것이다.

채권펀드 매니저는 채권시장을 따라간다

채권펀드의 수익률은 현행 금리 수준에서 크게 벗어날 수가 없다. 물론 펀드매니저가 특별히 뛰어나거나 운이 좋다면 혹은 과도한 위험을 감수한다면 더 나은 성과를(그것도 꽤 오랫동안) 올릴 수도 있다.

그러나 자칫 잘못된 투자 결정을 내리는 날에는 모든 것이 도로 아미타불이 되고 장기적으로 수익률에 큰 타격을 입을 수 있다. '평균으로의 회귀'라는 망령(?)이 다시 출몰하기도 한다. 더구나 펀드매니저가 총수익률을 겨우 1% 끌어올리

는 것으로는 펀드비용, 보수, 판매수수료 부담을 극복하기
는 어렵다.

다양한 위험 수준

이러한 비용 요소 때문에 채권펀드의 수익률을 올리기가
훨씬 어려워진다. 그런데 자신감이 과한 펀드매니저는 포트
폴리오 내 채권의 만기를 늘리는 방식으로 위험 수준을 좀
더 높이려 한다. (통상 30년 만기 장기채권은 2년 만기 정도의 단기채권
보다 변동성이 훨씬 크지만, 대체로 수익률이 더 높다.)

또 미 재무부채권(AA⁺ 등급)이나 투자(적격)등급 회사채(BBB
등급 이상)의 비중을 줄이고 투자부적격등급 채권(BB 등급 이하)
혹은 더 나아가 이른바 정크본드 수준인 CC 등급 이하 혹은
아예 등급 자체가 없는 채권의 비중을 늘리는 방식으로 포
트폴리오의 품질을 떨어뜨려 수익률을 높이려는 꼼수를 쓰
기도 한다. 정크본드에 의존해 수익률을 높이려 하다가는
위험 수준이 너무 높아진다. (너무도 당연한 일!) 투자자가 정크
본드 펀드에 투자해 채권 수익률을 높이는 방법을 쓰더라도
정크본드의 비중은 최소한으로 해야 그나마 위험 수준을 낮
출 수 있다.

채권펀드의 기본 유형 세 가지

채권 뮤추얼펀드의 주요 장점 가운데 하나는 수익과 위험 간의 상충 관계를 조정하는 방식에 관해 투자자에게 최소한 세 가지 선택지를 제공한다는 부분이다. 일단 단기 포트폴리오는 수익률을 높이는 것보다 변동성 위험을 줄이는 데 초점을 맞추는 투자자에게 적합하다. 장기 포트폴리오는 높은 위험 수준을 적절히 감내하면서 수익을 극대화하겠다는 투자자에게 적합하다. 그리고 적정선에서 수익 기회와 시장 변동성 간의 균형점을 찾으려는 투자자는 중기 포트폴리오를 선택하는 것이 바람직하다. 이러한 선택지는 다양한 전략을 구사하려는 투자자에게 상당한 매력으로 작용한다.

기준 지수를 밑도는 성과를 내는 이유 또한 '비용'

모든 것을 고려할 때 적정 수준의 만기에 신용등급을 부여받은 채권펀드는 해당 시장 부문이 창출한 총수익을 챙겨갈 것이다. 그리고 여기서 비용률과 운용비용, 판매수수료 부분을 공제하고 나면 순수익이 줄어들 것이다. 채권에 관해서는 브랜다이스의 경고가 특히 큰 의미가 있다.

"낯선 이여, 잊지 마라. 산수는 과학의 출발점이요, 안전의 어머니다."

채권펀드의 종류가 너무 많아서 그 모든 펀드의 성과를 일일이 다 살펴보다가는 인내심에 한계가 올 지경이다. 그래서 여기서는 만기(단기, 중기, 장기)를 기준으로 한 세 가지 유형의 채권펀드와 주요 등급에 속한 두 가지 채권펀드(미 정부 채권, 투자 등급 회사채)에 초점을 맞출 생각이다.

제3장에서 이른바 스피바(SPIVA) 보고서 자료를 토대로 액티브 뮤추얼펀드의 90%가 기준 지수에 못 미치는 수익을 냈다고 밝힌 바 있다.

스피바 보고서는 다양한 범주의 채권 뮤추얼 펀드의 수익을 각각의 기준 지수와 비교한 자료도 제공한다. 2001년부터 2016년까지 15년 동안 채권지수의 우위가 두드러졌다. 즉 단기, 중기, 장기 등 3개 범주와 미 정부 채권, 투자 등급 회사채 등 2개 범주의 조합인 총 6개 범주에 속한 전체 액티브 채권펀드의 85%는 평균수익이 채권 지수를 밑돌았다(자료 14.1 참고). 또 뮤추얼 채권펀드의 84%와 고수익 채권펀드의 96%는 평균수익률이 각 부문의 기준지수를 밑돌았다.

비용이 채권펀드의 수익에 지대한 영향을 미친다

펀드 범주	미 정부 채권	투자 등급 채권
단기 채권	86%	73%
중기 채권	82	73
장기 채권	97	97
평균	88%	81%

스피바 보고서에 따르면 지난 15년 동안 중기 및 단기 미재무부채권 펀드와 중기 및 단기 회사채 펀드의 연평균수익률과 인덱스펀드의 수익률 간에 약 0.55퍼센트포인트의 차이가 나타난다고 본다. 인덱스 채권펀드의 연평균 비용률은 0.10%인 반면에 액티브 채권펀드의 비용률은 0.75%였다. 양 채권펀드의 비용률 차이는 약 0.65퍼센트포인트로서 이는 수익률 차이(0.55퍼센트포인트)를 약간 웃도는 수준이다. 인덱스 전략이 우위를 점하는 데 저비용 요소가 중요한 역할을 한다는 사실을 다시 한 번 확인할 수 있는 대목이다.

전체 채권시장 인덱스펀드

1986년에 처음으로 선보인 최대 '전체 채권시장 인덱스(지수) 펀드'는 '블룸버그 버클레이즈 미국종합채권지수(Bloomberg Barclays U.S. Aggregate Bond Index)'를 따라간다. 주요 채권시장 인덱스펀드 거의 전부가 이렇게 한다. 이러한 유형의 인덱스펀드는 신용등급이 높은 채권으로 구성돼 있어 포트폴리오의 등급이 매우 높다(미 정부 채권 63%, AAA 등급 회사채 5%, AA~BAA 등급 채권 32%. 그리고 투자부적격등급 채권은 없다). 지난 10년 동안 전체 채권시장 인덱스펀드의 연평균수익률은 4.41% 로서 기준 지수의 연 수익률 4.46%와 거의 비슷한 수준으로서 이와 0.05퍼센트포인트밖에 차이가 나지 않는다.

고등급 포트폴리오는 일반적으로 저등급 포트폴리오보다 수익률이 낮기 때문에 2017년 중반에 전체 채권시장 인덱스펀드의 수익률은 2.5%로 앞에서 언급했던 일반 채권 수익률 3.1%보다 낮은 수준이다. 이번 비교분석 작업을 위해 미 정부 채권의 비중은 좀 낮추고(63%에서 50%로) 투자등급 회사채의 비중은 더 높여서(37%에서 50%로) 포트폴리오를 구성했다.

이렇게 정부채와 회사채의 구성 비율을 50%로 맞춘 균형적 채권 포트폴리오를 구축함으로써 고등급 수준은 유지하면서도 전체 채권시장 인덱스펀드보다 높은 수익률을 원한다면 전체 채권시장 인덱스펀드 75%와 투자등급 회사채 인덱스펀드 25%의 비율로 포트폴리오를 구성하는 것이 바람직하다.

주식 인덱스펀드의 가치 요소와
채권 인덱스펀드의 가치 요소는 동일하다

주식 인덱스펀드의 가치는 폭넓은 다각화, 초저비용, 낮은 포트폴리오 회전율, 세금 효율성, 장기 보유 전략을 구사하는 투자자에 치중하는 운용방식 등에서 나온다고 했다. 채권 인덱스펀드의 가치 역시 이러한 요소에서 비롯된다. 인덱스펀드는 그 내재적 속성상 주식시장과 채권시장은 물론이고 다른 모든 금융시장에서 창출된 수익 가운데 투자자가 정당하게 가져갈 몫을 보장해준다.

'초저비용 펀드에 초점을 맞춰라', '장기적 수익 펀드를 선택하라', '단순성 및 간소화 법칙에서 얻는 이득' 등 주식 펀드를 중심으로 논리를 전개했던 이전 장들의 제목은 채권 인덱스펀드에도 그대로 적용할 수 있다. 이러한 것들은 부문을 불문하고 어디에나 적용할 수 있는 보편적 원칙이다.

현명한 투자자의 조언

채권 인덱스펀드 투자의 이점이 점점 더 늘고 있다. 세계적인 자산운용사 블랙록(BlackRock)에서 채권담당 책임자로 일했던 피터 피셔(Peter Fisher)는 이렇게 말했다.

"우리는 지금 인덱스 혁명의 두 번째 국면으로 나아가고 있다. 세상은 놀라움 가득한 불확실한 곳이고 투자자는 자신의 채권 포트폴리오를 좀더 단순하게 만들어 밤에 두 자리 쭉 펴고 편히 자고 싶어 한다."

×××

채권에 투자하는 인덱스펀드의 가치에 대해 쓴 글이 그다지 많지는 않다. 그런데 공인재무분석사(CFA) 월터 굿(Walter R. Good)과 로이 허만슨(Roy W. Hermansen)이 〈인덱스펀드를 통한 성공투자 전략*Index Your Way to Investment Success*〉에 쓴 내용을 보면 이 장에서 강조한 채권 인덱스펀드의 가치가 더욱 명확해진다.

"비용, 매매비용, 판매수수료(해당되는 경우) 등을 비교해보면 비용 측면에서 채권 인덱스펀드의 장점이 확연히 드러난다. 판매수수료가 부과되는 액티브 채권펀드와 비교하면 인덱스펀드는 수익률에서 연간 1.2퍼센트포인트나 앞선다.

이러한 자료를 보면 액티브 채권펀드를 운용하는 펀드매니저가 얼마나 버거운 문제에 직면했는지 짐작할 수 있다. 즉 비용 부분을 전부 상쇄하려면 수익률을 대체 얼마나 끌어올려야 하는지 한 번 생각해 보라."

×××

채권 인덱스펀드의 가치를 인정해주는 사람이 유럽에도 있었다. 『현명한 투자 : 단순할수록 더 좋은 결과를 낸다*Smarter Investing : Simpler Decisions for Better Results*』의 저자인 영국의 팀 헤일 (Tim Hale)은 이렇게 쓰고 있다.

"지금까지는 채권 인덱스펀드 투자의 효과에 관해 드러내놓고 당당하게 주장하기보다는 아는 사람끼리 숙덕거리는 정도였다. 그렇더라도 이러한 전략의 가치를 간과해서는 안 된다. 인덱스펀드에 투자하는 것이 유리하다는 사실을 보여주는 매우 명확하고 설득력 있는 증거가 있으니 말이다. 1988년부터 1998년까지 10년 동안 미국 채권 인덱스펀드의 연평균수익률은 8.9%였는데 액티브 채권펀드는 8.2%였으며 전체 액티브 채권펀드의 85%가 인덱스펀드의 수익률에 미치지 못했다. 이러한 수익률 차이는 펀드매니저에게 지급하는 보수에서 비롯된 측면이 크다."

제 1 5 장

상장지수펀드(ETF)

데이트레이더를 위하여

지 난 10년 동안 상장지수펀드(ETF)라는 '양의 탈을
쓴 늑대'가 휘젓고 다니는 통에 전통적 인덱스펀드
(TIF)의 기본 원칙이 변질되는 상황이 벌어졌다. 간단히 말해
ETF는 전통적 인덱스펀드로 가장하고 있으나 실제로는 주
식처럼 지분을 쉽게 사고 팔 수 있게 만들어 놓은 '변종' 인
덱스펀드다.

인덱스펀드의 기본 원칙이 어떻게 변질됐는지를 조목조
목 열거하자면 이렇다. 42년 전에 탄생한 인덱스펀드의 원

조 격인 TIF는 장기 투자를 기본 패러다임으로 하고 있었다. 이에 반해 인덱스펀드를 매매의 수단으로 사용하겠다는 것은 '단기 투기적' 발상에 지나지 않는다. 또 TIF의 지향점은 폭넓은 투자 다각화에 있다. 그런데 ETF는 시장 부문별 다각화를 지향한다. 투자 다각화 원칙을 지킨다고는 하나 전체 시장이 아닌 특정 부문에 국한된 다각화는 아무래도 다각화의 범위에 한계가 있을 수밖에 없다. 결과적으로 다각화의 폭이 줄어든 만큼 위험 수준이 높아진다. 또 원래 패러다임은 비용의 최소화인데 시장 부문별 인덱스펀드는 본질적으로 고비용 구조이며 매매가 이루어질 때마다 비용이 발생하고 매매를 통해 이익이 실현되면 세금도 부담해야 한다.

이 시점에서 분명히 짚고 넘어가야 할 부분이 있다. 기본적으로 전체 시장지수를 따라가는 구조인 만큼 매매만 하지 않는다면 ETF 투자 자체가 잘못된 것은 아니다. 단기적 투기는 지는 게임이고 장기적 투자는 그 효과가 검증된 전략이다. 그리고 이 전략을 실행하는 데 가장 적합한 수단은 전체 시장을 포괄하는 인덱스펀드다.

ETF 트레이더는 펀드 투자수익률과 주식시장 수익률 간의 관계성을 전혀 모른다

TIF 패러다임의 본질은 주식시장이 창출한 수익에서 투자자가 정당한 자신의 몫을 챙겨가도록 보장해주는 것이다. 그러나 ETF 트레이더(trader, 단기 차익을 노리는 단타 매매인)의 행동을 보면 투자자의 정당한 몫을 챙기는 일과는 거리가 멀어 보인다. 실제로 이들은 투자종목 선택의 어려움, 투자 시점 선택에 따른 위험, 추가 비용, 세금 부담 등 다양한 어려움에도 불구하고 투자수익률과 시장수익률 간의 관계성을 전혀 알지 못한다.

전통적 인덱스펀드(TIF)와 상장지수펀드(ETF)로 대표되는 신종 인덱스펀드 간에 극명한 차이가 나타난다(자료 15.1 참고). ETF는 TIF와는 완전히 다른 길을 걷는 것 같다. "엄마, 대체

자료 15.1 | 전통적 인덱스펀드 대 상장지수펀드

| | | ETF | | |
| | | 전체시장 인덱스펀드 | | 부문별 인덱스펀드 |
	TIF	투자	매매	
다각화 극대화	그렇다	그렇다	그렇다	아니다
장기 투자 극대화	그렇다	그렇다	아니다	거의 아니다
비용 최소화	그렇다	그렇다	그렇다*	그렇다*
세금 효율성의 극대화	그렇다	그렇다	아니다	아니다
시장수익에서 투자자의 몫 극대화	그렇다	그렇다	알 수 없다	알 수 없다

* 매매비용은 고려하지 않는 경우에만 해당

저 사람들이 내 노래에 무슨 짓을 한 거죠?(What have they done to my song, ma?)"라는 옛 노래의 제목처럼 TIF에 누가 무슨 짓을 해 놓은 것인지 정말 궁금하다.

'스파이더'의 탄생

최초의 ETF는 1993년에 네이선 모스트(Nathan Most)가 만들어낸 '스탠더드앤드푸어스 예탁증권(Standard & Poor's Depositary Receipts : SPDR)'이라는 것이었는데 얼마 후 여기에 '스파이더(Spider)'라는 별명이 붙었다. 아이디어는 좋았다. 기본적으로 S&P500 지수를 따라가면서 저비용에다 높은 세금 효율성까지 갖추고 특히 장기 투자를 모토로 운용한다면 전통적 S&P500 인덱스펀드의 아성을 위협하는 강력한 적수가 될 수도 있었다.[1] (그러나 중개수수료 부담 때문에 주기적으로 소액을 투

1. 모스트는 처음에 S&P500 인덱스펀드를 매매 수단으로 사용하자는 아이디어를 두고 뱅가드와의 파트너십을 제의했었다. 그러나 알다시피 나는 잦은 '매매'는 중개인에게는 이기는 게임일지 몰라도 투자자에게는 지는 게임이라고 보기 때문에 이 제의를 거절했다. 그러나 개인적으로 우리는 여전히 친구다.

자하는 투자자에게는 적합하지 않다.)

'스파이더500'은 2017년 초 현재 2,400억 달러가 넘는 자산을 보유한 세계 최대 ETF다. 스파이더 S&P500은 2016년 한 해 동안 260억 구좌가 매매됐고 총 거래금액은 5조 5,000억 달러에 이른다. 그리고 연간 회전율은 무려 2,900%에 달했다. 일간 거래량(금액)으로 보면 주식시장에서 가장 활발히 매매되는 것이 스파이더였다.

스파이더와 기타 ETF는 주로 단기 투자자들이 이용한다. 전체 ETF 자산의 절반가량을 보유한 이른바 큰손 투자자는 은행, 액티브 펀드매니저, 헤지 거래자, 전문 트레이더 등으로, 이들은 ETF 구좌를 빈번하게 매매한다. 2016년 한 해 동안 이러한 큰손 투자자는 무려 1,000%(!)에 달하는 매매 회전율을 기록했다.

ETF의 폭발적 성장

처음에는 'S&P500 ETF' 하나로 출발했던 ETF는 2017년 초 현재 총 5조 달러에 달하는 전체 인덱스펀드 자산의 50%에 해당하는 2조 5,000억 달러의 자산을 보유할 정도로 급성장했다. 1997년 당시 전체 인덱스펀드 중 ETF의 비중은 겨우

9%였는데 2007년에는 41%로 증가했다가 이제 50%로 증가한 것이다.

이제 ETF는 금융시장에서 절대 무시할 수 없는 중요한 요소로 부상했다. 미국 주식시장의 일일 총 거래량 가운데 ETF가 40% 이상을 차지할 때도 있을 정도다. ETF가 투자자와 투기자 모두의 요구를 충족시킨 것은 분명하다. 그러나 동시에 주식중개인이 '일용할 천상의 양식'을 제공해준 것 또한 분명한 사실이다.

이처럼 ETF의 놀라운 성장에는 월가를 무대로 활동하는 금융인들의 열망, 투자자산 유치에 목을 매는 펀드매니저, 증권사 마케팅의 위력, 모든 악조건에도 불구하고 시장을 이길 수 있다는 고집스러운 믿음 하나로 복잡한 전략과 적극적 매매 방식에 매달리는 투자자 등으로 대표되는 투자계의 현실이 반영돼 있다. 이제 그러한 현실을 살펴보도록 하자.

ETF 쏠림 현상

ETF의 폭발적 성장이 수적 측면으로나 다양성 측면에서 심각한 쏠림 현상으로 이어졌다. 지금은 ETF의 수가 2,000개를 넘었고(10년 전에는 340개 정도였음) 선택의 범위도 매우 넓

어졌다.[2]

ETF의 포트폴리오 구조는 TIF와는 엄청난 차이를 보인다
(자료 15.2 참고). 예를 들어 ETF 자산 가운데 스파이더와 같은
다각화된 주식시장 인덱스펀드(미국 및 국제 시장)에 투자한 비
율은 32%밖에 안 된다. 그 비율이 62%나 되는 TIF와 비교되
는 부분이다. 집중적, 투기적, 지수 역행적(지수의 일일 변동률을
역방향으로 따라감), 레버리지(일반 주식이 아니라 선물 등 파생상품에 투
자해 지수보다 높은 수익을 추구함. 가격이 대상 지수와 동일한 비율로 변화
하지 않고 2배, 3배 등의 배율로 움직임) 등의 전략을 구사하는 쪽에
ETF 자산의 23%를 배분하는 ETF가 무려 950개나 된다. 그
러나 이러한 전략을 구사하는 TIF는 137개에 불과하다(TIF
자산의 5% 배분).

스마트 베타(smart beta, 전통적인 시가총액가중 방식이 아니라 기업
의 내재가치나 배당수익률, 변동성 등 비가격적 요소를 가중치로 활용해 지

---

2. 이 책을 쓰던 시점을 기준으로 지난 12개월 동안 250개가 더 등장했
   고, 200개 정도가 시장에서 사라졌다. 이렇게 ETF가 새로 등장했다가
   사라지는 비율이 높다는 것은 ETF에 대한 열광적 지지가 일시적 유행
   에 지나지 않는다는 반증이다. 이러한 일시적 유행이 투자자에게 득
   이 되는 경우는 별로 없었다.

자료 15.2 | TIF와 ETF의 자산 구성 : 2016년 12월

	자산(단위 : 10억 달러)	전통적 인덱스펀드(TIFs)	펀드의 수	
다각화된 미국 주식	$1,295	47%	67	16%
다각화된 해외 주식(미국 주식 제외)	421	15	43	10
다각화된 채권	489	18	50	12
팩터 및 스마트베타	423	15	129	30
집중적 및 투기적	132	5	137	32
총계	$2,760	100%	426	100%

	자산(단위 : 10억 달러)	상장지수펀드(ETFs)	펀드의 수	
다각화된 미국 주식	$477	20%	40	2%
다각화된 해외 주식(미국 주식 제외)	287	12	94	5
다각화된 채권	355	15	196	10
팩터 및 스마트베타	756	31	669	34
집중적 및 투기적	562	23	950	49
총계	$2,438	100%	1,949	100%

수를 구성하고 추종함으로써 더 나은 위험대비 수익률을 창출하려는 전략. 제16장 참고)와 팩터(factor, 투자 성공 '요인'을 찾아내고 펀드수익률에 영향을 주는 이러한 요인을 근거로 투자 결정을 함) 전략에 초점을 맞춘 ETF가 669개나 된다. 그리고 주식시장 부문을 기반으로 한 ETF가 244개, 특정한 외국시장에 자산을 집중 배분하는 ETF가 156개다. 또 포괄적 채권시장을 기반으로 한 ETF는 196개, 높은 레버리지를 이용하는(이에 따라 투기자는 시장 동향에 초점을 맞춰 일일 주가 변동 상황에 대해 일일 지수의 2배, 3배 심지어 4배까지 베팅할 수 있음) ETF, 상품가격과 환율을 따라가는 ETF, 기타 고위험 전략을 구사하는 ETF 등이 422개나 된다.

게다가 TIF로의 자금 유출입은 비교적 안정적인데 비해 ETF 쪽으로 몰리거나 빠져나가는 자금의 변동성이 매우 크다. 주식시장이 고점을 찍었던 2007년 4월부터 시작해 시장 붕괴로 주가가 50%나 하락한 직후인 2009년 4월까지 24개월 동안 TIF는 현금 흐름에서 마이너스(-)를 기록한 달이 한 번도 없었다. 그러나 ETF는 24개월 중 10개월 동안 마이너스(-)를 기록했다. 2007년 12월(시장 고점에 근접한 시기)에는 ETF로 들어온 자금이 310억 달러였는데 주식시장이 바닥을 쳤던 2009년 2월에는 180억 달러가 빠져나갔다. 역생산적인 투자자 행동이 확연히 드러나는 대목이다.

이렇듯 어느 모로 보나 ETF는 장기 보유, 투자 다각화(분산 투자), 비용의 최소화 등 전통적 인덱스펀드(TIF)가 지향하는 투자의 기본 원칙과는 거리가 멀어도 한참 멀다.

유명한 퍼디 엽총(Purdey shotgun)은
아프리카 맹수 사냥에는 그만이다
또한 자살용으로도 꽤 쓸 만하다

앞서 열거한 전통적 인덱스펀드의 5대 패러다임을 준수하고 더 나아가 이 원칙을 좀더 개선할 수 있는 ETF 유형은 그나마 '전체 시장을 따라가는' ETF, 이것 하나뿐이다. 이마저도 이 펀드를 사서 장기 보유한다는 전제가 충족됐을 때의 이야기다. ETF는 매매 수수료 때문에 투자자의 몫이 줄어들기는 하지만, 연간 비용률은 TIF와 크게 차이가 나지 않는다. 따라서 비용률 부분에서는 그래도 TIF와 경쟁할 만하다.

스파이더가 처음 출시됐을 때 이렇게 광고했다.

"이제 여러분은 S&P500을 실시간으로 온종일 매매할 수 있다."

광고 문구대로 물론 그렇게 할 수 있다. 그러나 그것이 무슨 소용이 있을까? 아주 교묘하게 설계한 금융 상품인 이 ETF를 세계 최고로 알려진 퍼디 엽총에 비유하지 않을 수 없다.

퍼디 엽총은 아프리카 밀림의 맹수를 사냥하는 데는 그만이다. 그러나 사냥용뿐 아니라 자살용 무기로도 꽤 쓸 만하다는 것이 문제다. ETF가 정말로 그 소유자를 자살로까지야 몰고가겠냐 싶지만, 적어도 투자자를 재정적 파탄 지경에 몰아넣는 경우가 어디 한둘이겠는가!

과거 성과에 기대려는 심리

전체 시장이 아닌 시장 부문 및 업종 부문별(섹터) ETF의 수익률이 어떻든 간에 투자자가 챙겨가는 수익은 아마도 여기에 한참 못 미칠 것이다. 당시 가장 인기 있는 섹터 펀드는 최근에 가장 좋은 성과를 올린 펀드라는 사실을 명심하라. 그러나 그렇게 대단한 성과가 그리 오래 지속되지는 않는다. (평균으로의 회귀 원칙을 다시 한 번 떠올려보라.)

사실 이미 인기 있는 상품을 선택하는 것은 투자 실패로 가는 지름길이다. 제7장에서 이미 충분히 설명했던 내용이다. 뮤추얼펀드 투자자의 수익률은 펀드 자체의 수익률보다 훨씬 낮다. 여기에다 다각화 수준이 낮고 변동성은 더 큰 펀드를 선택하면 결과는 더욱 참담해진다. 이상의 내용은 ETF에도 그

대로 적용된다. 아니 일반 펀드보다 더 심각한 결과를 각오해
야 할 것이다.

최고 수익을 올린 ETF 20개 가운데 투자자의 수익률이
펀드수익률에 못 미친 것이 19개나 됐다

————

2003년부터 2006년까지 최고 수익을 올린 20대 ETF의 성
과 기록을 살펴보자. 이 가운데 투자자 수익률이 ETF 자체 수
익률을 웃돈 경우는 한 하나뿐이다. 펀드수익률과 투자자 수
익률의 평균 격차는 5퍼센트포인트였고 최대 격차는 14퍼센
트포인트[아이쉐어즈 오스트리아(iShares Austria)는 수익률이 42%라고 발
표했는데 투자자가 챙긴 수익률은 고작 28%에 불과했대였다.

ETF 상표에는 가장 먼저 '취급주의'라는 경고 문구가 새겨
져야 한다고 생각한다. 물론 지금까지 이런 문구는 본 적이 없
지만. 아니면 '경고 : 과거 성과만 좇지 마시오!'라는 문구라도
넣어야 공평하지 않을까?

이중고(二重苦) : 한참 인기 있는 시장 부문에 베팅하고(감정 요소)
비싼 비용까지 부담하면(비용 요소) 손실이 날 수밖에 없다

————

투자자는 '이중고'에 시달린다. 첫째, 투자자가 중개인의 추천에 따라 혹은 자신이 직접, 매매가 빈번하게 이뤄지는 이른바 '액티브' ETF를 선택한다면 거의 매번 자신에게 불리한 쪽으로 투자 시점을 선택하게 된다. 즉 특정 시장 부문의 '몸값'이 한참 올라갈 때 그 부문에 베팅하고 인기가 시들해질 때 발을 뺀다. 둘째, 시간이 지나면서 비싼 수수료와 보수가 점점 불어나므로 이러한 비용이 ETF 수익을 상당 부분 갉아먹는다.

감정과 비용 측면의 이 두 '적'이 합세해 투자자에게 재정적으로 큰 손실을 안긴다. 더 생산적으로 그리고 더 즐겁게 사용할 수 있었을 귀중한 시간을 낭비하게 되는 것은 말할 것도 없고 말이다.

2006년 초에 ETF는 이른바 '시장을 이기는' 전략(다음 장에서 다룸)의 선봉에 서게 됐다. 이른바 '스마트 베타' 전략을 들고 나온 업체나 판매자는 자신들이 밀고 있는 '펀더멘털 인덱싱(fundamental indexing, 주가의 본질적 가치인 기업의 펀더멘털, 다시 말해 기초 재무 여건을 고려하는 기법)'과 '팩터(다양한 투자 성공 요인을 고려함)' 방식이 시장을 이기는 장기적 전략이라고 믿는 것 같다. 그러나 ETF 포맷을 취한다는 것은, 주식중개인을 자신들의 상품 판매 경로로 끌어들이는 동시에 투자자에게는 자사 ETF를 계속해서 사고팔도록 부추기면 막대한 단기수익을 창출할 수 있다는 계산이 깔린 것이라고 봐야 한다. 그래서 나는 이들의 주장을 별로 믿지 않는다.

ETF는 기업인과 중개인의 꿈을 실현해준다. ETF가 투자자의 꿈도 실현해줄까?

ETF가 기업인과 주식중개인 그리고 펀드매니저의 꿈을 실현해주는 것만은 분명하다. 그러나 이 ETF가 과연 투자자의 꿈도 실현해줄지 의문이라고 하면 너무 지나친 생각일까? '하루 온종일 실시간으로' ETF를 매매하는 것이 정말 투자자에게 도움이 될까? 또 다각화 수준을 낮추는 것이 과연 더 나은 것일까?

추세를 따르는 것은 과연 이기는 게임일까 아니면 지는 게임일까? 중개수수료와 단기적 이익 실현에 따른 세금 부담 부분까지 비용률에 포함했을 때도 과연 ETF가 저비용 원칙에 적합한 펀드라 할 수 있을까? 계속해서 사고파는(그것도 아주 빈번하게) 것이 장기 보유보다 정말 더 나은 전략일까?

마지막으로, 전통적 인덱스펀드는 장기 투자의 이점을 실현하려는 목적으로 설계된 상품인데 이 상장지수펀드에 투자하는 사람들은 단기 투기라는 어리석은 행동에 너무 자주 눈을 돌리는 것이 아닐까? 상식을 갖춘 사람이라면 이러한 질문에 답하기 어렵지 않을 것이다.

업계의 이익 vs. 고객의 이익

투자업계의 이익과 고객의 이익 가운데 ETF는 과연 어느 편이익을 실현하는 쪽에 더 가까울까? 뱅가드500 ETF와 스파이더500 ETF 가운데 어느 한 쪽이든 선택해서 저비용으로 장기보유한다면 투자 다각화와 낮은 비용률에서 오는 혜택을 누릴 수 있을 것이다. 게다가 이 두 가지는 전체 시장을 포괄하는 ETF인지라 세금 혜택까지 볼 수 있다.

그러나 이러한 ETF를 매매 대상으로 삼는다면 성공투자의 핵심 열쇠인 단순 산수 법칙을 거스르는 행위가 된다. 그리고 시장 부문별 ETF 쪽이 마음에 들면 자신이 선호하는 부문의 ETF에 투자할 수도 있다. 그러나 이때도 단기 매매에 나서지는 마라.

앞선 질문에 대한 대답

이 장을 시작하면서 다음과 같은 질문을 던졌었다.

"엄마, 대체 저들이 내 노래에 무슨 짓을 한 거죠?"

이제 이 질문에 답할 차례다. 세계 최초로 인덱스펀드를 고안한 장본인으로서 작금의 ETF 현상을 지켜보며 위 질문에 이렇게 대답할 수밖에 없다.

"엄마, 저 사람들이 내 노래를 비닐봉지에 담고 입구를 묶은 다음에 거꾸로 뒤집어 놓았어."

요컨대 ETF는 TIF를 트레이더용으로 개조한 상품이다. 그래서 나는 분별력 있는 투자자라면 검증된 인덱스 전략을 고수해야 한다고 강조하고 싶다. 지금까지 나온 투자전략 가운데 전통적 인덱스 투자가 가장 좋은 전략이라고 장담할 수는 없다. 그러나 이보다 못한 전략을 꼽으라면 일일이 헤아릴 수 없을 정도로 많다는 사실만은 분명하다.

현명한 투자자의 조언

모닝스타의 임원 돈 필립스(Don Phillips)는 "갈라선 인덱스펀드(Indexing Goes Hollywood)"라는 제목의 글에서 이렇게 말했다.

"투자자는 인덱스 투자의 어두운 측면을 외면해서는 안 된다. 더 전문화되고 더욱 세분화된 인덱스펀드가 등장할수록 투자자가 손해를 입을 가능성이 높아진다. 이러한 현상을 ETF가 적나라하게 보여 주고 있다. 정밀 공구는 적임자의 손에 들어가 잘만 쓰면 아주 좋은 물건을 만들 수 있다. 그러나 엉뚱한 사람 손에 잘못 들어가면 큰 해를 입힐 수 있다.

인덱스펀드업계는 좀더 복잡한 상품을 개발했고 이 과정에서 고도로 전문화된 도구가 새로운 수익원이 될 수 있다는 사실을 알게 됐다. 그러나 이러한 도구는 노련과는 거리가 먼 미숙한 투자자에게 큰 해를 끼칠 위험이 있다. 인덱스펀드업계가 이러한 위험을 외면할 것인가 아니면 위험 수준을 낮추는 노력을 기울일 것인가에 업계의 미래가 달려 있다 해도 과언이 아니다. 인덱스 투자는 '좋은' 전략이라는 평판이 앞으로도 계속 유지될지는 더 두고 볼 일이다."

×××

이티에프닷컴[ETF.com, 아이러니하게도 이전 명칭은 인덱스유니버스닷컴(IndexUniverse.com)이었음]의 창업자 짐 위언트(Jim Wiandt)는 이렇게 말했다.

"금융계의 일이 원래 그렇듯이 인덱스 투자 상품이 마치 파도처럼 한꺼번에 몰려온다는 사실이 참 모순적이라는 생각이 항상 든다. 헤지 펀드 인덱스, 초소형주 인덱스, 배당 인덱스, 상품 인덱스, 중국 인덱스 그리고 시장수익률 초과를 목표로 삼는 '인핸스드(enhanced)' 인덱스 등이 '이 달의 인기상품'이라는 이름으로 한 달이 멀다하고 쏟아져 나온다. 그런데 이 모든 유형의 인덱스펀드에 공통점이 세 가지 있다. 첫째도 '수익 추구', 둘째도 '수익 추구' 그리고 셋째도 '수익 추구'다.

인덱스 투자전략의 가치를 안다면 세상에 공짜는 없다는 사실도 알아야 한다. '인핸스드' 인덱스를 지향한다는 것은 궁극적으로 펀드매니저의 이익을 증진하는 쪽으로 간다는 의미다. 그러므로 투자자는 경계심을 늦추지 말고 '인덱스를 인덱스답게' 하는 것이 무엇인지 곱씹어야 한다. 즉 인덱스펀드의 본질적 특성은 바로 저비용, 폭넓은 다각화, 장기 보유 등이다. 과대 선전에 흔들리지 마라. 어떤 방법으로든 시장을 이기려 기를 쓰면 그렇게 하는 동안에 발생하는 비용 때문에 오히려 시장에 무릎을 꿇게 된다."

×××

이제 ETF 업체의 고위 임원 두 명이 말하는 솔직한 경고에 귀 기울여보자.

최고경영자 : 부문별(섹터) 펀드는 대다수 사람에게 큰 의미가 없다. 시장 추세에서 크게 벗어나지 마라.

최고투자책임자 : 고도로 전문화된 ETF 혹은 너무 세분화된 시장 부문별 ETF에 초점을 맞추는 것은 바람직하지 않다. 이는 개별 주식종목에 집중 투자하는 것과 다를 바 없다. 위험 부담이 너무 커진다. 무엇이든 과하면 탈이 날 수 있다. 이러한 ETF가 정말 필요한 사람이 몇이나 되겠는가?"

제 1 6 장

시장을 이길 수밖에 없는 인덱스펀드

새로운 패러다임의 출현?

───────

1975년에 처음으로 인덱스펀드가 등장한 이후로 장기 투자자를 겨냥한 전통적 인덱스펀드(TIF)는 기술적으로 눈부신 성공을 거뒀을 뿐 아니라 상업적으로도 큰 성공을 거뒀다.

지금까지 인덱스펀드가 장기적으로 액티브 펀드의 수익률을 훨씬 웃도는 성과를 냈다는 사실을 충분히 보여줬다고 생각한다.

이와 같은 기술적 성공사례를 보면 인덱스펀드가 상업적으로도 성공을 거두는 것이 어찌 보면 당연한 일일지 모른다. (시간이 좀 오래 걸리기는 했지만!) S&P500 지수 모형의 원칙은 그동안 시간이라는 시험대를 거쳐 지금에 이르렀다. 오늘날 TIF 자산은 전체 미국 주식시장(S&P500 지수 혹은 종합주가지수), 전체 국제 주식시장, 전체 미국 채권시장 등을 따라가는 펀드에 집중돼 있다.

이러한 전통적 주식 인덱스펀드의 자산은 1976년에 1,600만 달러 수준에서 2017년 초에는 2조 달러로 증가했으며 이는 전체 주식형 뮤추얼펀드 자산의 20%에 해당한다. 그리고 전통적 채권 인덱스펀드의 자산 역시 1986년에 1억 3,200만 달러에서 2017년에는 4,070억 달러로 불어났다. 이는 전체 과세 채권형 펀드 자산의 13%에 해당하는 수준이다. 2009년 이후로 TIF의 자산 증가율은 연간 18%로서 이는 ETF의 자산 증가율을 약간 웃도는 수준이다.

성공에는 경쟁이 따른다

인덱스 투자업계 자체가 치열한 경쟁의 장이 됐다. TIF를 운용하는 거대 운용사들은 비용이 주요 변수라는 사실을 알고 있는 '똑똑한' 투자자의 자산을 유치하고자 비용률을 낮추는 등 치열한 가격 경쟁을 벌이고 있다.

인덱스펀드 투자자로서는 이러한 추세야말로 쌍수를 들어 환영할 일이다. 그러나 펀드업계의 관점에서 보면 이야기가 좀 달라진다. 즉 이는 인덱스펀드 매니저의 수익을 갉아먹는 일이고 펀드제국을 건설해 부를 축적하겠다는 포부를 안고 펀드운용사를 창업하려는 기업인의 의욕에 찬물을 끼얹은 일 일 수도 있다.[1]

시장수익률 초과를 목표로 하는 적극적 ETF 전략

그렇다면 인덱스펀드 사업자들은 이미 검증된 TIF의 성 공 특성들을 어떻게 활용했는가? 이들은 새로운 인덱스 상 품을 개발하면서 상장지수펀드(ETF) 대열에 합류했다! 그러 고는 자신들이 내놓은 새로운 인덱스 상품이, 지금까지 우 리가 인덱스 투자의 정석으로 여겼던 전체 시장지수를 계속 이길 수 있다고 주장한다(혹은 적어도 그럴 수 있다는 사실을 은근히

---

1. 뱅가드 펀드는 사실 거의 원가 수준의 초저비용으로 운용하기 때문에 인덱스펀드 소유자가 부담하는 비용을 줄이는 측면에서의 경쟁보다 는 '규모의 경제'(일종의 박리다매 전략으로도 볼 수 있음) 쪽을 지향한다.

암시한다).

ETF 운용사는 고수익 가능성을 내세워 고액의 보수를 책정한다. 실제로 높은 수익률을 기록하는지 여부와는 상관없이 말이다(그리고 사실 그렇게 하지 못하는 경우가 대부분임). 실제로 이렇게 해서 투자자와 투기자 모두를 겨냥해 고수익을 약속하는 ETF가 수도 없이 생겨났다.

액티브(적극적) 펀드 매니저 vs. 액티브 전략

전통적인 액티브 펀드 매니저의 방식과 ETF 매니저의 방식에는 어떤 차이가 있는지 생각해 보자. 액티브 펀드 매니저는 시장 포트폴리오를 이기는 유일한 방법은 시장 포트폴리오에서 이탈하는 것뿐이라고 생각한다. 실제로 펀드매니저 개개인이 이 방법에 매달리고 있기도 하다.

개별적으로는 그렇다 치더라도 한 집단으로서의 액티브 펀드 매니저는 성공할 수 없다. 이들이 하는 매매라고 해봐야 이 사람에서 저 사람으로 소유권만 계속 이전되는 상황이기 때문이다. 그러나 주식증서만 이리저리 왔다 갔다 하는 것으로는 사고파는 당사자 몇몇에게만 도움이 되고 전체적으로 금융중개업체의 배만 불려줄 뿐이다.

그러나 이들은 투자자에게 자신들이 과거에 좋은 성과를 냈으니 앞으로도 그러할 것이라고 주장해야 돈을 벌 수 있다. 그리고 과거에 성과가 저조했다면 다음에는 좋은 성과를 낼 것이라고 또 주장한다.

한편 ETF 업체는 섣불리 미래의 성과를 예견하거나 장밋빛 미래를 주장하지 않는다. 그보다는 대부분 다음 두 가지 전략 가운데 하나를 구사한다. (1) 전체 시장 인덱스펀드를 제공해 투자자가 실시간 매매를 통해 수익을 올릴 수 있게 한다. (언뜻 보면 그럴 듯한 주장 같다.) (2) 다양하게 세분화된 시장 부문별 인덱스펀드를 개발해 투자자가 자신의 지분(구좌) 소유권을 이리저리 이전함으로써 초과 수익을 올릴 수 있도록 해준다. (말은 그럴 듯한데 실제로는 초과 수익은커녕 오히려 손실 위험이 큰 것으로 나타났다.)

그래서 투자자산운용과 포트폴리오 전략에 대한 책임이 액티브 펀드 매니저에서 액티브 펀드 투자자에게로 옮겨가고 있다. 이러한 책임 소재의 전환은 일반 투자자에게 엄청나게 중요한 의미가 있다. 그러나 이러한 변화가 과연 투자자에게 도움이 되는지는 확신할 수 없다. 아니, 더 정확하게 말하면 별로 그럴 것 같지가 않다는 것이 내 솔직한 생각이다.

신종 패시브(소극적) 인덱스 전략가는 액티브(적극적) 전략가

새로 등장한 패시브 인덱스 전략가는 주로 ETF 포맷을 사용해 자신들의 신상품을 판매한다. 이쪽은 진입하기가 매우 수월한 시장이다. 최근에 큰 인기를 모은 상품이 바로 '스마트 베타' ETF(그 정확한 의미가 무엇이든 간에)였다.

스마트 베타 펀드매니저들은 자신들만의 고유한 인덱스 펀드를 만들어냈다. 사실 전통적 의미의 인덱스는 아니다. 말로는 인덱스라고 하나 실제로는 액티브 전략을 구사하는 펀드다. 수익률 개선에 도움이 되는 주식 위주로 이른바 '팩터' 중심의 포트폴리오를 구축하는 데 초점을 맞춘다. 요컨대 시가총액 기준이 아니라 수익률에 크게 기여하는 단일 요소(가치, 모멘텀, 규모 등) 혹은 기업의 매출, 현금흐름, 순이익, 배당금 등 혼합적 요소에 가중치를 부여해 포트폴리오를 구성한다. 예를 들어 어떤 스마트 베타 ETF는 각 기업의 시가총액이 아니라 주주에게 분배한 배당금에 가중치를 두고 지수를 구성한다.

**끔찍한 발상은 아니지만,
그렇다고 세상을 바꿀만한 대단한 발상도 아니다**

본질적으로 '스마트 베타' 개념 자체가 대단히 잘못된 것은 아니다. 그러나 이 개념이 세상을 바꿀 만큼 위대한 발상도 아니다. 스마트 베타 ETF 매니저는 컴퓨터를 사용해 주식과 관련한 방대한 분량의 과거 자료를 분석하고 ETF에 꾸려 넣을 중요요소들을 찾아낸다. 그 목적은 고수익을 원하는 투자자의 자금을 끌어 모아 펀드매니저 자신들의 수익을 한 푼이라도 더 챙기는 것이다.

물론 이들이 주장하는 말을 들으면 모든 것이 아주 쉬워 보인다. 그러나 실제로는 그렇지가 않다. 시장을 이기는 일은, 그것도 '꾸준히' 이기는 것은 아주 어렵다. 뮤추얼펀드의 수익에 내재한 평균으로의 회귀(RTM) 속성도 그 어려움에 한몫하고 있다. 지금은 '이기는' 요소로 보이는 것들이 내일은 '지는' 요소가 된다. 대부분이 그렇다. RTM을 간과하는 투자자는 큰 실수를 저지를 가능성이 매우 높다.

잃어버린 시간을 찾아서

ETF의 등장을 두고 새로운 패러다임 운운하는 이 시점에서 과거 한때를 풍미했던 잘 나가던 상품에 대한 기억이 떠오른다. 1965~1968년에는 오로지 고수익만을 지향하는

'고고(Go-Go)' 펀드 열풍이 불었고 1970~1973년에는 50대 초우량 종목에 치중하는 '니프티 피프티(Nifty-Fifty)' 광풍이 시장을 휩쓸기도 했다. 이렇듯 펀드업계에 부는 일시적 유행 속에 새로운 상품이 계속 나왔다가 또 사라진다. 이러한 신상품은 펀드업체한테는 큰 도움이 되겠지만, 펀드투자자한테는 대체로 최악의 결과만 남긴다. 이 시점에서 다음과 같은 만고의 진리를 다시 한 번 상기시키고 싶다. 성공적인 단기 마케팅 전략이 최적의 장기 투자전략이 되는 경우는 극히 드물다.

그리고 ETF 사업자가 자사 포트폴리오 전략의 기초로 삼았던 '펀더멘털 팩터'가 실제로 과거에는 전통적 인덱스 전략을 능가했었다. [이것을 데이터 마이닝(data mining, 방대한 자료에서 쓸 만한 새로운 정보를 찾아내는 것)이라고 한다. 그런데 새로운 전략이라고 선전하면서 전통적 인덱스펀드보다 못한 과거 자료를 내놓을 사람은 아무도 없다. 당연히 데이터 마이닝을 통해 전통적 인덱스펀드보다 훨씬 나았던 자료를 열심히 찾아 내세울 것이 뻔하다.] 그러나 실전 투자에서 과거 성과가 미래에도 그대로 유지되는 경우는 별로 없다는 점을 기억하라.

스마트 베타의 효율성에 대한 회의감

— ◦ —

상황이 이러한데도 스마트 베타 ETF[모닝스타는 이를 '스트래 티직 베타(strategic beta)', 즉 '전략적 베타'라 칭함]의 자산은 2006년 에 1,000억 달러에서 최근에는 7,500억 달러 이상으로 증가 했다. 이는 2017년 상반기 4개월 동안 뮤추얼펀드업계 전체 현금 자산의 26%에 해당하는 수준이다.

이와 동시에 전략적 베타의 두 가지 주요 유형(가치, 성장)의 상황이 완전히 역전됐다. 2016년 한 해 동안 가치 인덱스는 16.9% 증가했는데 성장 인덱스는 6.2% 증가에 그쳤다. 그 런데 2017년 현재(4월까지) 성장 인덱스펀드는 12.2% 증가 하고 가치 인덱스는 3.3% 증가에 그쳤다. 물론 검증 기간이 너무 짧아서 이 자료만으로는 팩터 전략의 효율성을 평가하 기에는 무리가 있다. 그러나 여기서도 RTM의 위력이 작용 한 것은 분명해 보인다.

'신(新)' 코페르니쿠스파?

스마트 베타라는 신종 ETF의 '전도사(?)'들은 참으로 민 망하게도 자신들의 선견적 통찰력을 자랑스레 늘어놓는다. 조금 과장하자면 이들은 자신들이 인덱스펀드의 '새 물결' 이라고 감히 주장한다. 투자자에게 고수익과 저위험이라는

'새로운 패러다임'을 제공하는 펀드업계의 '혁명' 세력이라고 떠든다.

실제로 팩터 인덱스 신봉자는 태양계의 중심은 지구가 아니라 태양이라고 주장한 16세기 천문학자 코페르니쿠스의 이름을 따서 자신들에게 '신 코페르니쿠스파'라는 낯간지러운 칭호까지 붙였다. 그러면서 전통적 시가총액 가중 인덱스 투자전략을 고수하는 사람을 두고 프톨레마이오스의 천동설을 고집하는 고대 천문학자 집단에 비유했다. 그리고 우리는 지금 인덱스 투자계의 패러다임이 전환되는 시기를 맞고 있다고 주장했다. 지난 10년 동안 스마트 베타가 어느 정도의 패러다임 전환을 이룬 것은 사실이다. 그러나 이른바 '스마트 베타의 대부' 격인 초창기 스마트 베타 주창자조차 최근 들어 스마트 베타의 실패 가능성을 조심스레 점치고 있는 실정이다.

자료를 살펴보자

지난 10년 동안 오리지널 '펀더멘털' 인덱스펀드와 최초의 '배당 요소 가중(dividend-weighted)' 인덱스펀드 둘 다, 각기 근거로 삼은 이론의 가치를 입증할 기회가 있었다. 그런데 이 두 펀드는 무엇을 입증했을까? 아무것도 입증한 것이 없다. 자료 16.1에 제시한 비교 자료를 살펴보라.

자료에서 보는 바와 같이 펀더멘털 인덱스펀드는 S&P500 펀드보다 수익률이 더 높았으나 위험 수준 역시 더 높았다. 배당 인덱스는 반대로 S&P500 펀드보다 수익률도 낮고 위험 수준도 낮았다. 그러나 위험 조정 수익을 나타내는 샤프지수로는 S&P500 펀드가 이 두 펀드를 앞선 것으로 나타났다.

이 세 가지 펀드의 수익률과 위험도가 엇비슷하게 나타난 것은 크게 놀랄 일이 아니다. 가중치만 달리했을 뿐 세 펀드 모두 비슷한 주식 종목을 대상으로 다각화된 포트폴리오를 구축했기 때문이다. 사실 두 가지 유형(펀더멘털과 배당)의 스마트 베타 ETF와 S&P500 펀드의 수익률 간에 0.97이라는 높은 상관도가 나타난 만큼 이 두 펀드를 고가의 '유사 인덱스 편

자료 16.1 ㅣ '스마트 베타'의 수익률 : 2016년 12월 31일까지 10년 간			
	펀더멘털 인덱스펀드	배당 인덱스펀드	S&P500 인덱스펀드
연수익률	7.6%	6.6%	6.9%
위험(표준편차)	17.7	15.1	15.3
샤프지수*	0.39	0.38	0.40
S&P500 지수와의 상관도	0.97	0.97	1.00
* 위험 조정 수익 측정치			

드'로 분류해도 무방할 것이다.

S&P500 인덱스펀드는 전체 주식시장이 올린 수익 가운데에서 투자자의 정당한 몫을 확실하게 챙겨주려고 한다. 앞서 말한 두 가지 스마트 베타 ETF도 마찬가지일지도 모른다. 그런데 우리가 단지 그 사실을 모르고 있는 것일지도. 그러니 각자 이렇게 자문해 보라. "비슷비슷한 포트폴리오 중에 상대적으로 확실한 성과를 내는 쪽이 좋은가 아니면 불확실한 성과를 내는 쪽이 더 좋은가? 나중에 후회하기보다 미리 조심하는 것이 더 낫지 않을까?" 어느 쪽을 선택하든 그것은 오로지 자기 자신의 몫이다.

주식형 액티브 펀드의 매니저가 효율성이 높은(완벽하지는 않더라도) 미국 주식시장에서 시장수익을 항상 초과하는 방법이 있다고 주장한다면 일단 과거 성과기록을 찾아보고 해당 전략이 무엇인지 검토한 다음에 투자를 할지 말지 결정하라. 그런데 스마트 베타라는 신종 ETF의 펀드매니저라는 사람 대다수가 사실 액티브 펀드 매니저다. 이들은 감히 펀드계의 미래를 전망한다. 그것도 앞으로 꽤 오랫동안 특정 시장 부문(배당지급 종목 등)이 전체 시장지수를 앞지른다고 장담한다. 그러나 이러한 주장은 이치에 맞지도 않을뿐더러 역사가 주는 교훈과도 배치된다.

'좋은' 계획의 가장 큰 적은 '완벽한' 계획을 꿈꾸는 것이다.
부질없는 욕심을 버리고
좋은 계획을 세우는 데 초점을 맞춰라

━━━ ━━━

전통적인 시가총액가중 인덱스펀드(예컨대 S&P500)는 시장수익에서 정당한 투자자의 몫을 보장한다. 그리고 실제로 이 부분에서 꽤 오랫동안 다른 투자자 90%를 앞지르는 성과를 냈다. 내가 봤던 새로운 패러다임이라는 것들 중에서 그래도 팩터 인덱스 투자는 나름의 효과가 있을지도 모르겠으나 이 또한 확신할 수는 없다.

전통적 인덱스펀드보다 돈을 훨씬 많이 벌 수 있다고 장담하는 패러다임의 달콤한 유혹에 절대로 넘어가지 말라고 당부하고 싶다. 19세기 초 프로이센의 장군이자 군사 이론가 카를 폰 클라우제비츠(Carl von Clausewitz)의 선견적 경고를 명심하라.

"좋은 계획을 망치는 가장 큰 적은 완벽한 계획을 꿈꾸는 것이다."

현명한 투자자의 조언

스마트 베타 같은 신종 ETF에 대한 내 생각은 매우 확고한 편이다. 그러나 이렇게 생각하는 사람이 나 혼자만은 아니다. 우선 하버드 대학 교수이자 조지 부시(George W. Bush) 행정부 시절 대통령 직속 경제자문위원회 의장을 역임한 그레고리 맨큐(Gregory Mankiw)는 전통적 인덱스펀드와 스마트 베타를 두고 벌어진 공방에 대해 이렇게 자신의 의견을 밝혔다.

"이 사안에 관해서는 보글의 의견에 공감한다."

×××

스탠퍼드 대학 재무학 교수이자 노벨경제학상 수상자인 윌리엄 샤프(William Sharpe)는 이렇게 말한다.

"스마트 베타는 엉터리다. 시가총액이 아니라 주식 종목에 가중치를 부여하는 방식이 시가총액 가중 인덱스펀드보다 나은 성과를 낼 수 있다고 생각하는 사람들이 있다는 사실 자체가 놀라울 따름이다. 새로운 패러다임이라는 것들은 늘 왔다가 또 사라진다. 시장에 '맞서' 거액을 베팅하는 것은 위험천만한 일이다."

×××

마지막으로, 와튼스쿨(펜실베이니아 경영대학원) 교수이자 『주식에 장기 투자하라*Stocks for the Long Run*』의 저자, 위즈덤트리 인베스트먼트(WisdomTree Investment)의 투자자문가이며 배당 팩터 모형의 주창자인 제러미 시겔(Jeremy Siegel)은 전통적 인덱스 펀드에 대한 자신의 소신을 이렇게 밝혔다.

"시가총액 비율로 각 주식을 보유하는 것이야말로 투자 다각화를 극대화하는 방법이다. 정상적 사고 과정을 교란시키고 심지어 과거를 왜곡하기도 하는 것이 바로 '사후 판단'의 맹점이다. 요컨대 이미 지나간 과거 자료를 보면서 사후 판단을 하게 되면 편의에 따라 자신에게 유리한 쪽으로 해석하거나 사실을 왜곡하기가 쉽다. 이러한 착각과 왜곡에 빠져 요행수만 바라면서 다른 투자자를 이용해보겠다고 덤빈다. 그러나 문제는 그 다른 투자자 역시 같은 생각으로 행동한다는 사실이다. 시장을 이기려고만 하면 큰 코 다칠 공산이 크다. 뱅가드500 포트폴리오나 뱅가드 전체 주식시장 펀드 같은 인덱스펀드에 투자해 장기적으로 보유하면서 시장지수를 줄곧 따라가기만 해도 그보다는 훨씬 나은 성과를 얻을 수 있다." (이상은 시겔 박사가 1994년에 쓴 초판본에서 인용한 것이다. 그 이후에 이 생각이 바뀌었을 수도 있고 또 언제든 자신의 생각을 바꿀 권리가 있다는 점도 충분히 이해한다.)

제 1 7 장

벤저민 그레이엄과
인덱스 투자전략

워런 버핏이 들려준 이야기

1949년에 『현명한 투자자 *The Intelligent Investor*』 초판이 출간됐다. 저자는 당대 최고의 펀드매니저로서 큰 존경을 받았던 벤저민 그레이엄(Benjamin Graham)이었다. 포괄적이고 분석적이며 통찰력 있고 직설적인 이 책은 투자 부문 서적 가운데 단연 최고로 꼽힌다.

알다시피 벤저민 그레이엄은 '저평가된 주식'에 초점을 맞추는 이른바 가치 투자의 선구자로 알려졌다. 그런데도 그레이엄은 이렇게 경고했다.

"적극적 투자자는 주식을 발행한 기업의 사업 현황을 비롯해 자신이 선택한 주식에 대한 지식을 충분히 갖춰 그 주식의 가치를 제대로 평가할 수 있어야 한다. 이것이 다른 투자자와 차별화되는 정신적 무기가 돼 줄 것이다. 이러한 논리에 따라 주식투자자는 방어적 전략을 취할 필요가 있다."

투자자는 방어적 포트폴리오에서 얻을 수 있는 '그런대로 괜찮은' 수익에 만족해야 한다

왜 그럴까? 그레이엄은 아래와 같이 그 이유를 말한다.

"대다수 투자자는 투자를 업으로 삼을 만큼의 시간도 없고 결단력도 부족하며 정신적 무장도 덜 돼 있다. 따라서 투자자는 방어적 포트폴리오로 얻을 수 있는 적당히 괜찮은 정도의 수익에 만족해야 한다. 그리고 수익을 더 올려보겠다는 욕심에 경로를 이탈하고픈 유혹을 단호히 물리쳐야 한다."

최초의 인덱스펀드는 1974년에 나왔다. 1949년 『현명한 투자자』가 출간되고 나서 25년이 지난 후의 일이었다. 그런데도 그레이엄은 마치 훗날 등장하게 될 신종 펀드를 눈앞에서 보고 설명하듯이 그러한 투자방식의 본질을 거의 정확하게 묘사했다. (1951년에 프린스턴 대학 졸업 논문을 쓸 때 뮤추얼펀드를

275

주제로 삼게 된 계기가 바로 〈포춘〉에 실린 기사였다. 그런데 참으로 묘하게도 이 기사를 읽었던 때가 1949년이었다. 기사를 읽으면서 인덱스펀드에 대한 아이디어를 얻었다. 즉 "뮤추얼펀드는 시장 평균을 앞설 수 없다"고 생각했다.)

그레이엄은 방어적 투자자에게 전문가의 자문이 필요할 때는 다음과 같은 조건을 갖춘 투자자문가를 찾아야 한다고 조언했다. 일단 정상적인 투자 경험으로 성과를 내고, 명석한 두뇌만 믿는 대신 자신이 세심하고 신중한 성격에다 유능한 편이라는 부분에 자부심을 느끼고, 고객이 치명적 실수로 큰 손실을 내지 않도록 도와주는 것이야말로 자문가의 존재 의미이자 사명이라고 믿는 그런 자문가를 추천했다. 덧붙여 "월가를 중심으로 한 금융계에 높은 수준의 소명의식과 직업적 사명감을 기대하는 것은 아직 요원한 일"이라고 주장하면서 투자자에게 증권사에 너무 큰 기대를 하지 말라고 경고했다. (그리고 반세기가 지난 후에도 아직 그 모양새다.)

'폴스타프 식 농담'으로 표현한 월가의 모습

그레이엄은 또 월가는 "수수료로 먹고 사는 사람들이 모인 곳이고 여기서 성공하는 유일한 방법은, 수학적으로 아무리 계산해 봐도 손해가 날 수밖에 없는 곳에서 미련하게도 돈을 벌어보겠다고 애쓰는 고객을 대상으로 그 사람들이 원하는 것을 제공해 주는 곳"이라고도 평가했다.

이후 1976년에는 "월가에 대해서는 사실 호의적이지 않다. 아니 상당히 비판적인 쪽이다. 폴스타프 식 농담처럼 자주 하는 말인데 월가는 금융기관별로 칸칸이 마련된 세탁실에 각자의 세탁물을 마구 풀어 놓은 거대한 세탁소 같은 곳으로서 번잡하고 소란스러운 '아수라장'이 바로 월가라는 곳"이라고 소신을 밝히기도 했다. (앞부분에서 언급했던 두 사람, 즉 하버드 대학 기부기금을 담당했던 잭 마이어와 예일대 기부기금을 담당했던 데이비드 스웬슨의 생각도 여기서 크게 벗어나지 않는다.)

그는 『현명한 투자자』 초판본에서 투자자가 직접 포트폴리오를 구성하는 대신 괜찮은 투자 펀드를 선택하는 것도 한 방법이라고 했다. 그러면서 "능숙하게 운용되고, 소액 투자자보다 실수가 적어야 하고", 적정 수준의 비용을 부과하고, 적절하게 다각화된 보통주를 매수해 장기 보유하는 식으로 건전한 기능을 수행하는 펀드를 괜찮은 펀드로 규정했다.

뮤추얼펀드 매니저에 대한 진실

그레이엄은 펀드매니저가 올릴 수 있는 성과에 대해 꽤 현실적인 의견도 제시했다. 자신의 책에서 1937년부터 1947년까지의 자료를 제시하면서 이 부분을 언급했다. 이 기간에 S&P500 지수의 총수익률이 57%였고, 일반 뮤추얼펀드의 총수익률은(판매수수료가 전체 수익에서 차지하는 비중이 만만치 않음에도 이 부분은 고려하지 않은 상태에서) 54%였다.

그레이엄의 결론은 이렇다.

"어느 쪽으로 봐도 그다지 만족스러운 수치는 아니다. 전체적으로 보면 투자 펀드의 운용능력은 고작해야 비용 부담을 상쇄시키는 정도의 수익을 내고 투자 자금을 끌어 모으는 수준에 그친다."

그러나 1949년에는 펀드비용과 매매·회전비용이 요즘보다는 훨씬 낮았다. 비용의 상승으로 말미암아 펀드수익률이 크게 압박을 받았고 이 때문에 펀드 성과가 그 모양이 된 것이다.

역기능적으로 운용되는 펀드는 얼마간 눈부신(물론 착각이다) 수익률을 기록할 수도 있으나 그 다음에는 필연적으로 큰 손실이 따르게 마련이다

그레이엄은 비용공제 후 펀드수익률이 시장 평균을 유지하리라 생각했었다. 그런데 1965년이 되자 이러한 신념이 흔들렸다. 1973년에 나온 『현명한 투자자』 개정판에서 이렇게 말했다. "역기능적으로 운용되는 펀드는 얼마간 눈부신 수익률을 기록할 수도 있으나 그 다음에는 필연적으로 큰 손실이 따르게 마련이다." 고고(Go-Go) 시절로 불리는 1960년대 중반에 한참 인기를 끌었던 이른바 '성과 펀드(performance fund)'를 두고 한 말이었다.

"시장을 이기는 묘한 재주가 있는 신종 펀드다. 다른 사람의 돈으로 고수익을 올리는 기적을 행하겠다고 약속하는 젊고 똑똑하며 열정적인 사람들이 운용하는 펀드지만, 결국에는 수많은 투자자에게 큰 손실을 입히게 된다." 이는 1990년대 말 기술주가 주도한 강세장이 위세를 떨치던 시기에 우후죽순처럼 탄생한 위험천만한 '신경제' 뮤추얼펀드 그리고 이후 주가가 50% 이상 폭락하며 자산 가치가 붕괴됐던 상황에도 적용할 수 있는 말이다. (제7장 자료 7.2 참고)

**투자수익은 주식을 사고파는 데서가 아니라
주식을 사서 장기 보유하는 데서 얻어야 한다**

그레이엄이 『현명한 투자자』 초판본에서 대단한 통찰력으로 현명한 투자자를 꿈꾸는 이들에게 남긴 교훈의 말은 지금도 여전히 유용하다. 시간을 초월하는 가치를 지닌 그레이엄의 조언은 이렇다.

"과거에도 그랬듯이 투자수익은 주식매매가 아닌 주식 보유에서 얻어야 한다. 주식을 사서 계속 보유하면서 이자와 배당금 그리고 장기적 가치 상승에 따른 이익을 챙기는 것이다."

그레이엄의 투자철학은 이 책 곳곳에 반영돼 있다. 제1장에서 소개한 고트락스 가문의 이야기 그리고 기업의 내재 가치를 중시하는 '실제 시장'과 일시적 주가 변동이 중심이 되는 '기대 시장'의 차이를 논했던 제2장의 내용이 그 좋은 예다.

1949년 당시 그레이엄의 투자전략은 1976년 인덱스펀드의 '시조' 격

다각화된 주식 포트폴리오를 사서 장기적으로 보유한다? 그레이엄은 전체 시장을 포괄하는 펀드를 사서 장기적으로 보유하면서 여기서 나오는 이자와 배당금 그리고 장기적 가치 상승분을 취하라고 주장할 것 같지 않은가? 그레이엄은 "표준적, 보수적인 투자방식 더 나아가 상상력과 창의력을 배제한 전통적이고 현실적인 투자방식을 고수하라"고 했다. 이 경고의 말이 정말 묘하게도 지금의 주식시장 인덱스펀드를 가리키는 말처럼 들리지 않는가? 또 방어적 투자자에게 "개별 종목을 선택하는 것보다는 투자 다각화에 초점을 맞추라"고 조언했다. 이 또한 오늘날의 주식 인덱스펀드 전략과 너무 비슷하지 않은가?

펀드매니저의 한계

인생 말년인 1976년에 진행한 한 인터뷰에서 그레이엄은 개별 펀드매니저는 절대로 시장을 이길 수 없다는 점을 솔직하게 인정했다. 그런데 이번에도 우연찮게 이 인터뷰가 나온 때가 세계 최초의 인덱스펀드인 "퍼스트 인덱스 인베스트먼트 트러스트(First Index Investment Trust)"(현 '뱅가드500 인덱스펀드')의 공모가 진행 중이던 1976년 8월이었다.

인터뷰 진행자가 "일반 펀드매니저가 장기적으로 S&P500 지수보다 나은 성과를 낼 수 있는가?"라고 묻자 그레이엄은 한 치의 망설임도 없이 바로 대답했다.

"아니다."

그리고 그 이유를 이렇게 설명했다.

"사실상 전체로서의 시장 전문가 집단이 시장을 이긴다는 것은 자신들끼리 서로 이긴다는 혹은 자기가 자기를 이긴다는 말인데 이것은 논리적으로 모순이다." [1]

나는 투자자가 인덱스펀드 수익률보다 훨씬 못한 성과에 만족해야 하는지 그 이유를 모르겠다

그리고 나서 투자자가 시장수익률 정도를 얻는 것에 만족해야 하느냐고 물었을 때도 그레이엄은 바로 "그렇다"고 대답했다. 이로부터 한참 지난 후에 나온 이 책의 핵심 주제 또한 '투자자가 시장수익에서 정당한 자신의 몫을 챙겨갈 수 있어야 한다'는 것이었다. 그리고 저비용으로 운용되는 전통적 인덱스펀드만이 이 목적을 달성할 수 있다.

---

1. 전문가 집단이 아마추어 개인 투자자보다 더 나은 성과를 낸다는 증거도 없고 기관 투자자(연금관리자, 뮤추얼펀드 매니저)가 다른 유형의 투자자 집단보다 나은 성과를 낸다는 증거도 없다.

이 인터뷰에서는 또 투자자마다 요구사항이 다르다면서 인덱스펀드를 반대하는 견해에 대해 어떻게 생각하는지도 물었다. 그레이엄은 이번에도 돌려 말하지 않았다.

"그것은 별로 자랑할 만하지 않은 과거 성과를 정당화하려는 핑계 혹은 상투적인 구실일 뿐이다. 투자자는 다들 좋은 성과가 나오기를 바라고 또 가능한 범위 내에서 정당한 자기 몫을 가져갈 권리가 있다. 나는 투자자가 인덱스펀드 수익률에 못 미치는 투자성과에 만족해야 할 이유도 없고 또 그 불만스러운 성과에 대해 일정한 보수를 지급해야 할 이유도 전혀 없다고 생각한다."

현실적인 포트폴리오 전략

벤저민 그레이엄이라는 이름만 들어도 '가치 투자'라든가 '저평가된 주식 종목 찾아내기' 등의 단어가 바로 떠오른다. 그러나 이 부문의 고전이라 할 『현명한 투자자』에서는 철저한 증권분석을 통해 우량주(저평가된)를 선택하는(이른바 스핑크스의 수수께끼처럼 난해한 문제를 푸는) 것보다는 포트폴리오 전략의 기본 원칙, 즉 투자 다각화와 장기적 관점에서의 합리적 기대(이 또한 독자 여러분이 지금 읽고 있는 이 책의 중심 주제)라는 단순한 원칙에 더 초점을 맞췄다.

우량 가치 종목을 찾아내는 전략으로
한때는 이득을 볼 수 있으나 그것이 영원하지는 않다

———

그레이엄은 자신이 주창한 가치 투자전략을 통해 개인적으로는 탁월한 성과를 냈으나 이것이 앞으로도 계속 이어지리라 기대하기 어렵다는 사실을 잘 알고 있었다. 1976년의 인터뷰에서 그레이엄은 다음과 같은 사실을 인정했다.

"이제는 정교한 증권분석 기법을 활용해 우량 가치 종목을 찾아내는 전략을 지지하지 않는다. 40년 전에는 먹혔던 전략이지만 그 이후로 상황이 많이 변했다. 그 당시에는 잘 훈련된 증권분석가라면 신중한 조사와 분석 작업을 통해 저평가된 우량주를 찾아낼 수 있었다. 그러나 지금은 여기저기서 방대한 조사는 물론 분석 작업이 진행되고 있는 상황이다. 그렇게 해서 우량주를 찾아낸다 한들 그러한 작업에 소요된 돈과 수고를 상쇄할 만큼의 결과를 얻을 수 있을지 의문이다."

그레이엄의 까다로운 기준을 적용하자면 오늘날의 뮤추얼 펀드 대다수가 주로 고비용과 투기적 행동 때문에 애초의 약속을 지키지 못했다고 볼 수 있다. 결과적으로 투자자의 선호도가 점차 전통적 인덱스펀드 쪽으로 기울고 있다.

그 이유가 무엇일까? 전통적 인덱스펀드의 중요한 두 가지 특성 때문이다. 첫째는 폭넓은 투자 다각화를 실현하기 때문이고, 둘째는 펀드비용률과 포트폴리오 회전율이 낮기 때문이다. 그레이엄이 오래 전에 방어적 투자자를 염두에 두고 수립한 이러한 투자 원칙은 오늘날의 대다수 주식투자자에게도 그대로 적용된다.

만족스러운 투자성과를 내는 일은
사람들이 생각하는 것보다 그렇게 어렵지 않다

장기 투자 원칙을 고수하려는 확고한 의지와 더불어 상식적 사고, 지성, 단순명료한 생각, 단순성, 금융 역사에 대한 인식 등이야말로 그레이엄이 우리에게 남긴 귀중한 유산이다. 그레이엄은 자신의 조언을 이렇게 정리한다.

"평범한 일반 투자자가 들으면 마음의 위안이 될 것 같은데, 대다수 투자자가 성공하는 데 엄청난 용기와 지식, 판단력, 경험 등이 반드시 필요한 것은 아니다. 자신의 능력치 이상을 욕심내지 않는다면 또 기준에서 벗어나지 않는 방어적 투자 접근법으로 안전하게 행동한다면 얼마든지 투자에 성공할 수 있다. 만족스러운 성과를 내는 일은 사람들이 생각하는 것만큼 그렇게 어렵지 않다. 반면에 탁월한 성과를 내는 일은 생각보다 쉽지 않다."

인덱스펀드에 투자하면 주식시장 수익을 오롯이 취하는 것이 너무 쉽고 또 믿을 수 없을 정도로 간단한 일인데 굳이 이보다 더 좋은 성과를 내겠다고 더 높은 위험 그리고 더 많은 비용을 부담할 필요가 있을까? 장기적 관점, 상식적 사고, 냉철한 현실주의, 현명함 등을 고려할 때 그레이엄이 인덱스펀드의 손을 들어줬으리라고 감히 확신해본다. 그리고 뒤에 소개하는 글에서 확인할 수 있듯이 그레이엄은 정말로 인덱스펀드를 지지하는 쪽이었다.

현명한 투자자의 조언

　벤저민 그레이엄이 쓴 글을 보면 그가 전체 주식시장을 포괄하는 저비용 인덱스펀드를 지지하는 쪽이라 봐도 무방하겠으나 그래도 나 한 사람의 주장만으로는 부족할 듯싶다. 그래서 그레이엄의 제자이자 협력자였던 워런 버핏의 말을 여기에 소개하고자 한다. 그레이엄 자신이 『현명한 투자자』 최종판에서 버핏의 실질적 지원과 조언이 큰 도움이 됐다고 인정할 정도였다는 사실도 덧붙여 본다. 어쨌든 버핏은 1993년에 인덱스펀드 지지 의사를 분명히 밝혔다. 그리고 여기서 더 나아가 2006년에는 이러한 지지 의사를 재확인했을 뿐 아니라 수십 년 전에 스승인 그레이엄 본인도 인덱스펀드를 지지했다는 사실을 확인해줬다.

　2006년에 오마하에서 같이 저녁식사를 하는 자리에서 버핏이 내게 직접 했던 말이다.

　"수많은 투자자에게 가장 합리적인 주식투자법은 저비용

인덱스펀드에 투자하는 것이라고 생각한다. 스승인 그레이엄도 오래 전에 이러한 입장을 밝혔었고 그 이후로 보고 느꼈던 모든 것을 고려하건대 역시 나나 스승의 생각이 옳았다고 본다."

×××

영화 〈포레스트 검프〉의 주인공이 했던 대사를 본떠 여기에 딱 한 가지만 덧붙이겠다. "내가 할 수 있는 말은 이게 전부다."(주인공이 연설하는 도중 스피커가 고장나는 바람에 앞부분은 하나도 들리지 않고 끝에 한 이 대사만 들리는 상황이었다)

제 1 8 장

자산 배분 I

투자를 시작할 때, 자산이 증가하고 있을 때, 은퇴할 때

———————

이제 이번 장에서 다음 장에 걸쳐 다소 복잡한 두 가지 주제를 다룰 것이다. 하나는 자산 배분의 일반 원칙에 관한 것이고 또 하나는 은퇴 대비용으로 고안된 자산 배분형 펀드에 관한 것이다. 사실 이 두 가지 모두 쉽게 답이 나오는 문제는 아니다.

문제를 풀어내기 쉽지 않은 이유가 무엇일까? 첫째, 투자자마다 투자 목적, 위험 감내 수준, 행동 특성이 제각각이기 때문이다.

둘째, 지난 35년 동안 주식시장과 채권시장에서 이미 상당한 수익률을 기록해왔다. 이러한 맥락에서 앞으로 이러한 성과가 계속 이어지리라 기대하기는 어렵다. (제9장 '좋은 시절이 다 갔을 때'를 참고하라.)

셋째, 사실 투자에 관한 책을 쓰는 사람들 자체가 자신들이 경험한 시대에 묶여 있다. 예를 들어 1949년에 『현명한 투자자』를 썼던 벤저민 그레이엄은 채권금리가 주식의 배당수익률보다 높은 시절을 경험하지 못했다. 반대로 2017년에 이 장을 쓰고 있던 나는 60년 내내 주식 배당수익률이 채권 금리보다 높았던 경우를 본 적이 없다. 60년 연속으로 채권 금리가 주식 배당수익률을 앞섰던 시절을 살았기 때문이다. 요컨대 그레이엄은 채권금리가 주식의 배당수익률보다 낮은 시대에 살았고, 나는 채권금리가 배당수익률보다 높은 시대를 살고 있다. 그런데 이것이 언제 또 뒤집힐지 모를 일이다.

그래서 주식과 채권의 수익과 위험 수준에 관한 과거 자료를 뒤적이기보다는 현재 상황에 적용할 수 있는 분명하고도 확실한 원칙을 조명하는 데 초점을 맞출 생각이다. 지금 여러분이 생산활동을 이어가면서 자산을 모으고 있는 중이든 아니면 은퇴 후 모아둔 자산을 빼먹고 있는 상황이든 간에 미래를 위한 적절한 자산 배분 작업에 조금이나마 도움이 됐으면 한다.

포트폴리오 수익률 차이의 94%는
자산 배분의 차이에서 비롯된다

벤저민 그레이엄은 투자를 시작할 때 가장 먼저 투자자산을 어떻게 배분할 것인지부터 결정해야 한다고 주장한다. 주식은 얼마나 보유해야 하는가? 채권은 어느 정도 보유하면 될까? 그레이엄은 이러한 전략적 결정이 전체 투자활동에서 가장 중요한 부분이라고 본다.

이 분야의 연구로서 역사의 한 획을 그었다고 평가되는 1986년의 한 연구결과도 그레이엄의 견해를 뒷받침해줬다. 이 연구에 따르면 기관이 운용하는 연·기금의 총수익률 차이 중 94%는 자산 배분이 좌우하는 것으로 나타났다.

수익률에서 자산 배분이 차지하는 비중이 94%나 된다는 사실은 장기 펀드투자자에게 시사하는 바가 크다. 즉 어떤 펀드를 선택하느냐보다는 주식펀드와 채권펀드 간 자산 할당 비율을 어떻게 정할 것이냐에 더 초점을 맞추는 것이 수익률을 올리는 데 더 유리할 수 있다.

벤저민 그레이엄의 표준 배분 비율 : 50대 50

그렇다면, 그 기준점을 어디에 둘 것인가? 일단 1949년에 나온 『현명한 투자자』 초판본에서 자산 배분에 관해 언급한 부분부터 살펴보자.

자산 배분 비율의 기본 지침은 일단 보통주의 비율은 25% 이상 75% 미만이어야 한다는 것이다. 즉 주식 비율의 범위는 25%~75% 선이어야 하고 자연히 채권은 주식이 25%일 때는 75%, 주식이 75%일 때는 25%를 기준으로 범위가 정해진다. 여기서 중요한 것은 이 두 가지 주요 투자 수단의 표준 비율은 50:50이라는 점이다.

지극히 보수적인 투자자는 상승장일 때 자신의 포트폴리오 절반(주식 비중 50%)에서 얻은 수익에 만족할 것이다. 그리고 하락장일 때는 과감하게 주식의 비중을 훨씬 늘렸던 다른 투자자가 큰 손실을 보는 모습을 보면서 마음의 위안[1]을 얻을 것이다.

---

1. 라 로슈푸코(La Rochefoucauld)는 이러한 명언을 남겼다. "우리는 타인의 불행을 덤덤하게 바라볼 정도로 강한 사람들이다."

자산 배분과 수익률 차이

———

오늘날의 투자자나 투자자문가의 눈에는 주식과 채권의 비율 50:50 그리고 주식과 채권의 비율 범위 75:25, 25:75는 너무 보수적인 지침으로 보일 수 있다. 그러나 그레이엄이 『현명한 투자자』를 썼던 1949년 당시에는 주식 수익률이 6.9%였고 채권 수익률은 1.9%였다. 지금은 주식 수익률이 2.0%고 채권 수익률은 3.1%다.[2] 주식과 채권의 비율을 결정하는 데 이 정도면 엄청난 차이라 할 수 있다.

이러한 차이는 다음과 같은 두 가지 방식으로 측정할 수 있다. (1) 주식과 채권의 비율이 50:50인 포트폴리오의 총수익률이 4.4%에서 2.6%로 40%나 하락했다. (2) 수익률표를 보면 1949년에는 주식의 연평균수익률이 채권 수익률을 5.0퍼센트포인트(와우!) 앞섰는데 2017년에 와서는 오히려 채권 수익률에 1.1퍼센트포인트 뒤졌다.

1993년에 출간한 졸저 『보글의 뮤추얼펀드론*Bogle on Mutual Funds : New Perspectives for the Intelligent Investor*』에서 그레이엄의 투자

---

2. 이때의 채권 수익률은 회사채(수익률 3.9%) 50%와 미 재무부채권(수익률 2.3%) 50%로 구성된 포트폴리오의 수익률이다.

철학을 논했을 때는 이 두 가지 자산군만을 대상으로 한 포트폴리오 구성 비율을 자산 배분의 기준점으로 삼았다. 그래서 생산활동을 하면서 자산을 축적하는 단계에 있는 투자자 가운데 젊은 사람들은 주식과 채권의 비율을 80:20으로 하고 나이가 좀 있는 투자자는 70:30으로 하라고 추천했다. 은퇴를 한 투자자 가운데 상대적으로 좀 젊은 축은 이 비율을 60:40으로 하고 나이가 더 든 축은 50:50으로 하라고 권했다.

격동의 시대를 거치며

요즘은 초저금리와 낮은 배당수익률로 대표되는 시절인데다 그레이엄 시절 이후의 대강세장과 숱한 고난의 시기 (1973~1974년 그리고 1987년의 주식시장 대폭락, 2000년 닷컴 거품붕괴, 2008~2009년 세계 금융위기 등)로 점철된 세월이건만 그레이엄이 수십 년 전에 밝혔던 투자의 일반 원칙은 지금도 여전히 건재하다. 이러한 맥락에서 그레이엄의 자산 배분 비율은 지금도 합리적 투자전략의 출발점이 되고 있다.

위험 감수 능력과 위험 감수 의지

포트폴리오 내 주식과 채권의 비율을 결정하는 기본 요소로 (1) 위험을 감수하는 능력 (2) 위험을 감수하려는 의지 등 두 가지를 들 수 있다.

위험 감수 능력은 투자자의 재정 상태, 미래의 재정적 부담(자녀 및 손자녀의 학자금, 주택대출금 등) 그리고 이러한 재정적 의무 청산 시점까지 남은 기간 등을 포함해 다양한 요소가 복합적으로 작용해 결정된다. 일반적으로 이러한 자금을 사용해야 하는 시점이 비교적 한참 후의 일일 때는 위험 감수 수준이 높아진다. 같은 맥락에서 재정적 부담분보다 자산이 더 많을수록 더 많은 위험을 감수할 수 있다.

위험 감수 능력과는 좀 다르게 위험을 감수하려는 의지는 어디까지나 각자의 선호도에 달린 문제다. 어떤 투자자는 주가 등락에 크게 개의치 않는다. 그래서 주가가 폭등하든 폭락하든 상관없이 자신의 기존 포지션을 그대로 유지하면서 상대적으로 낮은 위험을 감수한다. 그런데 이와는 대조적으로 주가 등락에 민감하게 반응하면서 자신의 포트폴리오에 불리하게 주가 흐름이 진행되면 밤잠을 설치며 안타까워하는 사람도 있다. 이러한 유형의 투자자는 위험 수준이 높더라도 시장 상황을 수시로 반영하는 쪽을 택할 것이다. 어쨌거나 위험을 감수하는 능력과 위험을 감수하려는 의지, 이 두 가지 요소가 합쳐져 위험 감내도(risk tolerance)가 된다.

자산 배분의 기본 모형 :
자산 축적 vs. 노후 대비

우선 자산 축적이 목적인 투자자에게 적합한 자산 배분 모형부터 살펴보자. 이 또한 대다수 사람이 당연시하는 기본 상식에 바탕으로 두고 있다. 따라서 상식적으로 생각해보면 쉽게 이해가 가는 내용일 것이다. (1) 자산 축적을 목적으로 투자에 나서는 사람은 상대적으로 여유자금이 부족하고 생활비를 쪼개서 투자하는 사람보다는 아무래도 좀더 많은 위험을 감수하며 좀더 공격적인 접근법을 사용한다. (2) 앞으로 생산활동에 참여할 시간이 많이 남은 젊은 사람 역시 그렇다. 반면에 나이가 든 사람은 좀더 보수적인 접근법을 선호한다.

개인적으로 그레이엄의 자산 배분 원칙이 적합하다고 생각하기는 하는데 나는 여기에 융통성을 가미한 접근법을 제시한다. 각자의 위험 감내도가 허용하는 범위 내에서 보통주의 비율을 최대한 늘려 잡는 것이다. 예를 들어 비교적 오랜 기간에 걸쳐 자산 축적을 목적으로 투자하는 젊은 사람들은 주식의 비율을 최대 80%로 하라고 권한다.

그리고 노년층은 주식의 비율을 25% 정도로 하는 것을 추천한다. 이렇듯 노후를 대비해야 하는 투자자는 미래 수익 가능성보다는 단기적 투자성과에 더 초점을 맞춰야 한다. 그리고 '수익의 변동성'만으로는 위험 수준을 제대로 측정할 수 없다는 사실을 알아야 한다. 그보다는 생활비 때문에 갑자기 투자금을 회수해야 한다거나 투자에 따른 초기 비용보다 투자수익이 더 적은 상황 등이 위험도에 더 큰 영향을 미친다. 투자에 관한 한 100% 장담할 수 있는 것은 없다고 봐야 한다.

네 가지 결정 사항

현명한 투자자라면 자산 배분 전략을 짤 때 다음 네 가지를 결정해야 한다.

- 첫 번째이자 가장 중요한 결정 사항으로 우선 주식과 채권 비율에 관한 전략적(상대적으로 고정적 특성을 지님) 선택부터 해야 한다. 투자자마다 요구사항이나 상황이 제각각이므로 이 부분에 대해서도 각기 다르게 결정할 것이다.

- 두 번째로 시장수익률에 따라 자산 배분 비율을 바꾸는 이른바 변동비율로 갈 것인지 아니면 고정비율로 갈 것인지를 결정해야 한다. 고정비율(애초의 배분 비율을 정기적으로 재조정함)을 선택하는 것은 위험 수준을 낮추는 데 주안점을 두는 신중한 접근법으로서 대다수 투자자에게 적합하다. 그러나 '정기적' 비율 재조정마저도 하지 않고 원래의 포트폴리오를 그대로 유지하면 장기적으로 더 높은 수익률을 기대할 수 있다.

- 세 번째로 전술적 배분 요소를 채택할 것인지를 결정해야 한다. 즉 시장 상황에 맞춰 주식과 채권 비율을 연동해 조정할지 여부를 결정한다. 이러한 전술적 배분 전략에는 위험이 따른다. 주식과 채권 비율을 수시로 조정하면 수익이 증가할수도 있다. 그러나 (내 생각에는) 그렇게 되지 않을 가능성이 더 크다. 미래를 정확히 내다보는 선견지명이 그렇게 흔한 일이 아닌 바에야 우리가 사는 이 불확실한 세상에서는 전술적 변화는 가급적 삼가는 것이 바람직하다. 결론적으로 말해 평범한 일반 투자자라면 전술적 배분 비율 모형은 피해야 한다.

- 네 번째이자 매우 중요한 결정 사항으로서 액티브 펀드로 할지 아니면 전통적 인덱스펀드로 할지 정해야 한다. 역사적 검증 자료를 근거로 하건대 역시 인덱스펀드 전략이 더 나은 선택이 될 수 있다.

이 네 가지 모두 쉽지 않은 선택 및 결정 사항이다. 그래도 분별력 있게 그리고 신중하게 접근한다면 좀더 합리적인 선택을 할 수 있을 것이다.

위험 이득과 비용 손실 간의 연관성

투자 포트폴리오에서 주식과 채권의 비율을 어떻게 정하느냐는 자산 축적 전략에서 매우 중요한 한 축임에 틀림이 없어 보인다. 그러나 펀드비용과 자산 배분 간에 강한 연결 고리가 존재한다는 사실을 잘 모르는 투자자가 너무 많다.

저위험 포트폴리오에 투자하는 비용이 고위험 포트폴리오에 투자하는 비용보다 훨씬 낮다는 전제 하에, 주식의 비중이 낮은(따라서 위험 수준이 낮은) 저비용 포트폴리오의 수익률은, 주식의 비중이 훨씬 높은(따라서 위험 수준이 높은) 포트폴리오의 수익률과 비슷한 수준이거나 이보다 높을 수 있다.

자료 18.1을 참고하라. 여기서 투자자가 연간 총 기대수익률이 각각 6%와 3%인 주식과 채권을 75:25의 비율로 포트폴리오를 구성한다고 가정하자. 액티브 펀드에 투자했을 때 주식과 채권의 연간 총비용은 각각 2%와 1%다. 그리고 이 포트폴리오의 기대 순수익률은 3.5%가 될 것이다.

자료 18.1 | 비용을 줄이면 저위험으로 고수익을 올릴 수 있다

	고비용 액티브 펀드				저비용 인덱스펀드		
	주식	채권	포트폴리오		주식	채권	포트폴리오
배분율	75%	25%	–	배분율	25%	75%	–
총수익	6	3	5.25%	총수익	6	3	3.75%
비용	2	1	1.75	비용	0.05	0.10	0.09
순수익	4.0%	2.0%	3.50%	순수익	6.0%	2.9%	3.66%

훨씬 더 보수적인 투자자가, 주식과 채권의 수익률이 유지
된다는 가정 하에 이번에는 전술한 비율과 정반대로 주식과
채권의 비율을 25:75로 정한다고 가정하자. 그런데 이 투자자
는 고비용 액티브 펀드 대신에 주식과 채권의 비용률이 각각
0.05%와 0.10%인 저비용 인덱스펀드에 투자한다. 이러한 혼
합형 인덱스펀드의 기대 순수익률은 연간 3.66%(고비용 펀드일
때 3.5%에서)로 증가한다.

**비용 수준이 낮으면 저위험 포트폴리오라도
고위험 포트폴리오보다 더 높은 수익률을 올릴 수 있다**

———

이 사례에서 단지 비용 요소를 낮췄을 뿐인데 주식과 채권
비율이 25:75인 저위험 포트폴리오의 수익률이, 75:25인 고

위험 포트폴리오의 수익률을 앞설 수 있다. 인덱스펀드가 자산 배분에 관한 관례적 상식마저 바꿔놓고 있다. 즉 저비용을 모토로 하는 인덱스펀드가, '고위험 포트폴리오의 수익률이 무조건 높다'는 상식을 깨고 있다.

비용이 중요하다! 위험을 높여 이득을 취할 것인가 아니면 비용 손실을 줄일 것인가! 합리적 자산 배분을 통한 성공적 포트폴리오 구축의 관건은 주식과 채권 비율을 정할 때 이 두 가지 사이의 균형점을 찾는 것이다. 이제 이 부분에 초점을 맞춰야 할 시점이다.

이 시점에서 한 가지 확실히 짚고 넘어가야 할 사항이 있다. 나는 고비용 액티브 펀드에서 저비용 인덱스펀드로 갈아타려 할 때 주식 비중을 확 줄여서 위험 수준까지 낮추라고 주장하는 것이 아니다. 그러나 저비용 인덱스펀드보다 비용 수준이 높은 액티브 펀드(고위험 펀드)를 보유하고 있다면 어느 쪽이 순수익률이 더 높을지 심각하게 고려해야 한다는 의미다. 그리고 간단한 산수 실력 정도로 확실한 답이 나오는 아주 쉬운 문제이기도 하고 말이다.

걱정이 많은 소심한 투자자에게 고함

정확한 자산 배분 전략을 수립하는 데 정도(定道)는 없다. 그러나 주식과 채권의 비율 범위를 75:25 혹은 25:75로 하고 주식과 채권을 50:50으로 배분하는 것을 기준으로 삼으라는 그레이엄의 자산 배분 지침보다 못한 성과를 내는 전략은 숱하게 많다. 그러니 그레이엄의 지침을 비율 선정의 기준으로 삼아도 무방하다고 본다.

그러나 자산 배분 전략을 수립하는 데 정확성과 완벽성을 요구할 필요는 없다. 어차피 이는 전략을 수립하는 사람 개개인의 판단력과 희망사항, 기대 수준, 두려움의 정도, 위험 감내도 등에 좌우되는 결정이기 때문이다. 모든 총알을 다 막아내는 이른바 완벽한 '방탄' 전략은 존재하지 않는다. 포트폴리오를 구성할 때 나도 자산 배분을 어떻게 할지 엄청나게 고민한다.

이 불완전하고 불확실한 세상에서, 그리고 끊임없이 변화하는 우리 사회에서 앞으로 어떤 끔찍한 일이 벌어질지 모른다며 걱정하는 젊은 투자자가 각자의 포트폴리오를 구성하며 자산 배분을 어찌 할지 고민할 때 아래 소개하는 편지 글이 이들에게 조금이나마 도움이 됐으면 한다.

나는 미국 경제가 계속해서 성장하리라 믿는다. 그리고

주식시장의 내재 가치는 국내 경제성장을 반영한다고 생각한다. 왜 그럴까? 내재 가치는 배당수익률과 수익성장률로 창출되는 데 역사적으로 볼 때 시장의 내재 가치는 국가의 경제성장률(GDP로 측정)과 0.96의 상관도(이 정도면 최대 상관도 1.00에 거의 근접한 수준임)를 보이기 때문이다.

물론 주식시장 가치가 내재 가치를 웃돌(혹은 밑돌) 때도 있다. 물론 시장 가치가 과대평가될 때도 있다. (혹은 과소평가될 때도 있다. 그러나 어느 쪽이 나타날지 장담할 수는 없다.) 그러나 장기적으로 보면 결국 시장가격은 내재 가치에 수렴하게 된다. 나는 (그리고 워런 버핏도) 이것이 가장 합리적인 흐름이라고 믿는다.

물론 알게 모르게 상당한 위험이 존재하기도 한다. 무슨 일이 어떻게 전개되는지 다른 사람들이 아는 정도면 나도 알고 다른 사람들이 모르는 것이면 나도 알 길이 없다. 같은 투자자로서 다 비슷한 입장이라는 의미다. 단기적 투자성과라든가 장기적 수익 가능성을 예측하고 평가하는 것은 오로지 각자의 몫이다. 그러나 투자 자체를 하지 않으면 아무것도 얻지 못한다.

나는 주식과 채권을 약 50:50 비율로 구성한 단기 및 중기 인덱스펀드를 보유 중이다. 내 나이가 지금 88세인데 나는 이

자산 배분 비율에 만족한다. 그러나 나 또한 나약한 인간인지라 주식 비율이 너무 높은 것이 아닌지 고민했다가 또 주식 비율이 너무 낮은 것 같아 걱정했다가를 거듭했다는 사실을 고백하는 바이다. 마지막으로, 우리는 모두 어쩔 수 없는 인간이다. 각자의 상황과 상식에 의지해 무지(無智)의 안개 속을 헤쳐 나가면서 적절한 자산 배분 비율을 찾아내야 한다.

처칠이 민주주의에 관해 했던 말에 빗대 한 마디 하자면 이렇다.

"내 투자전략은 지금까지 나온 전략 가운데 최악이다. 지금까지 나왔던 다른 모든 전략을 제외한다면 말이다(결국은 내 전략이 최고라는 의미)."

이 말이 고민하는 모든 투자자에게 도움이 되기 바란다. 부디 행운이 있기를!

그리고 이 책을 읽는 독자에게도 행운이 함께 하기를!

자산 배분 문제에 관한 한 왕도는 없으므로 각자 최선을 다하기 바란다.

제 1 9 장

자산 배분 II
노후대비용 투자와 재무설계

1993년에 출간한 졸저 『보글의 뮤추얼펀드론』에서 투자
자가 활용할 수 있는 다양한 자산 배분 전략을 소개한 다음
에 '적을수록 좋은' 전략의 효율성을 주장했다. 즉 미국 주식
60%와 채권 40%로 구성된 단순 혼합형 인덱스펀드는 폭넓은
다각화를 실현한 것에 더해 초저비용으로 운용되므로 실질적
으로 투자자문회사가 운용하는 펀드에 필적하는 기능을 수행
할 가능성이 있다고 봤다.

뱅가드에서 주식과 채권의 비율을 60:40으로 한 인덱스펀

드를 구성하기로 결정한 때가 1992년이었다. 그로부터 4반세기가 지나오는 동안 이 펀드는 큰 성공을 거뒀다(자료 19.1 참고).

혼합형 인덱스펀드의 과거 성과기록을 살펴보자. 지난 25년 동안 인덱스펀드의 연평균수익률은 8.0%였고 일반 펀드수익률은 6.3%로서 인덱스펀드가 1.7퍼센트포인트 앞선 성과를 냈다. 누적 수익률의 차이는 무려 202퍼센트포인트에 이른다.

인덱스펀드의 비용률은 0.14%였고 일반 펀드는 1.34%였다. 인덱스펀드가 일반 펀드를 앞서는 성과를 낸 것은 저비용 특성에서 비롯된 측면이 크다. 비용률에서의 상당한 우위와 0.98이나 되는 높은 연수익률 상관도(최대 상관도=1.00)를 고려할 때 앞으로도 인덱스펀드가 타 펀드의 수익률을 앞설 것으로 보인다.

수익률로만 봤을 때 이 기간에 연평균수익률이 8.1%였던 혼합형 인덱스펀드보다, 수익률이 9.3%였던 저비용 S&P500 인덱스펀드에 투자하는 것이 더 나았을지도 모른다. 그러나 낮은 변동성을 고려하면(혼합형 인덱스 8.9%, S&P500 14.3%) 위험 조정 수익으로는 혼합형 인덱스펀드 쪽이 훨씬 더 나은 선택이 될 것이다. 더구나 시장 상황이 좋지 않을 때는 혼합형 인덱스펀드가 훨씬 유리하다. 일례로 2000~2002년에 S&P500 지수가 38%나 하락했음에도 혼합형 인덱스펀드는 14%밖에 하락하지 않았다. 또 2008년에 S&P500 지수가 37% 하락했을 때 혼합형 펀드의 수익률 하락폭은 22%로 그보다 훨씬 작았다.

투자 기간을 길게 보면서 주기적인 시장 붕괴 상황에 크게 개의치 않을 정도로 투지와 배짱이 있는 투자자는 S&P500 인덱스펀드의 비율을 100%로 하는 것이 가장 좋은 선택지일 수 있다.

그러나 투자 기간이 제한돼 있거나 시장변동성에 크게 신경을 쓰고 주가가 롤러코스터를 타듯 등락을 거듭하는 모습을 보면 심리적으로 너무 불안해서 주식 부분을 전부 청산

자료 19.1 | 저비용 혼합형 인덱스 포트폴리오 대 고비용 포트폴리오
(1992~2016년)

	수익률		비용률
	연간 수익률*	누적 수익률	
혼합형 인덱스펀드	8.0%	+536%	0.14%
일반 혼합형 뮤추얼펀드	6.3	334	1.34
인덱스펀드와 비교 대상과의 차이	1.7%	+202%	1.20%

* 연수익률 상관도 0.98

하고 싶은 마음이 드는 소심한 투자자라면 어떻게 해야 할까? 이럴 때는 주식과 채권의 비율이 60:40으로 고정된 혼합형 인덱스펀드가 최적의 선택지일 것이다.

다시 한 번 벤저민 그레이엄의 원칙에 기대며

이전 장에서 설명했듯이 그레이엄은 자산 배분의 표준 지침으로서 주식과 채권의 비율을 50:50으로 하고 양자의 비율 범위는 75:25 그리고 25:75 선에서 정하라고 했다. 노후 대비를 목적으로 한 투자자 또한 이 기준에서 크게 벗어날 이유가 없다고 본다. 이를 기준 삼아서 위험 감내도가 높고 자기 자신과 자손을 위해 부를 축적하려는 목적의 투자자는 주식의 비중을 높이고, 위험 회피 성향이 강해서 고수익보다는 심적 안정감을 더 원하는 투자자는 주식의 비중을 낮추면 될 것이다.

나는 그레이엄의 자산 배분 기준과 비슷하게 단순하고 또 겉으로 보기에는 다소 엄격한 자산 배분 원칙을 제시했다. 즉 자신의 나이에 해당하는 수치를 채권의 비율로 정하고 나머지를 주식의 비율로 하라는 것이다. 이러한 자산 배분 전략은 전부까지는 아니어도 꽤 많은 사람의 요구를 충족시켜 줄 수 있다. 그러나 이는 과학적 분석 작업의 결과라기보다는 자산 배분 전략 수립의 출발점을 제공한다는 차원에서 경험과 상식에 바탕을 두고 정리한 일종의 어림 법칙에 불과하다. 우리가 젊을 때는 투자할 자금이 제한돼 있고, 투자수익이 반드시 필요한 것도 아니며, 위험 감내도가 높고, 장기적으로 주식이 채권보다 수익률이 높으리라 생각하기 때문에 채권보다 주식의 비율이 더 높아야 한다는 생각에 기반을 둔다(혹은 기반을 '뒀다!')

그러나 점점 나이가 들어 은퇴할 때가 되면 상당 규모의 투자 포트폴리오가 축적돼 있을 것이다. 그리고 나면 위험 회피 경향이 강해지고 일회성 자본 가치 상승보다는 지난 60년 동안 채권이 제공해줬던 꾸준한 수익률에 더 가치를 두게 된다. 이러한 상황에서는 주식보다 채권의 비율이 더 높아질 것이다.

융통성을 발휘하라

———— ———

나이를 채권의 비율로 하라는 경험 법칙을 엄격하게 준수하라고 강권할 생각은 전혀 없다. 예를 들어 이제 막 직장(상근직) 생활을 시작한 젊은 투자자는 75%(사회 초년생인 젊은 투자자의 나이를 25세라고 봤을 때 채권 비율이 25%면 주식 비율은 75%라는 계산에 따라)가 아니라 100%를 주식에 투자하는 편이 나을 것이다. 또 100세가 된 투자자가 주식의 비율을 0%(100세면 채권 비율이 100%이므로 주식 비율은 0%가 됨)로 가져가는 것도 그다지 합리적이지 않다. (시간이 지날수록 100세 인구는 점점 더 증가할 것이다.) 100세가 된 투자자가 주식 비율을 줄이겠다고 주식을 팔아치우는 것은 그다지 합리적인 행동은 아니다. 특히나 그동안 가치가 크게 상승한 주식을 팔면 이익이 실현되는 셈이고 이렇게 되면 자본 이득에 따른 세금이 부과된다. 이러한 점을 생각하면 말년에 주식을 처분해 주식 비율을 낮춘다는 발상은 전혀 바람직하지가 않다.

많은 일이 그렇듯 특히 자산 배분을 함에 있어 획일적 기준을 적용할 수는 없다. 나이를 기준으로 한 자산 배분 전략에도 융통성을 발휘하는 것이 상식에 더 맞는 행동이다. 또한 이와 유사한 (그러나 좀더 정밀하고 좀더 복잡한) 전략의 타당성을 검증하려는 목적으로 수행한 대다수 연구에는 공통적인 결함이 존재한다. 이러한 연구 대부분이 주식과 채권의 과거 수익률을 기준으로 했다는 점이 그 결함의 출발점이다. 그러나 과거의 성과가 미래에도 계속 이어지리라는 보장이 없다. 아니 그렇게 될 가능성은 거의 없다. (제9장을 참고하라.)

은퇴 후의 고정수입

이제 다른 어떤 것보다 중요한 사안을 다룰 차례다. 사람이 나이가 들어가면 지금의 자신을 있게 한 인적자산(사람들)보다는 투자자산에 더 의존하기 시작한다. 마지막으로, 은퇴할 때 가장 중요한 것은 꾸준한 고정수입이다. 뮤추얼펀드 투자에서 나오는 배당수입이나 사회보장연금 수령액처럼 매달 들어오는 고정수입이 있어야만 생활이 가능하다.

보유한 자산의 시장 가치는 물론 중요하다. 그러나 투자자산의 시장 가치가 얼마인지 너무 자주 점검하는 것은 비(非)생산적일 뿐 아니라 반(反)생산적이다. 은퇴자가 정말로 원하는 것은 인플레이션에 맞춰 꾸준히 늘어나는 고정수입이다.

(미국의 경우) 사회보장연금이야말로 이러한 목적에 완벽하게 부합한다. 그리고 적정 위험 수준의 혼합형 뮤추얼펀드 포트폴리오는 사회보장연금으로 다 채워지지 않는 부분을 효과적으로 메워줄 수 있다(혹은 사회보장연금이 이 펀드의 부족한 부분을 메워줄 수도 있다). 혼합형 포트폴리오에서 나오는 전체 수입 가운데 약 절반은 채권에서 발생하는 이자이고, 나머지 절반은 주로 대형주에서 나오는 배당금이다. 단 세 차례의 예외를 제외하면 S&P500 지수는 90년 전에 처음 나온

이후 매년 배당금이 증가했다. (제6장 자료 6.2 참고)

꾸준한 그리고 계속 증가하는 고정 수입원 :
사회보장연금과 인덱스펀드 배당금

사회보장연금 수령액과 인덱스펀드 배당수익[1]을 조합하면 (자본을 인출해야 할 때 상호 보완적 역할을 해줌) 은퇴 자산에서 꾸준히 고정수입을 수령하는 효과적인 수단이 될 수 있다. (주식형 뮤추얼펀드 가운데 매월 배당금을 지급하는 경우는 거의 없고, 대부분 정기적으로 지정된 월정액을 지급하는 방식이다.)

주식과 채권의 수익률은 역대 최저 수준에 근접해 있고 제6장에서 본 바와 같이 뮤추얼 펀드의 부담스러운 비용 때문에 액티브 펀드의 수익률이 매우 낮다. 이렇게 낮은 수익률로는 은퇴 후 고정수입이 아쉬운 대다수 투자자를 만족시키기에는 역부족이다. 그렇다면 '총수익' 접근 방식을 통해 은퇴 후 고정수입을 마련하는 것이 더 나은 선택일 수 있다. 즉 펀드 배

---

1. 제6장 자료 6.3에서 볼 수 있는 바와 같이 액티브 펀드는 벌어들인 총 배당수익의 거의 전부를 펀드사에서 챙겨간다. 그러나 인덱스펀드는 다르다.

당금에다 그동안 모아놓은 자산에서 정기적으로 인출한 일정 액을 합해 노후생활을 하는 동안의 고정수입으로 사용하는 것이다.

해외 주식: 자산 배분의 새로운 패러다임?

지난 10년 동안 전통적인 포트폴리오 모형에 변화가 생겼다. 두 개 펀드로 구성된 포트폴리오 일색이던 추세에서 세 개 펀드 모형으로 바뀌었다. 즉 채권 인덱스펀드 33%, 미국 주식 인덱스펀드 33%, 미국 주식을 제외한 해외 주식 인덱스펀드 33%로 구성된 포트폴리오로 대체됐다.

이러한 세 개 펀드 포트폴리오는 수많은 투자자와 투자자 문가가 해외 자산 포트폴리오를 광범위하게 받아들이면서 갖춰진 자산 배분 유형이다. 이러한 포트폴리오는 거의 모든 국가의 주식을 시가총액 기준으로 구성한다.

나는 1993년에 나온 『보글의 뮤추얼펀드론』에서 투자자에게 포트폴리오에 해외 주식을 집어넣을 필요가 없으며 굳이 넣는다 해도 해외 주식의 비율이 20%를 넘지 않아야 한다고 조언했다.

주식 비율은 미국 주식만으로 채워도 충분하다는 내 의견에 다들 반대하는 상황이었고 이러한 경향은 지금도 마찬가지다. 반대하는 축의 주장은 말하자면 이런 것이다.

"다각화된 포트폴리오에서 해외 주식을 빼자는 것은 S&P 500에서 기술주를 빼자는 것만큼이나 독단적인 주장 아닌가?"

나는 이러한 주장에 분명히 반대하는 입장이다. 미국인은 달러화로 돈을 벌고, 달러화로 소비하고, 달러화로 저축하고, 달러화로 투자한다. 이렇게 모든 경제 활동을 전부 달러화로 하는 데 대체 해외 주식을 보유하면서 부득이 환위험에 노출될 이유가 어디에 있는가? 미국 기업의 매출과 수익의 절반을 이미 해외에서(해외로 진출한 미국 기업을 통해) 올리고 있지 않은가? 미국의 국내총생산(GDP)이 적어도 다른 선진국의 GDP 만큼은 되지 않는가? 아니 이보다 훨씬 높은 수준 아닌가? 그런데 왜 해외 주식으로 눈을 돌려야 하는가?

1993년에 쓴 책에서 했던 조언은 꽤 유용했다
———

이유야 어찌 됐든 당시에 했던 내 조언은 꽤 유용했다. 1993년 이후 미국 S&P500 지수의 연평균수익률은 9.4%였다(누적 수익률은 무려 +707%). 해외 주식 포트폴리오의 연평균수익률은 5.1%였다(누적 수익률은 +216%). 여기서 해외 주식 포트폴리오의 수익률은 MSCI EAFE 지수(Morgan Stanley Capital International Europe, Australasia and Far East Index : 유럽과 오스트레일리아, 극동 아시아 지역을 포함해 미국과 캐나다를 제외한 선진국 22개의 주식시장을 분석한 지수)를 기준으로 했다.

그런데 아이러니하게도 지난 25년 동안 미국 주식시장이 상대적으로 해외시장보다 나은 성과를 냈다는 점이 이제 와서는 차익 거래의 유용성을 만들어냈고, 같은 맥락에서 상대적으로 저조한 성과를 냈던 해외시장은 그동안 저평가됐던 부분이 투자자에게는 매력적인 요소로 부각된 측면이 있다. 앞으로 상황이 어떻게 전개될지 그 누가 알겠는가? 그러니 어느 쪽에 걸어야 할지 또 성공 가능성이 얼마나 되는지 등은 각자 알아서 판단할 일이다.

주식 : 채권을 고정비율로 할 것인가 아니면 투자자의 목적 혹은 시간에 따라 조정하는 변동비율로 할 것인가?

주식과 채권의 비율을 고정해 놓은 혼합형 인덱스펀드는 시장변화에 맞춰 자산 배분 비율을 조정해야 하는 수고를 덜어주는 데 목적이 있었다. 그러나 결국은 주식과 채권의 비율을 60:40으로 고정해 놓은 포트폴리오는 위험과 수익의 균형을 맞추고 싶어 하는 투자자에게는 가장 합리적인 비율일지라도 모든 투자자에게 적합한 것은 아닐지 모른다는 결론에 도달했다. 이외에 좀 다른 자산 배분 유형도 가능하지 않을까?

그래서 뱅가드는 1994년에 '라이프스트래티지(LifeStrategy)' 펀드(자료 19.2 참고)를 출시하기 시작했다. 라이프스트래티지 펀드 중 그로스(Gowth) 펀드형은 주식 비율이 80%이고 모더레이트 그로스(Moderate Growth)형은 60%, 컨서버티브 그로스(Conservative Growth)형은 40% 그리고 인컴(Income)형은 주식 비율이 20%다. 그리고 주식 부분은 미국 주식 60%와 해외 주식 40%로 구성되고 채권 부분은 미국 채권 70%와 해외 채권 30%로 구성된다.

타깃데이트 펀드(TDF)의 부상

혼합형 펀드 개념의 변종(?)이 라이프스트래티지 펀드 하나만은 아니다. 지난 10년 동안 이른바 타깃데이트 펀드(target-date fund : TDF)에 대한 수요가 폭발적으로 증가했다. 여기서 TDF는 주식과 채권으로 구성된 다각화 포트폴리오를 유지하다가 애초에 목표로 한 시점, 대개는 투자자의 은

자료 19.2 | 다양한 혼합형 펀드의 자산 배분 형태

	혼합형 인덱스	라이프 스트래티지 그로스	라이프 스트래티지 모더레이트 그로스	라이프 스트래티지 컨서버티브 그로스	라이프 스트래티지 인컴	타깃 리타이어먼트 2060	타깃 리타이어먼트 2055	타깃 리타이어먼트 2050
미국 주식	60%	48%	36%	24%	12%	54%	54%	54%
해외 주식	0	32	24	16	8	36	36	36
총 주식 비율	60%	80%	60%	40%	20%	90%	90%	90%
미국 채권	40%	14%	28%	42%	56%	7%	7%	7%
해외 채권	0	6	12	18	24	3	3	3
총 채권 비율	40%	20%	40%	60%	80%	10%	10%	10%

	타깃 리타이어먼트 2045	타깃 리타이어먼트 2040	타깃 리타이어먼트 2035	타깃 리타이어먼트 2030	타깃 리타이어먼트 2025	타깃 리타이어먼트 2020	타깃 리타이어먼트 2015	타깃 리타이어먼트 인컴
미국 주식	54%	52%	48%	43%	39%	34%	27%	18%
해외 주식	36	35	32	29	26	23	18	12
총 주식 비율	90%	87%	80%	72%	65%	56%	44%	30%
미국 채권	7%	9%	15%	20%	25%	32%	42%	54%
해외 채권	3	4	6	8	11	12	14	16
총 채권 비율	10%	13%	21%	28%	35%	44%	56%	70%

퇴 시점에 다다를수록 점차 더 보수적으로 자산 배분 비율이 조정된다.

현재 TDF의 총 자산규모는 1조 달러에 이를 정도로 엄청난 인기를 누리고 있다. 그리고 TDF의 기본 개념, 즉 자녀의 학자금과 같이 큰돈을 써야 할 시점에 다다를수록 주식을 채권으로 대체한다는 개념은 다른 투자 목적을 실현하는 데도 적용할 수 있다. TDF가 인기를 누리는 이유 가운데 하나는 그 '단순성'에 있다 해도 과언이 아니다. 요컨대 은퇴까지 몇 년이 남았는지 혹은 자녀가 대학에 들어가는 시점이 언제인지 등을 따져본 다음에 목표 시점에 가장 근접한 TDF에 투자하기만 하면 된다. '목표 시점에 맞는 펀드를 선택한 다음에는 그 펀드를 사고 그러고는 그냥 잊어버리고 있으면 된다'는 것이 TDF의 기본 발상이다.

TDF는 이제 막 투자를 시작한 사람뿐 아니라 단순한 전략을 통한 노후 대비 전략을 원하는 투자자에게도 탁월한 선택이 될 수 있다. 그러나 자산이 축적되고 개인의 재무상태와 투자목적이 점점 더 복잡해지면 주식과 채권으로 구성된 저비용 인덱스펀드 같은 개별적 구성요소를 사용해 자신의 포트폴리오를 구성하는 것도 고려해볼 만하다.

어쨌거나 TDF를 선택할 생각이라면 제일 먼저 '내부를 꼼꼼히 살펴보라'고 권하고 싶다. (TDF뿐 아니라 어떤 선택을 하든 항상 적용되는 원칙이겠지만!) TDF의 비용 부분을 비교해보고 기본 구조도 꼼꼼히 들여다보라. 저비용 인덱스펀드를 기반으로 하는 것도 있으나 액티브 펀드를 포트포리오의 기본 구성요소로 삼는 TDF도 많다.

TDF 포트폴리오의 구성요소를 꼼꼼히 살펴보고 비용 수준도 따져봐야 한다. 주요 액티브 TDF의 연평균 비용률은 0.70%이며 인덱스 TDF는 비용률이 연간 0.13% 수준이다. 지금쯤은 내가 어느 쪽을 추천할지 다들 알지 싶다. 그렇다. 나는 저비용 인덱스 TDF가 최선의 선택이라고 생각한다.

사회보장연금을 잊지 마라

자신에게 가장 적합한 자산 배분 전략을 선택하는 것과는 별개로 사회보장연금(우리나라의 경우 국민연금을 떠올려도 정도의 차이는 있겠지만 참고자료로 사용해도 무방하리라 본다)의 역할을 간과해서는 안 된다. 나이가 들어갈수록 사회보장연금이 대다수 은퇴자의 주요 수입원이라는 사실이 두드러진다. 실제로 은퇴한 미국인 가운데 93%가 사회보장연금을 수령한다. 자산 배분 비율을 결정할 때는 사회보장연금을 채권과 유사한 범주의 자산으로 간주할 필요가 있다.

　포트폴리오 구성에서 사회보장연금이 중요한 역할을 한다. 예를 들어 설명하면 이렇다. 62세 미국인의 평균 기대여명(餘命)이 약 20년이다. 그래서 62세 투자자가 앞으로 20년 동안 사회보장연금을 수령한다고 가정해 보자. 은퇴 전의 최종 연봉이 6만 달러였던 이 투자자가 사회보장연금 지급을 요청하면 이후 매월 1,174달러를 수령하게 된다. 인플레이션을 반영한 미 재무부채권의 현행 금리를 고려하면 이 연금의 수익 환원 가치는 약 27만 달러가 된다. 그러나 은퇴자가 사망하면 이 가치가 사라지기 때문에, 즉 기대여명 20년을 다 채우지 못하는 경우를 고려하면 여기서 4분의 1을 또 공제해 20만 달러로 가치를 재조정하자. (사회보장연금을 청구하는 시점에 관해서는 추후에 다룰 것이다.)

　이제 이 투자자가 벤저민 그레이엄의 기본 자산 배분 지침에 따라 주식과 채권의 비율을 50:50으로 해서 총 100만 달러 규모의 포트폴리오를 구성한다고 가정하자. 이때 투자자가 사회보장연금을 고려하지 않는다고 가정하면 주식과 채권에 각각 50만 달러를 배분하게 된다. 그러나 재차 강조하는데 포트폴리오를 구성할 때 사회보장연금 부분을 빼놓으면 안 된다.

사회보장연금과 자산 배분

사회보장연금의 귀속 가치 20만 달러(앞서 계산해 놓았던 수치)를 추가하면 투자자의 포트폴리오 규모는 총 120만 달러가 된다. 그런데 사회보장연금(유사 채권으로 간주함)을 추가로 투자하면 이 포트폴리오의 채권(및 유사 채권) 규모는 70만 달러가 되면서 전체 포트폴리오 내 채권의 비율이 58%가 되고 여전히 50만 달러인 주식은 전체의 42%가 되는 셈이다.

애초에 정했던 50:50의 비율을 맞추려면 주식과 채권에 각각 60만 달러씩을 배분해야 한다. 이때 채권 부분에서는 사회보장연금이 20만 달러이므로 펀드는 40만 달러가 돼야 한다. 일반적으로 TDF는 사회보장연금 부분을 고려하지 않기 때문에 투자자는 훨씬 더 보수적인 포트폴리오를 보유하게 된다. 요컨대 TDF는 사회보장연금 부분을 간과한다. 그러나 투자자는 사회보장연금을 일종의 채권 자산으로 간주하는 포트폴리오를 구성해야 한다.

여기서 한 가지 유의해야 할 점이 있다. 사회보장연금의 수령을 연기하면 나중에 연금수령액이 더 늘어나지만, 연기한 기간만큼은 연금을 전혀 받지 못한다. 그러므로 연금 수령을 연기해서 최종 월 수령액을 늘린 쪽과 (연금수령 시점을 10년 후로 연기했다고 가정했을 때)한 10년 동안 연금을 전혀 받지 못하는 상황 사이에서 적절한 균형점을 찾아야 한다.

예를 들어 연봉이 6만 달러인 투자자가 62세부터 연금을 수령한다면 매달 약 1,174달러를 받는다. 그런데 연금수령 시점을 10년 늦춰 72세부터 수령한다면 매달 약 70%가 증가한 1,974달러를 수령한다. 그러나 10년 후로 연금수령을 연기하면 그 기간동안 총 14만 880달러(1,174×120) 월 수령액 증가분으로 10년 동안 받지 못한 연금액을 벌충하려면 적어도 14년 치는 모아야 한다.

자본 중도 인출의 필요성

채권의 현행 금리가 대략 3% 수준이고 주식의 배당수익률이 2% 정도인 상황에서(액티브 펀드의 고비용 부분은 고려하지도 않음) 퇴직 계정에서 발생하는 수익이 지출해야 할 금액을 초과하기 쉽다. 어림 계산으로는 인플레이션 반영 기준으로 초기 퇴직 자본의 연말 가치 중 연간 인출률이 약 4% 정도면(원금과 퇴직 수익 포함) 노후자금이 부족해지는 일은 없을 것이다. 물론 확실히 장담할 수 있는 부분은 아니다.

그렇다고 해서 연간 인출 및 소비 비율 4%를 엄격히 지킬 필요는 없다. 퇴직 자금 지출 계획에도 어느 정도 융통성을 발휘해야 한다. 시장 상황도 나쁘고 과도한 지출이 퇴직 자본 포트폴리오의 수익을 갉아먹는 수준이라면 허리띠를 좀더 졸라매고 인출률을 줄여야 한다. 반대로 시장 상황이 좋고 지출보다 수익이 더 많이 발생하는 상황이라면 뜻하지 않게 얻은 가외 수익은 불확실한 미래를 위해 재투자하는 것이 바람직하다. 이렇게 하면 시장이 좋지 않을 때 퇴직 자산 포트폴리오에서 인출해야 하는 금액이 줄어들고 덕분에 시장이 회복될 때 퇴직 자산을 벌충할 기회가 생긴다.

아무것도 보증할 수 없다

다시 한 번 강조한다. 주식시장 위험, 지급 및 인출에 따른 위험, 거시경제 위험 그리고 우리가 살고 있는 이 불안정한 세상에서 발생하는 기타 위험을 비롯해 자산 배분 전략에는 수많은 위험이 따른다. 우리가 할 수 있는 일이라고는 가능한 한 많은 정보와 지식을 바탕으로 적절한 판단을 내린 다음에 융통성을 발휘해 상황 변화에 맞춰 자산 배분 및 인출 비율을 조정하는 것이 전부다.

현명한 투자자의 조언

요즘은 한결 정교하고 복잡한 자산 배분 전략이 넘쳐나다 보니 주식과 채권의 비율을 60:40으로 하는 비교적 단순한 자산 배분 원칙의 가치를 무시하는 경우가 적지 않다. 그런데 2017년 초에 『상식에서 출발하는 부의 축적*A Wealth of Common Sense*』의 저자 벤 칼슨(Ben Carlson)은 〈마켓워치*Market Watch*〉에 전재한 "단순한 전략에서 얻는 교훈 : 보글 모형이 예일 모형을 이기는 이유"라는 제목의 글에서 이 단순한 자산 배분 원칙에 경의를 표했다.

미국대학경영담당자협회(National Association of College and University Business Officers : NACUBO) 공동 대학 기금운용 실태조사단(Commonfund Study of Endowments)은 매년 800여 개 대학의 기부기금 총액 5,150억 달러에 대한 투자성과를 발표한다.

칼슨이 언급한 '보글 모형'은 전체 미국주식시장 인덱스펀드 40%, 전체 해외주식시장 인덱스펀드 20%, 전체 미국 채권시장 인덱스펀드 40%로 구성된 포트폴리오를 일컫는 말이다. 제시된 표를 보면 2016년 6월 30일까지를 기한으로 각 기간마다 보글 모형이 대학 기금의 평균수익을 꾸준히 웃돌았음을 알 수 있다. 그 10년 동안 보글 모형이 상위 10%(10분위수)에 해당하는 대학 기금의 수익률마저 앞선 것으로 나타났다.

칼슨은 이렇게 결론 내렸다.

"이 같은 결과는 액티브 투자와 패시브 투자 간의 대결 구도와는 전혀 상관이 없다. 이는 전적으로 단순성과 복잡성, 효율적인 운용프로그램과 비효율적인 운용프로그램, 성공 가능성이 높은 포트폴리오와 낮은 포트폴리오 간의 차이에서 비롯된 결과다. 복잡하고, 비효율적이고, 성공 가능성이 낮은 투자방식까지 보태지 않더라도 투자 자체가 그리 쉬운

2016년 6월 30일까지 보글 모형이 해당 기간별 대학 기부기금 수익을 앞질렀다

	보글 모형	평균 기금 수익률	4분위 기금 수익률	10분위 기금 수익률
3년	6.4%	5.2%	6.3%	6.6%
5년	6.5	5.4	6.2	6.6
10년	6.0	5.0	5.3	5.4

출처 : NACUBO-Commonfund Study of Endowments

일이 아니다. 그러므로 단순하고, 효율적이고, 성공 가능성이 높은 보글 모형이 이기는 것은 너무도 당연한 귀결이다."

×××

여기서 유의할 사항 한 가지를 언급해야 할 것 같다. 주식과 채권의 비율을 60:40으로 하고 주식 부분은 미국 주식만으로 구성한 혼합형 인덱스펀드가 보글 모형보다 훨씬 높은 수익률을 기록했다. 즉 혼합형 인덱스펀드의 3년 평균수익률은 8.4%, 5년 수익률은 8.6%, 10년 수익률은 6.9%로서 해당 기간의 보글 모형 수익률을 넘어섰다. 이 두 가지 전략 가운데 앞으로 어느 쪽이 너 나은 성과를 낼지는 시간이 더 지나봐야 알 일이다.

제 2 0 장

투자의 황금률

시장과 시간의 검증을 거친 투자 원칙

───────────

나는 일반 미국인 투자자에게 가장 바람직한 투자방식은, 주식은 S&P500 인덱스펀드(혹은 전체주식시장 인덱스펀드) 형태로 그리고 채권은 전체 채권시장 인덱스펀드 형태로 보유하는 것이라는 사실을 믿어 의심치 않는다. 〔그러나 과세 등급이 높은 고소득층 투자자는 고등급 중기 지방채(地方債)로 구성된 초저비용의 유사 인덱스 포트폴리오를 보유하는 것이 나을지도 모르겠다.〕 다시 한 번 강조하지만, 인덱스 전략이 지금까지 나온 투자전략 가운데 최고가 아닐지도 모른다. 그러나 이보다 못한 전략은 손에 꼽을 수 없을 정도로 많다는 점 또한 사실이다. 이와 관련해 워런 버핏은 이렇게 말했다.

"기관 투자자와 개인 투자자를 비롯한 대다수 투자자의 경우 보통주는 인덱스펀드(최소한의 보수를 책정함) 형태로 보유하는 것이 최선이라는 사실을 알게 될 것이다. 이 방식을 따른다면 분명히 수많은 투자 전문가를 압도하는 성과(비용과 보수를 공제한 순수익 기준)를 낼 수 있다." (채권을 보유할 때도 최소한의 보수로 운용되는 인덱스펀드가 최선의 방식이라는 점을 잊지 마라.)

투자의 세계는 안개가 잔뜩 낀 불확실한 세상이지만, 우리가 알고 있는 사실도 꽤 많다

투자에 성공하고 싶다면 우선 앞으로 주식과 채권의 수익률이 어떻게 될지 알 수 없다는 사실부터 인정해야 한다. 그리고 인덱스 포트폴리오가 아닌 다른 대안적 투자 상품의 미래 수익률 또한 알 수 없다는 사실을 깨달아야 한다. 그러나 너무 실망하지는 마라. 투자의 세계라는 곳은 자욱한 안개로 뒤덮인 불확실한 세상이지만, 그래도 우리가 알고 있는 사실이 꽤 많으니 말이다. 거의 상식에 속하는 다음과 같은 '현실'을 생각해 보라. 우리 모두 적어도 아래 사실은 잘 알고 있다.

- 투자 시작 시점은 가능한 한 빠를수록 좋다. 그리고 투자를 시작했으면 그때부터 꾸준히 자금을 비축해둬야 한다.

- 투자에는 위험이 따른다. 그러나 투자를 하지 않으면 재정난을 겪을 것이 뻔하다.

- 주식과 채권시장의 수익원을 알고 있다. 그리고 투자에 대한 통찰력은 여기서부터 시작된다.

- 펀드매니저와 투자방식을 선택하는 일 뿐 아니라 개별 주식 종목을 선택하는 데 따른 위험은 전통적 인덱스펀드를 통한 다각화 전략으로 충분히 극복할 수 있다. 그리고 나면 시장 위험만 남게 된다.

- 비용이 중요하다. 특히나 비용은 장기적으로 수익에 엄청난 영향을 미치므로 반드시 비용을 최소화해야 한다.

- 세금도 중요하다. 이 또한 최소화해야 한다.

- 시장을 이기는 것도 투자 시점을 정확히 선택하는 것도 본질적으로 자기 모순적이다. 소수는 이러한 목적을 달성할 수 있을지 모르나 논리적으로 다수는 절대로 이를 달성할 수 없다.

- 마지막으로, 우리는 우리가 무엇을 모르는지 잘 안다. 우리가 사는 이 세상이 내일 어떻게 될지 잘 모른다. 앞으로 10년 후에 어떻게 될지는 더더구나 알 수 없다. 그러나 현명하게 자산 배분을 하고 합리적으로 투자 선택을 하면 성공투자로 가는 길에

놓인 숱한 장애물을 잘 극복할 수 있고 순탄하게 투자 활동을 이어갈 수 있다.

이제 남은 일은 기업이 올리는 수익에서 투자자가 정당한 자신의 몫을 챙겨갈 수 있어야 한다는 것이다. 나는 이것이 '성공투자'의 진정한 의미라고 생각한다.

이러한 목적을 달성하게 해주는 확실한 투자방식은 전통적 인덱스펀드밖에 없다고 본다. 주식시장 수익률을 밑도는 투자 성적표를 받아 들고 패자(敗者) 집단에 머릿수를 하나 더 채워주는 일이 없기를 바란다. 이 책에서 말하는 단순한 상식을 원칙으로 삼는다면 분명히 승자가 될 수 있다.

존 보글과 벤저민 프랭클린의 묘한 유사점

───

오랜 세월 투자업계에 종사하면서 터득한 나름의 투자 원칙이 저 유명한 벤저민 프랭클린(Benjamin Franklin)의 명언과 묘하게도 겹치는 부분이 있다는 사실을 알게 됐다. 아래에 몇 가지를 소개해본다.

미래를 위한 저축에 관해

프랭클린 : 부자가 되고 싶으면 돈을 벌 생각만 하지 말고 저축할 생각도 해라. 시간이 곧 돈이라는 사실을 잊지 마라. 잃어버린 시간은 절대로 다시 찾을 수 없다.

보글 : 투자를 하지 않으면 돈을 모을 수 없고 돈을 모으지 못하면 재정적으로 안정된 미래를 담보할 수 없다. 복리(複利)는 기적을 만든다. 시간은 우리의 편이다. '시간'이 기적을 만들 수 있도록 그 기회를 만들어줘라.

비용 관리의 중요성에 관해

프랭클린 : 작은 비용이라도 우습게보지 마라. 작은 구멍 하나가 큰 배를 침몰시킨다.

보글 : 간단한 산수로도 확인할 수 있는 사실이다. 투자 포트폴리오가 올린 수익에서 투자에 따른 비용을 뺀 것이 순수익이다. 그러므로 비용을 최소화해야 순수익이 극대화되는 것은 너무도 당연한 '상식'이다.

위험 감수에 관해

프랭클린 : 고생을 하지 않으면 얻는 것도 없다. 고기를 잡고 싶으면 뭔가를 미끼로 내놓아야 한다.

보글 : 일단은 투자를 해야 한다. 투자와 관련한 가장 큰 위험은 시장변동성 같은 단기적(이기는 하나 분명히 실재하는) 위험이 아니라 투자를 하지 않아서 미래에 큰 수익을 얻을 기회를 놓치는 이른바 장기적 관점의 위험이다.

중요 요소에 관해

프랭클린 : 지식에 투자할 때 가장 많은 이자가 붙는다. 열심히 공부한 자에게 지식이 주어지고 신중한 자에게 부가 주어진다. 즉 지식(知識)은 열심히 공부한 자의 몫이고 부(富)는 신중한 자의 몫이다. 지갑을 비우고 머리를 채워라(지갑의 돈을 빼서 지식을 얻는 데 투자하라). 그 머릿속에 든 지식은 아무도 빼앗아가지 못한다.

보글 : 투자자로 성공하려면 정보와 지식이 필요하다. 뮤추얼 펀드가 올린 과거 수익(특히 단기 수익)에 관한 정보는 별로 쓸모가 없다. 정말 중요한 것은 위험과 비용에 관한 정보다.

시장에 관해

프랭클린 : 어떤 사람이 다른 사람보다 교활할 수는 있어도 다른 모든 사람보다 교활할 수는 없다. 즉 한 사람이 다른 사람을 속일 수는 있어도 모든 사람을 속일 수는 없다.

보글 : 자신이 시장보다 더 많이 안다고 생각하지 마라. 이 세상에 누구도 그럴 수는 없다. 그리고 혼자만의 생각에 따라 행동하지 말고 수많은 사람이 수긍하는 생각에 따라 행동하라.

안전에 관해

프랭클린 : 큰 배는 대양으로 나가는 모험 항해를 할 수 있지만, 작은 배는 해안 근처를 벗어나면 위험하다.

보글 : 자산이 많든 적든 간에 무조건 투자 포트폴리오를 다각화하라. 그러면 남은 것은 시장 위험뿐이다. 자산이 많지 않은 투자자라면 특히 더 조심해야 한다.

예측에 관해

프랭클린 : 보는 것은 쉬워도 예측하는 것은 어렵다.

보글 : 모르는 것을 알아내려면 지혜가 있어야 한다.

자신의 이익을 추구하는 것에 관해

프랭클린 : 충복을 얻고 싶으면 먼저 자기 자신부터 섬겨라.

보글 : 자기 자신의 경제적 이익을 절대 무시하지 마라.

성실함에 관해

프랭클린 : 근면, 인내, 검약이 부를 만들어준다.

보글 : 무슨 일이 있어도 자신의 계획을 밀고나가라. 장기적 관점에서 생각하라. 현명한 투자자의 가장 귀한 자산은 바로 인내와 끈기다. "현재 포지션을 끝까지 유지하라."

18세기를 살던 프랭클린이 21세기에 살고 있는 나보다 언변이 훨씬 뛰어났다는 것은 두 말할 필요도 없다. 그러나 우리 두 사람 모두 시간의 검증을 거친 그리고 아마도 영원히 그 가치를 인정받을 만한 저축과 투자에 관한 원칙을 제시하고 있다. 요컨대 현명하고 합리적인 저축과 투자 원칙이야말로 시간의 검증을 거친 만고의 진리라는 점을 말하고 있는 것이다.

부자가 되는 방법

마지막으로 한 번만 더 말하자면 복리수익의 마법을 활용하는 것뿐 아니라 복리비용의 횡포까지 피해야 돈을 벌 수 있다. 현 금융서비스업계의 핵심 특징이라 할 고비용, 고회전율을 바탕으로 한 기회주의적 마케팅 방식을 경계하라. 월가 금융서비스업계의 좌우명은 '가만히 있지 말고 뭐라도 해라!'이고, 일반 투자자의 좌우명은 '아무것도 하지 말고 그냥 가만히 있어라!'다.

현명한 투자자의 조언

이 마지막 장에서 기술한 내용은 내게는 거의 상식에 가까운 사실이고 아마 독자 여러분에게도 마찬가지일 것이다. 그럼에도 여전히 개운치 않은 기분이 든다면 AQR 캐피털 매니지먼트의 설립자 겸 운영자 클리포드 애스니스가 한 말에 귀기울여 보기 바란다.

"기본적으로 어떻게 투자해야 하는지는 다들 안다. 다이어트 방법 혹은 다이어트에 관한 책에 비유하면 이해가 빠를 것이다. 체중을 줄여 멋진 몸매로 만드는 방법이 무엇인지는 누구나 아는 사실이다. 덜 먹고 운동을 많이 하면 된다. 그러나 이렇게 간단한 방법인데도 사실 실천하기는 어렵다. 투자도 이와 크게 다르지 않다.

바람직한 재무설계나 투자방법이라고 권하는 내용 자체가 사실 매우 단순하다. 그러나 말처럼 쉽지는 않다는 것이 문제다.

투자를 다각화하라, 비용 수준을 낮춰라, 시장 상황에 맞춰 융통성을 발휘하라, 덜 쓰고 더 많이 모아라, 얼토당토않은 미래 수익을 기대하지 마라, 공짜 점심처럼 보이는 것도 절대로 공짜가 아니니 다시 한 번 확인하라 등등….

또 주식시장의 급변하는 상황에 일희일비하지 마라. 일단 투자를 했으면 중간에 포트폴리오에 자꾸 손대지 마라. 히포크라테스 식으로 말하자면 이렇다. 해를 끼치지 마라! 특효약 같은 것은 필요 없다. 현재 다양한 자산군의 기대 수익은 역대 기준으로 봐도 낮은 수준이라는 사실이 크게 변하지는 않는다. 무조건 기본을 지켜라. 그것이 최선이다."

×××

이 책에서 열심히 부르짖었던 단순한 원칙들이 실제로 효과가 있다. 나는 전통적 인덱스펀드가 시장을 이기는 전략의 핵심이라고 믿는다. 인덱스펀드에 대한 믿음이 확고한 나임에도 불구하고 낯이 뜨거워 내 입으로는 감히 할 수 없는 말을 폴 새뮤얼슨이 해줬다. MIT의 석좌교수였던 새뮤얼슨은 2005년 가을에 보스턴 증권분석학회(Boston Society of Security Analysis) 연설에서 다음과 같이 말했다.

"존 보글이 세계 최초로 인덱스펀드를 고안한 것은 바퀴와 알파벳의 발명 그리고 치즈를 곁들인 포도주의 개발에 버금가는 훌륭한 업적이다."

우리 생활에 없어서는 안 되는 이러한 발명품도 오랜 시간의 검증을 거쳐 오늘에 이르렀다. 전통적 인덱스펀드도 그렇게 될 것이다.

복습 : 이제 어떻게 해야 하나?

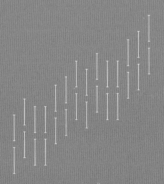

이 책에서 전하는 메시지가 너무 자신감 넘치는 것처럼 보인다면, 이 메시지는 상식에 불과하다는 점을 이해해주기 바란다. 게다가 워런 버핏, 찰리 멍거, 벤저민 그레이엄처럼 현명하고 노련하며 성공을 이룬 투자가들과 노벨상 수상자 고(故) 폴 새뮤얼슨, 윌리엄 샤프, 대니얼 카너먼과 프린스턴 대학 버튼 매킬, 예일 대학 데이비드 스웬슨, 하버드 대학 잭 마이어, MIT 앤드류 로 등 최고의 학자들과 기금 관리자들도 인덱스펀드에 대한 나의 확신을 지지한다.

이러한 개별 전문가뿐만 아니라 마젤란의 피터 린치, 미국 자산운용협회 회장을 역임한 존 포슬, 필라델피아 펀드매니저 태드 애런슨, 헤지펀드 매니저 클리프 애스니스, 펀드 슈퍼마켓의 제왕 찰스 슈압, 애널리스트 마크 헐버트 같은 펀드 업계 거물들도 나를 지지한다. 또한 〈머니〉의 타일러 매시슨과 제이슨 츠바이크로부터 〈이코노미스트〉와 그 이웃인 〈스펙테이터〉까지, 그리고 〈월스트리트저널〉의 조너선 클레멘츠와 홀먼 젠큰스 주니어 등 금융 저널리스트들이 전하는 비슷한 조언에도 귀를 기울이기 바란다. 무엇보다도 많은 기업과 정부의 연기금, 그리고 부자와 평범한 사람을 포함한 수백만 개인에 이르기까지 현명한 투자자들이 확신을 가졌기에 이제 무려 5조 달러에 이르는 돈이 인덱스펀드에 투자되고 있다는 점을 명심하라.

장마다 논의되는 실적을 보기만 해도 이들의 확신이 옳았음을 확인하게 된다. 이러한 실적 자료를 보면 인덱스펀드가 일반 펀드보다 월등히 우수하다는 사실을 확인하게 되며, 일반 펀드 투자자들이 얻는 수익보다 더 월등한 수익을 안겨준다는 사실을 확인하게 된다.

게다가 인덱스펀드의 우수성은 한 줌 밖에 안 되는 펀드들이 일시적으로 달성한 실적에서 나타나는 것이 아니라,

펀드매니저와는 전혀 관계없이 시장 전체를 아우르는 지속적인 실적에서 나타난다. 진정 전통적 인덱스펀드야말로 우리가 영원히 보유할 수 있는 유일한 펀드이다.

존 메이너드 케인스가 일찌감치 경고했듯이, 역사적 수익은 그 수익의 원칙을 설명할 수 없으면 아무 소용이 없다. 이런 맥락에서 나는 인덱스펀드가 달성한 우수한 수익률의 원천 두 가지를 되풀이하겠다. (1) 최대한 폭넓게 분산투자하여 개별종목 위험, 스타일 위험, 펀드매니저 위험을 제거하고 오로지 시장 위험만을 남겼으며, (2) 최대한 비용과 세금을 낮췄다. 이 두 원천을 결합함으로써 인덱스펀드는 미미한 비용만을 제하고 주식시장에서 얻은 전체 수익을 투자자에게 돌려줄 수 있었다.

상식적으로 알 수 있지만, 액티브(적극적) 펀드 전체가 얻는 수익도 시장의 평균수익과 같다. 하지만 현재 미국 주식의 25%를 보유하고 있는 적극적 펀드들은 서로 왕성하게 매매하면서 결국은 중개수수료를 받는 브로커와 증권회사들만 살찌우므로, 그 결과 투자자들에게 돌아가야 할 펀드수익이 빈약해진다.

펀드매니저, 판매기관, 마케터, 관리자, 브로커, 증권사들은 스스로 엄청난 보상을 챙겼다. 그러는 사이 서비스에 대한 높은 수수료, 높은 회전율에 따른 거래 비용, 그리고 과도한 세금 때문에 과거 주식시장이 투자자에게 제공하던 높은 수익은 형편없이 쪼그라들었다. 미래에는 주식의 실질수익률이 더 크게 낮아질 것이므로(제9장 참조) 똑같이 비용을 부과한다면 투자자의 실질 수익은 더 큰 비율로 줄어들 것이다.

그러나 인덱스펀드가 누리는 커다란 비용 우위는 태양이 뜨고 지는 것처럼 미래에도 변함없이 유지될 것이다. 비용률도 인덱스펀드 사이의 가격 경쟁 때문에 미미한 수준에 머물 것이다. 반면에 펀드업계를 지배하는 거대 금융재벌들은 마케팅 경쟁과 이익추구 때문에 적극적 펀드로부터 계속 높은 수수료를 거둘 수밖에 없을 것이다. 안타깝게도 자신이 지불하는 과도한 수수료가 실적에 치명적인 영향을 미친다는 점을 모르는 투자자가 너무도 많다.

펀드업계가 자신의 배를 채우려고 수수료를 올리는 경쟁을 중단하고, 투자자의 이익을 위해서 수수료를 낮추는 새로운 경쟁으로 전환하는 일은 적어도 이론적으로는 가능하다. 그러나 인덱스펀드 총비용과 일반 펀드 총비용 사이의 커다란 격차(2007년 당시 2.5퍼센트포인트 수준)가 크게 줄어든다고는 상상조차 할 수 없다. 설사 그 격차가 절반으로 줄어든다 해도 (아마 펀드업계가 파멸에 이르는 경우나 가능하겠지만) 전통적 인덱스펀드는 여전히 투자에 유리하다.

또한 펀드투자자들이 과거처럼 시점 선택과 펀드 선택을 하느라 이중으로 손실을 입어 연 3퍼센트포인트의 수익률 추가 손실을 계속 입지 않는다는 보장도 없다. 그러나 투자자들이 마침내 이런 잘못을 깨닫는다면 감정적 선택에서 비롯되는 역효과가 장래에는 크게 줄어들 수도 있다. 결국 언젠가 현명한 투자자들은 강세장에 인기 펀드에 투자했다가 약세장에 인기가 사라진 펀드에서 돈을 빼는 일이 지는 게임이라는 점을 스스로 깨달을 것이다.

한편으로는 ETF 단기매매가 유행을 타면서 격차가 더 벌어질 수도 있다. 즉 어떤 경우든 펀드투자자가 실제로 얻는 수익과 펀드가 발표하는 수익 사이에는 상당한 격차가 계속 존재할 것이다. 만약 이런 추세가 크게 반전되리라 기대한다면, 나는 단호하게 경고한다.

"너무 기대하지 마라."

무엇보다도 나는 전통적 인덱스펀드를 추구하는 건전한 투자업과 투자자들이 장기적으로 성공한다고 확신한다. 내가 제시한 모든 사례는 '간단한 산수의 잔인한 법칙'에 바탕을 두고 있기 때문이다. 훗날 잊지 않도록 이 상식적 법칙을 다시 한 번 정리하겠다.

법칙1_"자본주의가 주는 보상을 거두는 성공 투자전력은 주식을 매매하는 것이 아니라 기업을 보유하는 것이다."

1. 장기적으로 주식시장 수익은 실제 기업들이 벌어들이는 투자수익에서 발생한다. 이는 상장기업들의 연간 배당수익률에 이익성장률을 더한 수치이다.

2. 단기적으로는 투자자들이 기업 이익 1달러에 지불하려는 금액이 바뀌면서 발생하는 실체 없는 투기적 수익이 투자수익을 높이거나 낮추기도 한다.

법칙2_"전체 시장 인덱스펀드에 투자해서 전체 기업을 소유하는 방법이 완전한 위험 축소 전략이다(그러나 기업의 이익과 배당 같은 전반적인 경제적 위험은 분산투자를 해도 없어지지 않는다).

3. 개별 기업은 성장할 수도 있고 쇠퇴할 수도 있다. 오늘날 치열한 경쟁과 빠르게 진행되는 기술변화를 생각하면, 개별 기업의 부도율은 줄어들기보다는 늘어날 것이다. 따라서 개인 투자자가 개별 종목의 위험을 피하는 가장 좋은 방법은 최대한 분산투자하는 것이다.

법칙3_ "총수익에서 비용을 공제한 순수익이 투자자들의 몫이다." (고트락스 가문을 기억하라)

4. 전체로 보면 주식시장에 투자하는 모든 투자자는 시장이 주는 총수익을 얻는다. 시장이 주는 수익률이 8퍼센트라면, 투자자들은 (비용을 공제하기 전에) 8퍼센트를 나눠 갖는다. 뻔한 이야기 아닌가.

5. 투자자들이 시장의 총수익을 벌기는 하지만, 시장 총수익을 실제로 모두 차지하는 것은 아니다. 투자자들은 금융중개비용을 공제한 다음에야 비로소 시장수익을 차지한다. 그 비용으로는 수수료, 운용보수, 마케팅 비용, 판매수수료, 관리비용, 법률비용, 수탁 보수 등이 있다. 불필요하게 지불하는 세금도 당연히 수익을 갉아먹는다.

법칙4_ "총수익에서 비용을 공제하고 시점 선택과 펀드 선택에서 손실을 공제하면 펀드투자자들이 차지하는 순수익이 된다."

6. 투자자 전체는 시장이 주는 순수익을 차지해야 마땅하지만, 자신의 감정과 펀드업계의 감언이설에 속아 시점 선택과 펀드 선택을 하면서 심각한 실수를 저지르기 때문에 실제로 얻는 수익은 이보다 훨씬 나쁘다. 이런 식으로 손해 보는 금액이 장차 줄어들기는 하겠지만, 완전히 없어지리라고는

상상할 수도 없다.

제7장에서 설명한 '4E'를 기억하기 바란다.

"주식(Equity) 투자자에게 최대의 적(Enemies)은 비용(Expenses)과 감정(Emotion)이다."

이런 맥락에서 인덱스펀드는 최선의 선택이다. 다른 투자 방식들은 심각한 문제가 있기 때문이다. 가장 큰 문제는 과도한 비용 때문에 몇몇 유능한 (혹은 운 좋은) 펀드매니저를 제외하고는 모두 인덱스펀드보다 실적이 뒤진다는 점이다. 그러나 문제는 여기서 끝나지 않는다. 펀드업계가 만들어낸 문제들이 투자자들의 이익을 정면으로 해치기 때문이다.

다음과 같은 문제들이 있다.

• 펀드업계 구조 자체에 문제가 있다 펀드는 펀드를 운용하는 펀드매니저들이 통제한다. 펀드는 법률에 따라 이사회의 지배를 받도록 되어 있으며, 이사회는 운용사와 관계없는 사외이사가 다수를 차지해야 한다. 상식적으로는 펀드투자자들이 펀드 운영에서 운전대를 잡아야 하지만, 투자자들은 보조석에 힘없이 조용히 앉아 있을 뿐이다.

• 펀드매니저들은 자산규모 확대를 우선적으로 추구한다 자산규모

가 커지면 커질수록 수수료 수입도 커지기 때문이다. 과거의 예를 보면, 중·소규모 펀드들이 유연성을 활용해서 추가 수익을 올리다가도 많은 투자금이 유입되어 대형 펀드가 되면 경직되어 유연성을 잃어버리게 되고, 결국 (비용공제 전에) 시장 수익률 수준을 넘어서지 못했다. 말하자면 걸리버처럼 땅바닥에 밧줄로 묶여버렸다.

• 시장점유율이라는 위대한 신을 숭배한다 적극적으로 값비싼 마케팅, 프로모션, 광고를 하면서 기존 펀드의 규모를 키우는 동시에 환경이 바뀔 때마다 새로운 펀드를 만들어 내놓는다 (최근 실적이 좋으면 규모 키우기는 아주 쉽다). 그래서 1960년대에 '고고(Go-Go)' 펀드가 탄생했고, 1970년대에 '50대 우량종목' 펀드가 등장했으며, 1980년대에는 '가버먼트 플러스 Government plus)' 펀드가 나왔고, 1990년대 말에는 '신경제' 펀드(기술, 통신, 인터넷 주식)가 나타났다. 오늘날에는 부동산펀드, 신흥시장펀드, 상품펀드 등이 인기를 끈다. 아예 새로운 펀드상품도 추가되었다. 이러한 펀드들은 '하루 종일', '실시간'으로 거래할 수 있게 해주면서 ETF의 인기도 갈수록 높아지고 있다.

고객의 이익을 영원히 무시할 수 있는 사업은 세상에 없다. 1980년대와 1990년대에는 펀드업계가 고객의 이익을 무시할 수 있었다. 금융시장에 운 좋게 강한 순풍이 불면서 역사상 가장 높은 수익률을 기록했기 때문이다. 주식수익률은 18%로 장기 평균수익률 10%보다 80%나 높았고, 채권수익률은 10%로 장기 평균수익률 5%보다 100%나 높았다. 이렇게 수익률이 높다면 고객들이 몇 퍼센트포인트 정도의 손실은 받아들일지도 모른다. 하지만 장차 주식과 채권 모두 수익률이 크게 내려가는 상황이 된다면(거의 틀림없이 그렇게 될 것이다), 그런 손실을 절대로 받아들이지 않을 것이다. 그리고 투자자들이 명목수익률 대신 실질수익률을 평가 척도로 사용하게 되면 이들은 펀드업계의 능력을 더욱 의심할 것이다.

결국 펀드업계는 지배구조의 결함과 업계의 사명 실패 때문에 스스로 함정에 빠질 것이다. 업계는 기회주의적 마케팅과 '신상품'을 모험주의로 자산 불리기를 끈질기게 추구했지만, 운용을 잘해도 도저히 벌충할 수 없을 만큼 펀드비용을 높여놓았다. 똑똑하고, 고학력이며, 노련하고 전문적인 펀드매니저들이 경쟁하며 살아가는 거친 세계에서도 모든 펀드매니저들은 비용공제 전에 평균수익을 얻을 수밖에 없다. 비용을 공제한 다음에는 이들도 패배하게 되어 있다. 산수는 사정을 봐주지 않는다.

"낯선 자여 기억하라. 산수는 과학의 처음이다."

펀드업계는 이 단순한 법칙을 잊어버렸다. 스스로 바뀌지 않는다면 간단한 산수의 잔인한 법칙을 멋대로 (심지어 열성적으로) 무시한 죄로 긴 몰락의 길을 걷게 될 것이다. 그리고 이러한 단순한 현실을 건전한 상식으로 파악하는 투자자가 갈수록 늘어나게 되면서 소극적으로 운용되는 인덱스펀드가 적극적 펀드에 더욱 무서운 경쟁자로 등장하게 될 것이다.

나는 투자자 절대 다수가 전체 주식시장 인덱스펀드와 전체 채권시장 인덱스펀드에 투자할 때 좋은 성과를 거둘 수 있다고 깊이 확신한다. (높은 세율을 적용받는 투자자라면 중기 우량 비과세 채권으로 구성된 저비용 유사 인덱스펀드가 유리할 것이다.) 이러한 인덱스펀드 전략이 최고의 투자전략이 아닐지도 모르지만, 이보다 못한 전략은 무수히 많다는 것을 기억하라. 100% 인덱스펀드에 투자해야 하는 이유는 확고부동하다. 상식이 말해주기 때문이다.

그러나 투자 포트폴리오 전체에 대해 지극히 단순한 이 전략을 따르는 투자자가 매우 적다는 점이 걱정스럽기도 하다. 단순성만이 해답이라는 내 끈질긴 주장에 여러분도 이제는 나만큼 지쳤을 것이다. 그래도 투자자들은 이 책에서 설명한 진실을 너무도 가볍게 무시하려 한다. 인덱스펀드 대신 투자자들은 값비싼 액티브 펀드를 선택해서 과도하게 매매한다. 그 이유가 무엇일까? 우리는 대개 주도적으로 펀드를 고르기 보다는 남이 권하는 펀드를 사기 때문이다. 우리의 자만심이 지나치기 때문이다. 우리가 짜릿한 흥분을 갈망하기 때문이다. 우리는 자신도 모르게 주식시장에 정신을 빼앗기기 때문이다. 우리가 투자의 산수, 펀드의 산수를 제대로 이해하지 못하기 때문이다.

적극적 투자전략을 구사하는 어떤 펀드매니저가 장래에 성공할지 실패할지는 나도(어떤 전문가도) 찍어서 예측하지 못한다. 그러나 과거에 적극적 투자전략이 신통치 않았다는 점만은 보증할 수 있다. 똑똑하고, 매력적이며, 결단력 있는 펀드매니저는 분명히 많다. 또한 투자업종의 고질적인 덫은 모든 활동이 짜릿하고 유혹적이라는 것이다. 그러나 투자에 성공하는 확실한 해법, 즉 위험을 떠안지 않고 부자가 되는 방법 따위는 없다. 그것은 한마디로 현실적인 기대가 아니다. 그래도 투자 포트폴리오를 구축하는 일은 재미있으며, 오랜 투자과제를 현대적 방법으로 해결하려는 과정에서 당신은 동물적 감각을 활용할 수 있다.

당신이 짜릿한 흥분을 갈망한다면, 나는 그렇게 하라고 권하는 바이다. 인생은 짧다! 즐거움을 누리고 싶다면, 즐겨라! 단, 투자자금의 5퍼센트는 절대로 넘기지 마라. 당신을 즐겁게 할 오락 계좌를 따로 만들어서 즐겨라. 그러나 투자 자금의 95%이상은 중심 계좌에 넣어야 한다. 중심 계좌는 50퍼센트 이상 100퍼센트까지 인덱스펀드로 구성해야 한다. 그렇다면 오락 계좌는 어떨까? 그저 도박의 재미와 사냥의 스릴을 즐겨라. 그러나 집세 낼 돈, 자녀의 교육자금, 노후자금으로 즐기지 마라. 원한다면 몇 가지 공격적 투자전략을 구사하라. 아마도 값진 교훈을 얻을 것이며, 단기적으로는 큰 손해를 입지 않을 것이다. 다음은 오락 계좌를 활용하는 7가지 방법과 내가 주는 조언이다.

1. **개별종목 투자?** 좋다. 몇 개 골라라. 광고에 귀를 기울여라. 브로커나 재무설계사의 말을 들어라. 이웃의 말도 귀담아 들어라. 까짓것, 처남의 의견도 들어보라.

2. **적극적 펀드에 투자?** 좋다. 다만 그 펀드매니저는 회사 지분을 가지고 있고, 독특한 투자 철학이 있어야 하며, 장기투자를 해야 하고, 벤치마크에 매달리지 않는 사람이어야 한다. 단, 그 펀드가 3년에 1년 이상 인덱스펀드에 뒤처

지더라도 실망하지 마라!

3. 시장수익률을 따라가지만 비용이 높은 '비공식 인덱스펀드'에 투자? 안 된다.

4. ETF에 투자? 자신이 종사하는 산업을 제외한 산업의 ETF에 투자한다면? 글쎄다. 전통적 인덱스펀드의 포트폴리오를 따르는 ETF라면? 좋다. 그러나 중심 계좌로 투자하라. 어떤 경우든지 ETF로 투기하지 마라. ETF에 투자하라.

5. 상품펀드에 투자? 안 된다. 상품에 거품이 끼어서 말도 안 되는 수준까지 부풀어 오른 다음에야 당신은 그 상품에 매력을 느낄 것이다. 주식이나 채권과는 달리 상품에는 이익, 배당, 이자 등 가치를 지탱해주는 바탕이 없다.

6. 헤지펀드에 투자? 안 된다. 과장이 너무 심한 상품이다. 성공한 펀드와 실패한 펀드 사이에 실적 차이가 지나치게 크다. 전략도 지나치게 다양하다. 성공적인 펀드들 중에는 당신이 가입하지 못하는 펀드가 많다. 비용이 너무 높고 세금도 많이 내야 한다. 운용보수가 너무 많아서 그나마 낮은 성공 확률을 더 낮춰버린다(헤지펀드는 투자전략이 아니라 보상전략이라는 말까지 있다).

7. 헤지 재간접 펀드에 투자? 안 된다. 정말 안 된다. 일반 헤지펀드도 비용이 과도한데, 비용을 추가로 떼어내는 재간접 펀

드라는 점을 상상해보라.

당신이 오락 계좌를 가져가기로 결정했다면, 1년, 5년, 10년 뒤에 반드시 실적을 측정하라. 이 실적을 중심 계좌에서 얻은 실적과 비교하라. 틀림없이 중심 계좌 실적이 압도적으로 높을 것이다. 그렇다면 당신이 잃어버린 수익이 즐거움을 누린 대가가 적절했는지 판단할 수 있다.

결국 오락 계좌의 목적은 그저 즐기는 데 있다. 그러나 지금 혹은 퇴직 후에 의지해야 하는 중심 계좌는 어떻게 투자해야 하는가? 인덱스펀드 전략을 활용하라. 더 좋은 방법은 자산의 100퍼센트를 인덱스펀드에 투자하는 전략이다.

따르는 사람이 적다고 최고의 투자전략이 빛을 잃는 것은 아니다. 투자의 귀재라 불리는 워런 버핏 역시 "기관과 개인을 통틀어서 대다수 투자자에게 가장 좋은 주식투자 방법은 비용이 최소인 인덱스펀드에 투자하는 것이다. 이 방법을 따르는 사람들은 내로라하는 투자 전문가가 제공하는 것보다 더 높은 순수익(보수와 비용을 공제한 후의 수익)을 얻는다"고 인정했다.

채권에 투자하는 경우에도 대부분 인덱스 투자가 최선이라는 점을 잊지 마라.

나는 미국 전체 주식시장과 전체 채권시장에 투자하는 순수하고 전통적인 인덱스 투자를 좋아하지만, 중심 계좌의 인덱스펀드를 보완해주는 대단히 합리적인 대안 투자전략이 있다. 일정 범위 안에서 사용한다면, 다음과 같은 대안도 타당하다.

• 국제 투자 가미 국제 사업이 미국 기업들의 매출과 이익에서 차지하는 비중이 30%가 넘지만, 더 폭넓게 세계시장에 참여하려는 투자자도 많다. 해외주식은 전세계 시가총액의 약 절반을 차지하지만, 나는 주식 포트폴리오에서 20%를 넘기지 말라고 조언하겠다. 세계시장에 참여하는 단연 최고의 방법은 미국 기업을 제외한 모든 기업의 수익을 따라가는 저비용 전세계 인덱스펀드에 투자하는 것이다. 저비용 신흥시장 인덱스펀드에 적당량 투자하는 것도 합리적인 방법이지만, 위험은 확실하게 이해하고 있어야 한다.

• 펀드 나누기 일부 투자자는 가치주와 소형주의 장기 실적 그리고 최근 실적에 고무된 나머지, 전체 시장(혹은 S&P500) 인덱스펀드를 중심으로 투자하면서 가치주 펀드와 소형주 펀드에 보조적으로 투자하기도 한다. 나는 어떤 식으로든 우월한 실적이 영원히 계속되리라고는 생각하지 않는다. 그러나 당신이 달리 생각한다면, 예를 들어 85%를 전체 인덱스

펀드에 투자하고, 10%는 소형주 펀드에 투자하는 것도 그런대로 합리적인 방법이다. 그러나 시장수익보다 뒤처질 위험이 커지므로 이런 방식을 지나치게 추구하는 것은 좋지 않다.

• 채권 전략　전체 미국채권시장 펀드가 여전히 최선의 선택이다. 이 펀드는 투자등급 회사채, 주택저당 채권, 재무부 채권에 투자하며 채권만기가 5~10년으로 중간 정도 기간이다. 그런데 투자자마다 유동성 선호도, 이자소득 요구 조건, 변동성 수용능력 등이 모두 다르다. 단기, 중기, 장기 채권에 투자하는 인덱스펀드를 적절히 섞어서 보유하는 방법이 이러한 취향을 따르는 건전한 방법이다. 나는 여기에 MMF는 추천하지 않는다. 투자가 아니라 저축이기 때문이다. 이자소득이 다소 불안정하더라도 원금을 보전하고 싶다면 차라리 단기 채권펀드에 투자하는 편이 낫다.

• 인플레이션 방어　인플레이션 연계 채권에 투자하면 특히 과세유예계좌의 경우 장기적으로 화폐의 구매력을 탁월하게 유지할 수 있다. 미국 재무부채권 중에 이러한 채권이 다양한 만기로 제공되며, 기본 이자율(10년 만기 채권의 2007년 당시 이자율은 약 2.4%)과 인플레이션 조정 이자율(2007년 기준 2.3% 예상)을 지급한다. 두 이자율을 합하면 4.7%로 10년 만기 재무부채권과 같다. 다른 점은 인플레이션이 올라가거나 내려가

면 투자자가 받는 총수익률도 올라가거나 내려간다는 점이다. 만기 시점에 재무부채권의 가치는 위험이 없으므로 인덱스펀드로 위험을 분산할 필요가 없다. 인플레이션 연계 채권에 투자하는 펀드를 보유하고 싶다면 최저 비용 펀드만을 골라라(사실상 인덱스 투자전략이다).

• **자산 배분** 주식에 얼마나 투자해야 하나? 채권에는 얼마나 투자해야 하나? 거의 전 세계적으로 자산 배분은 장기 투자 수익률을 결정하는 가장 중요한 요소로 인정받고 있다. 보유 재산이 많지 않고, 손실을 입더라도 회복할 기간이 길며, 투자수익에 의지하지 않고도 생활할 수 있기 때문이다. 나이가 들면 사람들은 채권을 선호한다. 지혜롭게 계획을 세워 현명하게 투자했다면 노인의 자산은 상당한 규모로 성장해 있을 것이다. 노인에게는 남은 시간이 훨씬 적다. 또한 이들은 은퇴한 뒤 포트폴리오에서 지속적으로 안정적인 소득이 발생하기를 기대한다. 내가 좋아하는 주먹구구식 계산방법은 나이만큼 채권을 보유하는 방식이다. 스무 살이라면 20%, 일흔 살이라면 70%를 보유하는 식이다. 아니면 나이에서 10%를 뺀 만큼도 상관없다. 여기에 엄격한 규칙은 없다. (이 부분에 대해서는 제19장과 제20장에서 좀더 자세하게 볼 수 있다.)

• 혼합형 인덱스펀드 1990년에 처음으로 혼합형 인덱스펀드(전체 미국 주식시장 60%, 전체 미국 채권시장 40%로 구성)가 만들어진 이후, 이를 조금씩 변화시킨 상품이 많이 나왔다. 처음 출시된 라이프스트래티지펀드는 20~80%로 주식에 일정 비율 고정적으로 투자하고, 나머지는 미국 채권에 투자했다. 타킷 펀드도 등장했다. 이는 투자자가 자신의 나이에 맞게 자산 배분된 펀드로 투자를 시작하는데, 목표로 정한 정년에 다가갈수록 자산 배분이 점차 보수적으로 바뀐다. 이렇게 점진적으로 자산 구성을 바꾸는 것은 매우 합리적이다. 이 펀드는 기본적으로 자산 배분 전략을 일생에 걸쳐 자동으로 실행된다. 이 전략을 가장 효과적으로 실행하려면 주식과 채권 인덱스펀드에 투자하라. 이 전략은 생산성이 엄청나게 높으므로 근심걱정을 멀리 던져버려도 된다. 저비용 인덱스펀드는 오늘날 자산 배분 전략에 특히 중요하다. 주식 프리미엄(연 7%인 주식의 기대수익률과 연 5%인 10년 만기 재무부채권 기대수익률의 차이)이 겨우 2퍼센트포인트인 상황에서 우리는 원하는 것을 모두 얻을 수 있다. 인덱스펀드는 투자자에게 주식 프리미엄을 사실상 전부 돌려줄 수 있기 때문이다. 반면에 적극적(액티브) 주식형 펀드는 비용이 겨우 연 2%일지라도 주식 프리미엄은 모두 사라져버린다. 예를 들어 이런 상황에서 펀드

투자자가 적극적 주식형 펀드에 75%, 채권형 펀드에 25%를 투자한다면 순수익률로 연5%를 얻게 된다. 그러나 소극적인 인덱스펀드에 투자한다면 훨씬 더 보수적으로 주식과 채권에 절반씩 투자하더라도 연 6%의 수익률을 얻는다. 위험은 33% 적으면서 수익이 20% 더 높다는 것은 도저히 거부할 수 없는 훌륭한 조건이다.

성공 투자를 추구한다면, 장차 주식수익률과 채권수익률이 얼마가 될지 절대로 알 수 없으며, 인덱스 투자 외에 대안적 투자로도 장래의 수익률을 알 수 없다는 점은 전제로 두고 출발해야 한다. 그렇다고 좌절할 필요는 없다. 투자의 세계는 짙은 안개로 둘러싸여 필연적으로 불확실성이 큰 곳이지만, 우리가 아는 바도 그만큼 크다는 걸 잊지 마라. 우리의 목표는 앞으로 기업들이 우리에게 풍족하게 베풀어줄 수익 중에서 공정한 몫을 얻는 것이고, 전통적 인덱스펀드가 이 목표를 달성을 보장하는 유일한 투자라는 점을 다시 한 번 상기하라.

이 책을 쓰는 과정에서 보글금융시장연구소(Bogle Financial Markets Research Center) 직원들의 도움을 분에 넘치게 받았다. 이 연구소는 뱅가드가 지원하는 조직으로 2000년 초부터 공식적인 활동에 들어갔다.

제일 먼저 수석 투자분석가이자 연구원이며 내 파트너이기도 한 마이클 놀란 주니어에게 특별히 감사의 마음을 전한다. 마이크는 뱅가드에 몸담았던 16년 동안 자그마치 6년이나 거의 수족처럼 내 곁에서 여러모로 나를 도와줬다. 이 책을 출간하는 과정에서도 마찬가지였다. 주제를 탐구하고, 자료를 만들어내고, 자료출처를 확인하고, 문장을 수정하고 다듬는 작업을 도와주고, 출판사와 해야 할 여러 작업을 맡아서 처리하는 등 직접 쓰는 일을 제외한 거의 모든 작업을 도맡다시피 했다. 그것도 그냥 해 넘기는 수준이 아니라 아주 훌륭하게 해줬고 직접 눈으로 보지 않으면 믿을 수 없을 정도로 침착하게 그리고 아주 유쾌하게 일처리를 했다.

그리고 지금까지 27년 동안 나를 보좌해준 비서 에밀리 스나이더에게도 감사한다. 스나이더는 대충 휘갈겨 쓴 원고를 정갈하게 타이핑해 주는 수고를 마다하지 않았고 항상 즐거운 마음으로 또 놀랍도록 능숙한 솜씨로 깔끔하게 작업을 마무리했다. 그동안 책을 열 권이나 썼는데, 이번에 또 책을 쓰겠다고 하니 속으로는 움찔하며 좀 놀라는 것 같았다. 그러나 막상 작업이 시작되자 보통 여덟 차례 이상 진행되는 편집 작업을 군소리 없이 마무리해줬다. 덕분에 분명하고, 정확하고, 논리적인 그리고 독자들이 읽기 편한 글이 완성됐다.

역시나 뛰어난 실력과 감탄할 만한 인내심 그리고 유쾌함마저 갖춘 캐시 용커는 우리 팀에 새롭게 합류한 탓에 정신없이 진행되는 작업 속도에 맞추느라 어려움이 많았을 텐데도 끊임없이 반복되는 타이핑 작업을 차질 없이 잘 진행해줬다.

이 자리를 빌려 이 책에서 주장하는 내용에 관한 책임은 전부 내게 있다는 점을 강조하고 싶다. 요컨대 이 책에서 말하는 모든 주장이나 견해는 현 뱅가드 경영진의 견해와 다를 수도 있다.

뱅가드와 전체 임직원에 대한 헌신의 마음은 지금도 그대로다. 그리고 1974년에 뱅가드를 창업했을 때 그리고 그 이후 최고경영자로 또 회장으로 그 다음에는 명예 회장으로서 뱅가드의 일원으로 지낸 25년 동안 줄곧 지켜왔던 '기업 가치를 앞으로도 계속 증진시켜줄' 것을 모두에게 당부하고 싶다.

모든 주식을 소유하라

초　판　1쇄 발행 ｜ 2017년 10월 25일
개정판 21쇄 발행 ｜ 2024년 12월 16일

지은이 ｜ 존 보글
옮긴이 ｜ 이은주

발행인 ｜ 홍은정

주　소 ｜ 경기도 파주시 심학산로 12, 4층 401호
전　화 ｜ 031-839-6800
팩　스 ｜ 031-839-6828

발행처 ｜ (주)한올엠앤씨
등　록 ｜ 2011년 5월 14일
이메일 ｜ booksonwed@gmail.com

* 책읽는수요일, 라이프맵, 비즈니스맵, 생각연구소, 지식갤러리, 스타일북스는
  ㈜한올엠앤씨의 브랜드입니다.